Die Kräuterbibel

KÖNEMANN

Die Kräuterbibel

Peter McHoy & Pamela Westland

This book was designed and produced by
Quarto Publishing plc
The Old Brewery
6 Blundell Street
London N7 9BH

Original title: The Herb Bible, The Ultimate Herb Reference Book

Senior editors: Honor Head and Ellen Sarewitz
Senior art editor: Penny Cobb
Designer: Anne Fisher
Editor: Barbara Haynes
Photographers: Nelson Hargreaves and Chas Wilder
Illustrators: Elisabeth Dowle, Sally Launder and Sharon Smith
Picture research: Susannah Jayes
Picture research manager: Giulia Hetherington
Editorial director: Sophie Collins
Art director: Moira Clinch

Könemann Verlagsgesellschaft mbH,
Bonner Str. 126, D-50968 Köln
Layout und Satz der deutschen Ausgabe: Britta Dieterle
Lektorat der deutschen Ausgabe: Giselind Rinn (für Britta Dieterle und Vera Olbricht)
Übersetzung aus dem Englischen: Vera Olbricht
Druck und Bindung: Sing Cheong Printing Co., Ltd.
Printed in Hong Kong, China

ISBN 3-8290-0323-4

Wichtiger Hinweis

Die Kräuterbibel ist eine allgemeine Einführung in die Anwendungsmöglichkeiten der Kräuter. Die Informationen über Kräuter sind weder völlig umfassend noch verbindlich. Wer Kräuter anwendet, handelt auf eigene Verantwortung, da weder die Autoren noch die Übersetzerin oder der Verlag die etwaigen individuellen Unverträglichkeiten oder körperlichen Befindlichkeiten des einzelnen kennen. Einige der vorgestellten Pflanzen können toxische Wirkung haben, wenn sie in großen Mengen oder über einen längeren Zeitraum eingenommen oder angewandt werden. Dieses Buch ist kein Ratgeber für die Selbstdiagnose oder die Selbstbehandlung. Abgesehen von schwächeren Befindlichkeitsstörungen sollten Sie immer einen Arzt oder Heilpraktiker aufsuchen, bevor Sie Kräuter anwenden. In anhaltenden und ernsthaften Fällen ist ein Arztbesuch sogar unumgänglich. Sollten Sie bereits wegen einer Krankheit in Behandlung sein, stimmen Sie die Einnahme von Kräutern auf jeden Fall mit Ihrem Arzt ab, da Kräuterheilmittel durchaus gefährlich sein können.

INHALTSVERZEICHNIS

EINLEITUNG

Das Gut Philipsburg im Staat New York stammt aus dem späten 17. Jahrhundert. Der angrenzende Kräutergarten ist noch genauso gestaltet wie zu jener Zeit – mit allen Kräutern, die damals zum tagtäglichen Gebrauch gehörten.

Die meisten Menschen haben eine feste Vorstellung davon, was sie unter Kräutern verstehen, obgleich eine eindeutige Definition äußerst schwierig ist. Kräuter sind im weitesten Sinne Pflanzen mit verwertbaren Eigenschaften, die beispielsweise zur Gewinnung von Farben, Heilmitteln oder Insektiziden dienen. Eine solche Definition schließt offensichtlich auch eßbare Pflanzen ein, weshalb in einigen Kräuterbüchern Früchte wie Rhabarber, Granatäpfel und Orangen aufgeführt sind. Chicorée und Winterzwiebel werden in manchen Büchern den Kräutern, in anderen dem Gemüse zugeordnet.

Selbst Experten streiten sich über den Unterschied zwischen Kräutern und Gewürzen. Kräuter, so wird argumentiert, seien einjährige, zweijährige oder

Das elisabethanische Schloß Hatfield in Hertfordshire besitzt einen für das 17. Jahrhundert in England typischen Flechtmuster-Garten, der zu einem guten Teil zum Anbau von Kräutern genutzt wird.

Löwenzahn (links) gehört zu den von John Gerard empfohlenen Pflanzen.

Die Braunelle (rechts) wurde lange wild gesammelt, bevor sie auch im Kräutergarten kultiviert wurde.

mehrjährige, aus Samen gezogene Pflanzen, die praktisch oder kulinarisch genutzt werden können, wohingegen verholzte, nicht aus Samen gezogene Pflanzen Gewürze seien. Gemäß dieser Definition sind Lorbeer und Salbei Gewürze, obgleich Köche diese als Kräuter betrachten.

Da dieses Buch praxisorientiert ist, wurden all diejenigen Pflanzen aufgenommen, die in der Küche, der Heilkunde oder anderweitig verwendet werden und deshalb üblicherweise in einem Kräutergarten anzutreffen sind. Hinzu kommen wild wachsende Kräuter, die man zwar sammelt, aber in der Regel nicht in seinem Garten anpflanzen möchte, wie beispielsweise Nesseln und Schachtelhalm. Einige der Kräuter haben ihre einstige Bedeutung verloren oder können auf so kleinem Raum nicht in ausreichend nutzbarer Menge angebaut werden (so ist es z. B. nicht möglich, aus einigen Nachtkerzen-Pflanzen eine adäquate Menge Öl zu erhalten oder ausreichend Färberwaid zur Gewinnung von Färbemittel anzubauen). Wie auch immer, beide Pflanzen gehören von alters her in einen Kräutergarten, und der Anbau von historisch bedeutsamen Kräutern gibt dem Garten nicht nur ein interessantes, sondern auch ein dekoratives Flair.

DIE ANFÄNGE DER KRÄUTERKUNDE

Wildpflanzen dienten lange vor ihrer ersten schriftlichen Erwähnung als Nahrungs- und Heilmittel. Ob die Pflanzen zum Verzehr oder für Kräuterarzneien geeignet waren, wurde durch Ausprobieren erkundet. Waren die Pflanzen giftig, konnte dies katastrophale Folgen für die Versuchsperson haben. Vor der Kultivierung von importierten Pflanzen wurden im Garten nur

einheimische Gewächse angebaut. Mit der Ausdehnung der Handelsrouten verbreiteten sich die Heil- und Gewürzkräuter und das Wissen über ihre Verwendung in alle Himmelsrichtungen.

Von den Hebräern wissen wir, daß sie bereits zu biblischen Zeiten ihre Speisen mit Kräutern aromatisierten, und fast alle bekannten Küchenkräuter, wie Rosmarin, Thymian und Majoran, wuchsen im Mittleren Osten.

Aufzeichnungen aus Babylon von ungefähr 2000 v. Chr. enthalten Anweisungen für die Zubereitung und Anwendung von Heilkräutern. Die Ägypter importierten bereits damals aus Indien und anderen Ländern Öle und Gewürze für die Herstellung von Kräuterarzneien, Kosmetika, Parfüms, Farben und Desinfektionsmitteln sowie für ihre hohe Kunst des Einbalsamierens. Auch die griechischen Naturheiler und Ärzte verfügten über ein beträchtliches Kräuterwissen. Hippokrates, der „Vater der Heilkunde“, unterrichtete bereits 400 v. Chr. seine Schüler in der Anwendung von Kräutern als Schmerz- und Heilmittel. Im ersten Jahrhundert n. Chr. führte der griechische Arzt Dioskurides in seinem Werk *De Materia Medica (Über die Medizin)*, der ältesten überlieferten Beschreibung der Heilkräuter und ihrer Anwendung, 500 pflanzliche Heilmittel auf.

Antike ägyptische Musiker tragen ‘Salbkegel’ aus duftendem, reich mit Pflanzenessenzen parfümiertem Fett.

Illustration in einem italienischen Heilkräuterbuch des 14. Jahrhunderts (unten).

Auch die Römer machten ausgiebig Gebrauch von Heilkräutern. Auf ihren Eroberungszügen quer durch Europa eigneten sie sich umfangreiches Kräuterwissen an und nahmen Kräuter sowie deren Samen im Marschgepäck mit. Es wird geschätzt, daß die in Großbritannien einfallenden Römer mehr als 200 Kräuter auf die Insel brachten.

Nach dem Untergang des Römischen Reiches wurde in Europa das naturheilkundliche Wissen durch christliche Mönche bewahrt, die in ihren Klöstern meist einen Heilkräutergarten unterhielten. Auch außerhalb der Klostermauern wurde im Mittelalter der Gebrauch von Kräutern - weitgehend mündlich - überliefert.

Die ersten gedruckten Abhandlungen über Eigenschaften und Nutzen der Kräuter schlossen das in Jahrhunderten erworbene Wissen ein. So John Gerards 1579 in England veröffentlichtes Buch *Herball*, das sich auf die Übersetzung einer frühen lateinischen Aufzeichnung stützte und diese um zahlreiche neue Erkenntnisse erweiterte. 1640 erschien John Parkinsons umfangreiches *Theatrum Botanicum*, das etwa 3800 Pflanzenbeschreibungen enthielt.

Beide Autoren verbinden tradiertes Wissen mit praktischen Erfahrungen, wobei sie nicht immer das Rationale vom Irrationalen trennen können. Nicholas Culpeper geht in seinem 1651 erschienenen Buch *The English Physician* (*Der Englische Arzt*; auch unter dem Namen *The Complete Herbal - Das vollständige Kräuterbuch* - bekannt) noch weiter. Culpeper erläutert darin die astrologische Botanik und die „Signaturenlehre", eine Lehre,

Frontispiz aus dem Pflanzenbuch von John Gerard von 1597 (oben).

Der Gartenplan (links) des Londoner Chelsea Physic Garden aus dem Jahr 1751.

die einen Zusammenhang zwischen den heilkräftigen Eigenschaften der Pflanze und ihren morphologischen Eigenschaften, wie Form und Farbe, herstellt. Seine äußerst erfolgreichen Bücher waren zur ihrer Zeit Standardwerke.

Auch heute noch gelten die genannten Abhandlungen als Meilensteine in der Entwicklung des Kräuteranbaus und der Naturheilkunde, und es gibt deshalb kaum ein Kräuterbuch, in dem sie nicht erwähnt werden.

Dem „Zeitalter der Kräuter“ folgte eine mehr wissenschaftlich orientierte Beobachtung der Pflanzen und ihrer Heilkräfte. Die *Worshipful Society of Apothecaries* richtete 1673 in Chelsea, einem Stadtteil von London, einen Arzneikräutergarten zur Erforschung der Gesetzmäßigkeiten in der Entwicklung und Anwendung der Heilkräuter ein. Von den aufkommenden wissenschaftlichen Methoden und Maßstäben beeinflußt, nahm die systematische Erforschung der Heilpflanzen ihren Lauf.

DIE NEUE WELT

Mit den ersten europäischen Einwanderern gelangten nicht nur die Bücher von Gerard, Parkinson und Culpeper, sondern auch Würz- und Heilkräuter der alten in die neue Welt. Diese hatten für die Siedler, denen die fremde Flora fast gänzlich unvertraut war, eine besondere Bedeutung. Sie entdeckten aber bald bei der eingeborenen Bevölkerung beachtliche Kenntnisse über die Nutzung der heimischen Kräuter. Aus dem Austausch ging ein neues, erweitertes botanisches und heilkundliches Wissen hervor,

Die Indianernessel (oben) wurde von den Oswego-Indianern zu einer Art Tee verarbeitet.

Ein früher Druck zeigt amerikanische Ureinwohner beim Transport von Früchten nach einem Ernteausflug (rechts). Die ankommenden Europäer stießen bei den Indianern auf einen reichen Wissensschatz über Kräuter und Heilpflanzen.

Pfefferernte in Indien nach einer Buchillustration des 15. Jahrhunderts.

das in der Regel von den eingewanderten Amerikanern niedergeschrieben wurde.

Die erste uns bekannte Aufzeichnung über den Gebrauch der in Amerika heimischen Kräuter stammt von einem mexikanisch-indianischen Arzt namens Juan Badianus, der diese 1552 in lateinischer Sprache verfaßte.

NIEDERGANG UND RENAISSANCE DER KRÄUTERKUNDE

Im 19. Jahrhundert wurden die pflanzlichen Arzneimittel nach und nach durch synthetisch hergestellte verdrängt, während Würzkräuter ihre Stellung in der Küche behielten. Heutzutage sind sich die Menschen des praktischen Nutzens frischer Kräuter wieder bewußt geworden, und es gibt kaum noch einen Garten, in dem nicht ein kleines Kräuterbeet heimisch ist. Selbst Stadtgärtner ziehen eine kleine Kräuterkollektion auf dem Balkon oder am Fenster.

Kräuter werden heute meist als Würzkräuter für die Küche, für Dekorationen oder für wohlriechende oder kosmetische Produkte angebaut. Doch auch die pflanzlichen Arzneimittel haben in der Medizin ihren Platz wiedererlangt. So haben klinische Studien ergeben, daß beispielsweise bei der Behandlung von Ekzemen chinesische Kräuter bessere Ergebnisse als die stärksten Produkte der pharmazeutischen Industrie erzielen.

Die Anwendung von Heilpflanzen setzt jedoch genaue Kenntnisse voraus, und man sollte sich auch mit Heilkräutern nicht selbst behandeln. Obgleich die in diesem Buch vorgestellten schwachen Heiltränke und milden Präparate gut verträglich sind und keine gefährlichen Nebenwirkungen haben, ist dies keinesfalls ein medizinischer Ratgeber oder ein Handbuch für medizinische Selbstdiagnose. Ziehen Sie bei einer ernsthaften Erkrankung immer professionelle Hilfe, entweder die eines Arztes oder eines qualifizierten Heilpraktikers, zu Rate.

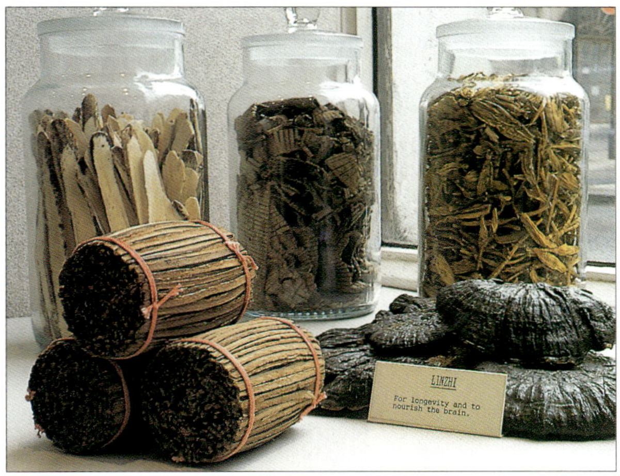

In der chinesischen Medizin spielen Heilmittel aus Kräutern eine wichtige Rolle. Hier: pflanzliche Substanzen im Schaufenster eines chinesischen Apothekers.

Einerseits muß man bei der Anwendung von Heilpflanzen Vorsicht walten lassen, doch andererseits kann man unbedenklich in kulinarischen Kräuterexperimenten schwelgen. Da die Reiselust uns auch in abgelegene Gegenden der Erde führt, sind wir geneigt, die geschmacklichen Freuden neuer Kräuter und Gewürze auszukosten und neue Gerichte zu probieren.

Kräuter werden zwar meist in der Küche und als Heilmittel eingesetzt, finden jedoch auch in vielen anderen Bereichen Verwendung wie beispielsweise bei der Kosmetik- und Parfümherstellung und als Dekoration im Haus, Garten und auf dem Balkon. Dieses Buch enthält viele kreative Ideen für die Verwendung von Kräutern, und Sie können, vorausgesetzt Sie sind experimentierfreudig, damit eine Vielzahl interessanter, nützlicher und schöner Dinge entdecken.

Kräuter-

führer

WIE MAN DIESEN KRÄUTER-FÜHRER BENUTZT

Der Kräuterführer enthält alle Kräuter, die üblicherweise in einem Nutz- oder Kräutergarten gezogen werden. Die Beschreibung der Pflanzen beinhaltet auch Tips und Tricks, wie man das beste aus seinen Kräutern macht. In der Tabelle auf den Seiten 212–217 finden Sie die vielfältigen Verwendungsmöglichkeiten der Kräuter aufgelistet. Im Kräuterführer erscheinen die Pflanzen alphabetisch in der Reihenfolge ihres botanischen (lateinischen) Namens. Ist dieser unbekannt, kann der deutsche Name im Register nachgeschlagen werden.

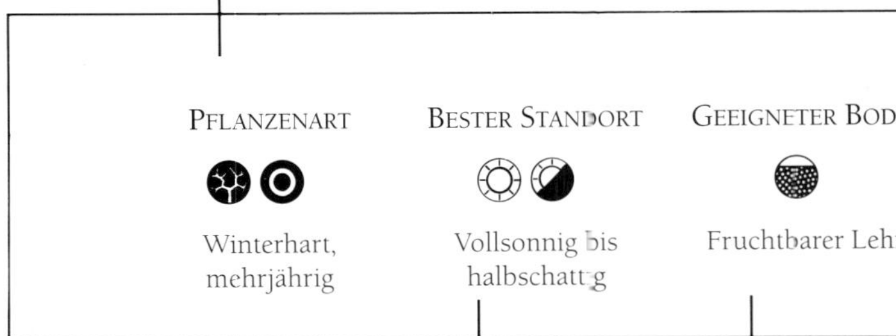

PFLANZENART

Winterhart Kann auch ungeschützt Frost überdauern.

Frostempfindlich Holz oder Kraut anfällig für Frostschäden.

Einjährig Gesamte Wachstumsperioden von Keimung, Blüte, Fruchtbildung bis Absterben innerhalb eines Jahres.

Mehrjährig Staudenartige Pflanze, die ausdauernd ist, aber keine verholzten Teile entwickelt. Bei manchen sterben die oberirdischen Teile im Winter ab, einige von ihnen sind immergrün.

Zweijährig Entwicklung von Keimung bis zum Absterben der Pflanze in zwei vollen Wachstumsperioden.

Halbstrauch Niedrig wachsende Pflanze, die an der Basis verholzt ist, aber nicht die Größe eines normalen Strauchs erreicht, oder deren verholzte Basis nur weiche, krautige Triebe ausbildet.

Strauch Mehrjährige Pflanze, die dauerhaftes, verholztes Zweigwerk herausbildet.

Laubabwerfend Mehrjährige Pflanze, die zu Beginn jeder Wachstumsperiode neue Blätter ausbildet und diese am Ende wieder verliert.

Immergrün Mehrjährige Pflanze, die ihre Blätter länger als eine Wachstumsperiode behält.

Graspflanze Mitglied der Familie der Gramineaen; die schmalen Blätter wachsen aus der Blattscheide und haben normalerweise einen Hohlstengel (Halm). Riedgräser und Binsen besitzen markhaltige Halme.

BESTER STANDORT

Schattig Standort mit wenig oder keinem direkten Sonnenlicht. Ein dunkler Platz kann ungeeignet sein, und manche Pflanzen gedeihen nicht an einem schattigen Trockenstandort.

Geschützt Standort sollte vor den vollen Einwirkungen von Außenbedingungen wie Frost oder Wind abgeschirmt sein. Mauern, Hecken, andere Pflanzen oder das natürliche Gelände können Schutz geben.

Halbschattig Standort sollte entweder unter einem Baum mit lichtem Blattwerk (z. B. Birke) oder für einen Teil des Tages im Schatten einer Mauer, eines Hauses oder anderer Pflanzen liegen.

Vollsonnig Gedeiht in der prallen Sonne und verträgt starkes Sonnenlicht – sowie den trockenen Boden, der meist damit verbunden ist.

GEEIGNETER BODEN

Mager Boden mit Mangel an Hauptnährstoffen. Einige Pflanzen, z. B. Brunnenkresse, blühen besser in solchen Böden.

Nährstoffreich Boden, dem Dünger zugesetzt wurde, wenn es an Nährstoffen fehlte.

Naß Staunasser Boden, der Wasser speichert. Er ist gekennzeichnet durch Nährstoffmangel und ist kälter als ihn umgebende Bodenstellen.

Feucht Ein Boden, der nicht rasch austrocknet. Normalerweise enthält er eine Menge zersetzten organischen Materials. Manche Böden sind wegen ihrer Lage oder ihres hohen Grundwasserspiegels feucht.

Gut entwässert Ein Boden, der nie wassergesättigt ist. „Feucht, aber gut entwässert" bedeutet, daß die Erde zwar nie ganz austrocknet, die Feuchtigkeit aber frei abfließen kann und die Pflanzenwurzeln nie in angestauter Nässe stehen.

Pflanzen, die für den Kräuteramateur gefährliche Wirkstoffe enthalten, sind im Kräuterführer nicht aufgeführt. Fingerhut (enthält starke herzwirksame Digitalisglykoside) oder Schlafmohn beispielsweise sind eindrucksvolle Pflanzen, die man aus dekorativen Gründen ziehen, aber auf keinen Fall selbst als Heilmittel nutzen darf. Andere Pflanzen, wie Nesseln oder Schachtelhalm, sind für den Anbau in einem begrenzten Kräutergarten ungeeignet.

Der Kräuterführer vermittelt Informationen über die charakteristischen Eigenschaften einer Pflanze, wie sie angebaut und gezogen wird. Sollte die Pflanze bereits in Ihrem Garten heimisch sein, eröffnen Ihnen die Querverweise eine Vielfalt neuer gestalterischer wie auch nützlicher Möglichkeiten.

Zu jedem Pflanzeneintrag können Sie in der Bildleiste die Schlüsselinformationen mit einem Blick ablesen. Die Bildsymbole und der Aufbau der Bildleisten werden hier erläutert, so daß Sie den Kräuterführer rasch optimal nutzen können.

Vermehrung	Pflanzenteile	Verwendung
Teilung oder Samen	Blätter	Kosmetik, Hobby, Heilmittel

Humus Ein Boden, der eine Menge organischer Substanzen enthält wie z. B. Gartenkompost, verrotteten Dung oder zersetzte Blätter.

Leicht Ein gut entwässernder, leicht umzugrabender Boden, der einen hohen Anteil an Sand, aber kaum Ton und Lehm enthält. Er benötigt häufige Nährstoffzufuhr.

Tief kultiviert Boden, der tiefer als normal umgegraben und mit organischen Substanzen angereichert wurde; wichtige Voraussetzung für den Anbau von Wurzelgemüsen, wie z. B. Meerrettich.

Anspruchslos Nicht wählerisch, geeignet für die meisten Bodenarten. Wenn auch einige Kräuter bestimmte Vorlieben haben, gedeihen die meisten von ihnen in einer ganzen Reihe von Böden.

Fruchtbarer Lehm Nährstoffreicher Boden von mittlerer Körnung; besteht aus annähernd gleichen Anteilen Ton, Sand und Schluff. Hält die Feuchtigkeit, ohne zu vernässen.

Durchschnittliche mittlere Bodenansprüche Fruchtbarer Oberboden, der die wichtigsten Nährstoffe und Bodenlebewesen enthält.

Vermehrung

Steckling Teil des Triebes, der in der Wachstumsphase abgetrennt wird, entwickelt an der Schnittstelle eigene Wurzeln.

Wurzelsteckling Teil der Wurzel, in der Ruheperiode abgetrennt, treibt an der Schnittstelle neue Wurzeln aus.

Brutzwiebeln Aus der Zwiebel, Knolle oder oberirdisch in Blattachseln entstandene Ableger (Luftzwiebeln).

Absenker Ein kräftiger Trieb wird mit Erde bedeckt, um die Bildung neuer Wurzeln anzuregen.

Samen Ergebnis der Befruchtung; der Pflanzenembryo, bestehend aus primitiven Wurzel-, Stiel- und Blattanlagen und einem Nahrungsdepot, innerhalb der Samenkapsel.

Teilung Wurzelballen mit Pflanze wird zerteilt, um zwei oder mehr Einzelpflanzen zu gewinnen.

Ausläufer Trieb, normalerweise an der Basis, der am Erdboden entlangläuft und an den Blattansätzen (Knoten) eigene Wurzeln ausbildet.

Pflanzenteile

- **Blätter**
- **Blüten**
- **Samen**
- **Wurzeln**
- **Stiel**
- **Keimlinge**
- **Sprosse**
- **Zwiebel/Knollen**
- **Luftzwiebeln**
- **Frucht**

Verwendung

- **Küche**
- **Heilmittel**
- **Kosmetik**
- **Haushalt**
- **Hobby**

Achillea millefolium

SCHAFGARBE

Der Name Schafgarbe bezeichnet eine Reihe von Arten und Sorten, wobei im allgemeinen die Gemeine Schafgarbe als Heilkraut verwendet wird. Die robuste Pflanze wächst in vielen Teilen Europas und Amerikas an Weg- und Straßenrändern. Ihr unter der Erde kriechender Wurzelstock ermöglicht der Pflanze eine rasche Ausbreitung. Die Schafgarbe ist eine Wiesenpflanze und gedeiht auf den meisten Böden und an fast allen Standorten, außer im Schatten. Ihre Höhe variiert von nur 5 cm

Die wilde Schafgarbe blüht gewöhnlich weiß, für den Garten ist eine farbige Sorte, wie ‚Cerise Queen', zu empfehlen.

in einer bewirtschafteten Wiese bis zu 60 cm an anderen Stellen.

Die gefiederten Blätter verbreiten, wenn sie zerrieben werden, einen angenehmen Duft. Vom Frühsommer bis zum Spätherbst erscheinen die zahlreichen kleinen weißen Blütenköpfe am Ende des Stengels zu einem Blütenstand vereinigt. Es gibt auch weniger verbreitete farbige Sorten und Arten wie die kirschrote ‚Cerise Queen' sowie rosa und gelblich gefärbte. Diese Schafgarben stehen prächtig in Staudenrabatten, müssen jedoch im Zaum gehalten werden.

Die Vermehrung der Schafgarbe erfolgt durch Samen, bei ausgewiesenen Sorten durch Stecklinge oder Wurzelteilung. Schafgarbe kann auch durch einen „wilden" Vertreter, den man an den vorgesehenen Standort pflanzt, in einem Kräutergarten heimisch gemacht werden.

PFLANZENART	BESTER STANDORT	GEEIGNETER BODEN	VERMEHRUNG	PFLANZENTEILE	VERWENDUNG
Winterhart, mehrjährig	Vollsonnig bis halbschattig	Anspruchslos, verträgt mageren und trockenen Boden	Stecklinge, Teilung, Samen	Blätter und Blüten	Kosmetik, Hobby, Küche, Haushalt, Heilmittel

Agrimonia eupatoria

ODERMENNIG

Den ganzen Sommer über trägt der Odermennig seine Blüten in einer langen Ähre am Ende des Stengels. Alle Teile der Pflanze - die Blüten, die flaumigbehaarten Blätter, sogar die Wurzeln - duften leicht aromatisch nach Aprikosen, jedoch schwächer als bei dem weniger verbreiteten *A. odorata* (syn. *A. repens*).

Der Odermennig ist äußerst genügsam und wächst auch an halbschattigen Stellen und auf trockenen Böden. Man trifft ihn an Weg- und Gebüschrändern im nördlichen Großbritannien wie auch in vielen Teilen Südeuropas.

Der Odermennig besitzt einen kriechenden Wurzelstock, aus dem oft nur ein einzelner aufrechter, schwach verzweigter Stengel treibt. Weder sein Aussehen noch sein unvorhersehbares Wachstum machen ihn zum Schmuckstück eines Kräutergartens, weshalb er an einer weniger prominenten Stelle gepflanzt werden sollte.

Obwohl der Odermennig eine mehrjährige Pflanze ist, überdauert er oft nur eine kurze Zeit, so daß es sinnvoll ist, Ersatzpflanzen zu ziehen. Die Pflanzen können in Gärtnereien und Gartencentern gekauft, aber auch leicht aus Samen gezogen werden.

Der Odermennig ist eine unkrautartige Pflanze, die sich am besten für einen verwilderten Teil des Gartens eignet.

PFLANZENART	BESTER STANDORT	GEEIGNETER BODEN	VERMEHRUNG	PFLANZENTEILE	VERWENDUNG
Winterhart, mehrjährig	Vollsonnig bis halbschattig	Anspruchslos, aber gut entwässert	Stecklinge oder Samen	Blätter	Haushalt, Kosmetik, Heilmittel

Alchemilla vulgaris

FRAUENMANTEL

Diese Art ähnelt der weitverbreiteten, bei Gärtnern wie auch Floristen beliebten *A. mollis*. Die kleinen grüngelblichen Blüten stehen in zottigen Blütenständen über den gefalteten Blättern, in denen sich Tau- oder Regentropfen sammeln. Die Blüte dauert vom Frühsommer bis in den Frühherbst an. Der Frauenmantel ist eines der attraktivsten Kräuter und kann einen gestalteten Kräutergarten oder eine Rabatte buschig abschließen. Eine lebhafte Farbkombination ergibt sich, wenn er zwischen Echter Katzenminze und Lavendel gepflanzt wird. Die pflegeleichte Pflanze wird 23–30 cm hoch, kann an günstigen Standorten auch bis zu 45 cm erreichen. Meist wächst sie auf nassen Wiesen, in lichten Wäldern und Gebüsch.

Obwohl der Gemeine Frauenmantel in den Verzeichnissen als *A. vulgaris* geführt wird, bezeichnen ihn einige Botaniker als *A. xanthochlora*. Letzteres wird traditionell als Heilkraut angebaut, doch manche Kräuterzüchter verwenden *A. mollis* auf dieselbe Weise. Falls der Frauenmantel in Ihrem Garten bereits wächst und Sie ihn aus dekorativen Gründen auch in Ihren Kräutergarten integrieren wollen, werden Sie sicherlich in den Blumenrabatten oder zwischen Wegplatten selbstausgesäte Sämlinge finden.

Pflanzenart	Bester Standort	Geeigneter Boden	Vermehrung	Pflanzenteile	Verwendung
Winterhart, mehrjährig	Vollsonnig bis halbschattig	Fruchtbarer Lehm	Teilung oder Samen	Blätter	Kosmetik, Hobby, Heilmittel

Allium cepa proliferum

ÄGYPTISCHE ZWIEBEL

Das besondere an der Ägyptischen Zwiebel ist, daß sie sowohl an der Basis als auch an den Stielenden Zwiebeln hat. Der 90 cm lange, blütenbildende Stiel trägt weiße unscheinbare Blüten, aus denen wiederum Blätter sprießen. Beide Zwiebeln werden zum Würzen z.B. von Suppen und Salaten verwendet. Sollten Sie nur einen Hauch Würze benötigen, verwenden Sie die am Stiel wachsenden Zwiebeln, damit die in der Erde liegenden Zwiebeln größer werden, insbesondere wenn die Pflanze in einer Rabatte steht. Im Vergleich zu einer herkömmlichen Küchenzwiebel sind diese Zwiebelchen sehr klein, weswegen sie eher als Variation und nicht als Ersatz für erstere betrachtet werden sollen.

Dieses Küchenkraut ist sehr robust und einfach zu vermehren - am besten mit Hilfe der Luftzwiebeln, die am langen, hohlen Stiel sitzen. Legen Sie bei der Ernte einige von ihnen sowohl als Saatgut wie auch als Schalotten zur Seite.

Ägyptische Zwiebeln sind hübsche, leicht zu ziehende Pflanzen, die bezaubernd aussehen, wenn die Luftzwiebelchen erscheinen.

Pflanzenart	Bester Standort	Geeigneter Boden	Vermehrung	Pflanzenteile	Verwendung
Winterhart, mehrjährig	Vollsonnig	Fruchtbarer Lehm	Zwiebeln, Luftzwiebeln	Blätter, Zwiebeln, Luftzwiebeln	Küche

Allium fistulosum

WINTERZWIEBEL

Die Winterzwiebel ist eine kompakte, gedrängt stehende Pflanze, die sich nicht unkontrolliert ausbreitet. Am Ende des 45-75 cm hohen hohlen Stiels bilden sich trommelschlegelähnliche weiße Blütenköpfe, denen neue Blätter am Fuße der Pflanze folgen. Obwohl ihre Blüten denen des Schnittlauchs in Attraktivität nachstehen, verfügt sie über genügend Charme, um in Rabatten zu stehen. Aufgrund ihrer Eigenschaft, Büschel zu bilden, kann sie gut als hoher, dauerhafter Abschluß am Übergang zu einem Gemüsebeet stehen.

Die kleinen Zwiebeln können wie Küchenzwiebeln verwendet werden, und die dünn geschnittenen jungen Blätter ergeben eine schnittlauchartige Garnierung. Die nahe Verwandte der Küchenzwiebel gehört heute zu den gebräuchlichsten Gewürzkräutern.

Hat ein Büschel Winterzwiebeln einmal Wurzeln geschlagen, kann man aus den selbstausgesäten Sämlingen, die nie auswuchernd Platz ergreifen, neue Pflanzen ziehen. Die Büschel können jedoch auch leicht geteilt werden - eine einfache Art der Vermehrung im Frühjahr.

Winterzwiebeln stehen in reizvollen Gruppen, die sich gut als Einfassung für einen Küchen- oder Kräutergarten eignen.

Pflanzenart	Bester Standort	Geeigneter Boden	Vermehrung	Pflanzenteile	Verwendung
Winterhart (Samen), einjährig	Vollsonnig bis halbschattig	Fruchtbarer Lehm, bevorzugt feucht	Teilung oder Samen	Blätter, Zwiebeln	Küche

Allium sativum

KNOBLAUCH

Der charakteristische Geschmack und Geruch des Knoblauchs sind wohl weltweit bekannt, und in vielen Ländern ist er eines der am häufigsten verwendeten Gewürzkräuter. Die flachen grüngrauen Blätter sind ungefähr 2,5 cm breit und 30 cm lang. Die biegsamen Blütenstengel werden bis zu 60 cm hoch und tragen Dolden mit malvenweißen Blüten.

Sollten Sie gerne Knoblauch essen, werden Sie ihn sicherlich auch ziehen wollen. Die Zwiebel besteht aus eng zusammenstehenden „Zehen", die mit seidig-weißen Häutchen überzogen sind und von einer papierartigen Hülle zusammengehalten werden.

Zu Beginn des Frühjahrs werden einzelne Zwiebeln 2,5 cm tief und im Abstand von 15-20 cm in den Boden gelegt. Sollte die Frühjahrspflanzung, indem sie feste und nicht in Zehen aufgespaltene Zwiebeln hervorbringt, nicht das gewünschte Ergebnis zeitigen, versuchen Sie es erneut im Spätherbst. Die im Frühjahr zu pflanzenden Zwiebeln können eine Woche vor der Aussaat in den Kühlschrank (nicht ins Eisfach) gelegt werden. Fällt in kalten, trüben und feuchten Sommern die Knoblauchernte enttäuschend aus, kann in aller Regel eine frühe Pflanzung im Herbst doch noch den gewünschten Erfolg bringen. Wächst der Knoblauch nur zögerlich, gießen Sie ihn mit Gartendünger, denn er spricht gut auf Nährstoffe an.

Pflanzenart	Bester Standort	Geeigneter Boden	Vermehrung	Pflanzenteile	Verwendung
Winterhart, mehrjährig	Vollsonnig	Fruchtbarer Lehm	Brutzwiebeln	Zwiebeln	Kosmetik, Küche, Heilmittel

Allium schoenoprasum

SCHNITTLAUCH

Schnittlauch ergibt eine dekorative Randbepflanzung, die auch einen Blumengarten apart schmückt.

Aufgrund seiner Vielseitigkeit kann der Schnittlauch überall im Garten einen Platz finden. Er wächst in Büscheln in grasähnlichen, bis zu 30 cm hohen Blättern, die im Frühsommer rosa- oder lilafarbige Blüten tragen. Schnittlauch ist ebenso dekorativ wie Grasnelken *(Armeria maritima)* - denen er aus der Ferne ähnlich sieht - und eine hervorragende Einfassung für ein Blumenbeet oder für Rabatten. Man kann ihn auch in Kräutertöpfen oder Blumenkästen, an hellen Fenstern sogar im Haus, ziehen.

Sollte der Schnittlauch hauptsächlich als Gewürzkraut dienen, entfernen Sie die Blütenköpfe, damit die Blätter nicht ihr Aroma verlieren. Ernten Sie die jungen Blätter, indem Sie diese direkt an der Basis abschneiden, damit die absterbenden Reste keine unansehnlichen braunen Stümpfe bilden. Wenn Sie die Pflanzen im Frühjahr und Herbst mit einer Folie abdecken, können Sie die Wachstumsperiode auf bis zu 9 Monate verlängern.

Da selbst junge Triebe sich als angenehm pikante Garnierung eignen, sollten Sie einige Pflanzen an einem hellen Fenster aus Samen ziehen - vielleicht in einem Einmachglas, was einen interessanten Effekt ergibt. Man kann sie aber auch im Frühbeet heranziehen und dann in Blumentöpfe umsetzen.

Pflanzenart	Bester Standort	Geeigneter Boden	Vermehrung	Pflanzenteile	Verwendung
Winterhart, mehrjährig	Vollsonnig bis halbschattig	Nährstoffreich, feucht, aber gut entwässert	Teilung oder Samen	Blätter	Kosmetik, Küche

Allium tuberosum

KNOBLAUCH-SCHNITTLAUCH

Knoblauch-Schnittlauch ist eine kräftige Pflanze, die in aufrechten, bis zu 60 cm hohen Büscheln wächst. Die im Sommer erscheinenden schneeweißen Blütenköpfe verströmen - trotz des stark knoblauchartigen Geruchs der Blätter und Zwiebeln - ein süßliches Aroma. Seine Größe und die attraktiven Blüten machen ihn zur Zierde von Rabatten und Kräutergärten. Die Büschel können einfach geteilt werden.

Sein Aroma ist nicht so stark und streng wie das des Knoblauchs, so daß er für diejenigen, die ein milderes Aroma bevorzugen, hervorragend geeignet ist.

Wem Knoblauch zu schwierig anzubauen oder zu geschmacksintensiv ist, der sollte es statt dessen mit Knoblauch-Schnittlauch versuchen.

Pflanzenart	Bester Standort	Geeigneter Boden	Vermehrung	Pflanzenteile	Verwendung
Winterhart, mehrjährig	Vollsonnig bis halbschattig	Nährstoffreich, feucht, aber gut entwässert	Teilung oder Samen	Blätter	Kosmetik, Küche

Aloysia triphylla

ZITRONENSTRAUCH

Der Zitronenstrauch ist eine derjenigen Pflanzen, die unter ihrer Umbenennung gelitten haben, und wird auch als *Lippia citriodora* verkauft. Welcher Name auch immer, er ist ein hervorragendes Gewürzkraut. Die blaß lilafarbenen, dezenten Blüten sind im Sommer ährenförmig entlang der Stiele angesetzt. Interessanter sind jedoch die Blätter, die zerrieben einen stark aromatischen Duft verströmen. Der Wohlgeruch des Zitronenstrauchs ist am frühen Abend am intensivsten.

Der nicht winterharte Zitronenstrauch sollte, außer im milden Klima, an einer warmen, geschützten Stelle stehen. Wächst der Zitronenstrauch nicht in einem Blumenkübel, in dem er im Wintergarten oder Gewächshaus überwintern kann, sollte man rechtzeitig Stecklinge ziehen. In milden Gegenden, in denen der Zitronenstrauch im Freien überwintert, wird er zu einem buschigen, etwa 1,50 m hohen und fast ebenso breiten Strauch. In einem Blumenkübel wird er dagegen nicht so voluminös.

Damit der Strauch seine kompakte Form behält, werden im Frühjahr die abgestorbenen Zweige abgeschnitten und die restlichen auf eine Höhe von etwa 30 cm gestutzt.

Der Zitronenstrauch kann aus Samen gezogen werden, doch ist es einfacher, im Spätsommer weichholzige Stecklinge zum Überwintern unter Glas zu stellen.

PFLANZENART	BESTER STANDORT	GEEIGNETER BODEN	VERMEHRUNG	PFLANZENTEILE	VERWENDUNG
Frostempfindlicher, laubabwerfender Strauch	Vollsonnig bis halbschattig	Fruchtbarer Lehm	Stecklinge oder Samen	Blätter	Kosmetik, Küche, Heilmittel, Haushalt

Althaea officinalis

ECHTER EIBISCH

Die typisch amerikanische Süßigkeit Marshmallow wurde einst sowohl aus den Schleimstoffen der Stengel und Blätter, vor allem jedoch aus der Wurzel des Echten Eibisch hergestellt; heute verwendet die Industrie dafür Ersatzstoffe. Die mehrjährige, wegen ihrer Heilkräfte geschätzte Pflanze ist eine äußerst dekorative Zierde für jeden Garten.

Die herzförmigen, blaß rosafarbenen, gelegentlich auch weißen Blüten erscheinen im Spätsommer und verleihen dem Garten ein ländliches Flair. Je nach Standort erreicht die buschige Pflanze eine Höhe von bis zu 1,20 m.

Der Eibisch mag für einen gestalteten Kräutergarten zu hoch wachsen. Im feuchten Teil eines ländlichen Gartens kommt er neben anderen Rabattenpflanzen oder vor Büschen am besten zur Geltung.

Eibisch wird heute nicht mehr als „Konfekt“, sondern vielmehr zur Zierde angebaut.

Sein englischer Name *marshmallows* „Marschmalve“ verweist sowohl auf die Malvenähnlichkeit seiner Blüten als auch auf seine ursprüngliche Heimat: brackiges Marschland an den Küsten in ganz Europa. In heißen Gegenden und auf trockenen Böden gedeiht er schlecht.

Vermehrt wird der Eibisch, indem man im Herbst aus den Spitzen der großen Pflanzen Stecklinge zieht. Im Frühjahr kann er auch aus Samen gezogen werden.

PFLANZENART	BESTER STANDORT	GEEIGNETER BODEN	VERMEHRUNG	PFLANZENTEILE	VERWENDUNG
Winterhart, mehrjährig	Vollsonnig bis halbschattig	Feucht	Teilung oder Samen	Blätter, Wurzeln, Stiele	Kosmetik, Küche, Heilmittel

Anethum graveolens

DILL

Dill ist eine einjährige, stark aromatisch duftende Pflanze, die schnell und einfach zu ziehen ist. Seine gefiederten dunkelgrünen Blätter und seine mehrstrahligen, im Hochsommer erscheinenden Blütendolden lassen ihn fast wie einen kleinen Fenchel erscheinen (mit dem er sich kreuzt, wenn die Pflanzen zu eng stehen). Der Geschmack der Blätter erinnert jedoch an Petersilie.

Sein feingeschnittenes Blattwerk sieht in Rabatten sehr reizvoll aus, an ungeschützten Stellen kann die Pflanze jedoch vom Wind niedergedrückt werden. Das Verwehen der reifen Samen kann zu unerwünschten Sämlingen führen. Deshalb sollte die Pflanze eher an einer geschützten Stelle im Garten stehen.

Dill bietet auch in einer Staudenrabatte einen prächtigen Anblick. Problematisch sind nur die selbstausgesäten Sämlinge.

Der Samen wird im Frühjahr ausgesät, wobei in milderen Gegenden eine Herbstaussaat zu früheren Pflanzen führt. Kleinere Folgesaaten im Früh- bis Hochsommer sichern den Nachschub an jungen Blättern. Die Sämlinge lassen sich ungern verpflanzen und reagieren darauf, indem sie vorzeitig in Blüte schießen. Deshalb sollte der Dill an seinem Standort ausgesät werden.

PFLANZENART	BESTER STANDORT	GEEIGNETER BODEN	VERMEHRUNG	PFLANZENTEILE	VERWENDUNG
Winterhart (Samen), einjährig	Vollsonnig, geschützt	Leicht, gut entwässert	Samen	Blätter, Samen	Hobby, Küche, Heilmittel

Angelica archangelica

ENGELWURZ

Die Engelwurz ist in jedem Kräutergarten - ob als Einzelpflanze oder als Gruppe im hinteren Teil einer Rabatte - ein herausragender Blickfang.

Die zweijährige Pflanze entwickelt in ihrem zweiten Jahr 60-90 cm große, dreifachfiedrig geschnittene Laubblätter. Die gelblichgrünen Blüten stehen im Hochsommer in großen Dolden auf den bis zu 1,80 m langen Stielen. Die Pflanze verströmt bei Berührung einen angenehmen Duft.

Aufgrund ihrer Größe können in einem durchschnittlich proportionierten Kräutergarten nicht mehr als zwei bis drei dieser Pflanzen heimisch werden. Ihr prächtiger Wuchs macht sie auch in einem etwas verwilderten Gartenstück zu einem Blickfang.

Aus der zweijährigen Pflanze kann eine dreijährige werden, wenn man die Stiele mit den Blütenansätzen beschneidet und somit das Blühen verhindert.

Säen Sie jedes Jahr einige Samen aus, um abgestorbene Pflanzen durch neue Sämlinge ersetzen zu können. Da der Samen der Engelwurz rasch seine Keimkraft verliert, ist es ratsam, den Samen der eigenen Pflanzen zu sammeln und ihn einige Wochen hintereinander auszusäen. Sollte die Aussaat nicht gelingen, kaufen Sie im Frühjahr Setzlinge.

Hat sich die Engelwurz einmal in einem Garten angesiedelt, können ohne große Mühe immer selbstausgesäte Sämlinge als Setzlinge verwendet werden.

PFLANZENART	BESTER STANDORT	GEEIGNETER BODEN	VERMEHRUNG	PFLANZENTEILE	VERWENDUNG
Zweijährig	Halbschattig	Feucht, nährstoffreich	Samen	Blätter, Wurzeln, Samen, Stiele	Küche, Heilmittel

Anthemis nobilis

RÖMISCHE KAMILLE

Die korrekte botanische Bezeichnung für Römische Kamille ist *Chamaemelum nobile*; sie wird jedoch oft als eine Art *Anthemis* verkauft. Da einige ähnliche Pflanzen Kamille genannt werden, sollte man sich vor dem Kauf deren Namen und Beschreibung genau ansehen. Die Römische Kamille ist die am häufigsten angebaute Art und heißt auch Edelkamille oder in der Schweiz Gartenkamille.

Die aufsteigenden Stengel tragen an ihrem blattlosen Ende gänseblümchenartige Blüten weit über den fedrigen Blättern um einen gelben, gewölbten Blütenboden. Die in die Breite wachsende Römische Kamille erreicht maximal eine Höhe von 30 cm. In einem Kräutergarten kann sie als Duftpfad oder wie Grasersatz angebaut werden. Manche Gärtner bevorzugen dafür die nichtblühende Sorte ‚Treneague'. Blütenlos hat sie jedoch ihre Heilkräfte eingebüßt.

Die Römische Kamille ist als dichter, buschartiger Bodendecker besonders attraktiv. Einzeln gepflanzt, kann sie dagegen wie Unkraut erscheinen. Ihre selbstausgesäten Sämlinge garantieren auf jeden Fall eine reichhaltige Vermehrung.

Die Kamille wird manchmal als Grasersatz angebaut. Im Kräutergarten bildet sie einen reizvollen grünen Teppich.

PFLANZENART	BESTER STANDORT	GEEIGNETER BODEN	VERMEHRUNG	PFLANZENTEILE	VERWENDUNG
Winterhart, mehrjährig	Vollsonnig bis halbschattig	Anspruchslos, gedeiht gut in mageren Böden	Teilung oder Samen	Blüten	Hobby, Kosmetik, Haushalt, Heilmittel

Anthriscus cerefolium

GARTENKERBEL

Der Kerbel ist ein blattreicher, fleißiger Selbstaussäer.

Der 30 cm hoch wachsende Gartenkerbel ähnelt mit seinen leuchtend grünen, unterteilten Blättern etwas der Blattpetersilie. Sein anisartiger Geschmack unterscheidet ihn jedoch deutlich von dieser. Die farnkrautartigen Blätter des Gartenkerbels sind fester Bestandteil der in der französischen Küche so beliebten *Fines-herbes*-Mischung. Da die Pflanze vielfältig und großzügig verwendbar ist, sollte man sie in ausreichender Menge ziehen.

Der Kerbel ist eine ideale Pflanze für Kübel, Tröge, große Töpfe und sogar Fensterkästen. Doch selbst an den vom Kerbel bevorzugten feuchten, schattigen Plätzen muß dieser regelmäßig gegossen werden, da die Pflanze ansonsten vorzeitig in Blüte schießt. Dies kann auch bei extremer Hitze oder Kälte der Fall sein.

Im Frühjahr und Sommer sichern Folgesaaten im Abstand von zwei bis drei Wochen den Nachschub an frischen Blättern. In milden Gegenden oder unter einer Plastikhaube kann er auch im Herbst ausgesät werden. Die Samen sollten immer am endgültigen Standort der Pflanze ausgesät werden, da sich die fragilen Sämlinge nicht versetzen lassen. Wenn Sie groß und robust genug sind, müssen sie jedoch auf 10 cm Abstand verzogen werden.

Läßt man in jeder Reihe einige Kerbelpflanzen, die zierlichen Blüten treiben und Samen bilden, umgeht man die jährliche Neuaussaat. Diese selbstausgesäten Sämlinge werden für ausreichend Nachschub im Gartenbeet sorgen.

Pflanzenart	Bester Standort	Geeigneter Boden	Vermehrung	Pflanzenteile	Verwendung
Winterhart (Samen), einjährig	Halbschattig	Nährstoffreich, feucht	Samen	Blätter	Kosmetik, Küche, Heilmittel

Artemisia abrotanum

EBERRAUTE

Am besten pflanzt man die Eberraute an einer Stelle, wo man im Vorübergehen an den aromatischen Blättern entlangstreichen kann.

Mäßiger Kälte widersteht die winterharte, dann schäbig anmutende Eberraute, jedoch nicht sehr kalten Wintern, insbesondere nicht eisigen Winden. Die alten Zweige werden erst Ende des Frühjahrs auf 45 cm Gesamthöhe zurückgeschnitten. Dies läßt den Busch seine kompakte Form wahren und neue Triebe sprießen.

Stecklinge werden aus frischen Trieben im Frühsommer oder aus harten Trieben mit Wurzelansatz im Herbst gezogen.

Dieses Gewürz- und Heilkraut ist unter vielen Namen, die sich von seiner Wirksamkeit herleiten, bekannt. Manche Namensgebungen sind offensichtlich, wie z. B. die volkstümliche französische *garde-robe* für seine Verwendung als Mottenschutzmittel; andere wie die englische *maiden's ruin* „Jungfernruin" dagegen weniger (es wurde auch als Aphrodisiakum eingesetzt).

Die graugrünen, aromatisch duftenden Blätter fühlen sich wie Seide an. Wählen Sie einen Standort, der es Ihnen ermöglicht, die Pflanze im Vorübergehen zu berühren und somit deren Kampferaroma freizusetzen. Die Eberraute ist ein kompakter Busch, der etwa 90 cm hoch und 60 cm breit wird. Seine filigranen Blätter, an deren Ende im Spätsommer manchmal kleine gelbe Blüten erscheinen, zieren jede Rabatte in einem Kräutergarten. Die Eberraute kann auch in Kübeln gezogen werden. Sie wurde früher häufig als Heil- und Gewürzpflanze angebaut.

PFLANZENART	BESTER STANDORT	GEEIGNETER BODEN	VERMEHRUNG	PFLANZENTEILE	VERWENDUNG
Strauch (winterhart, ausgenommen kalte Gegenden)	Vollsonnig, geschützt	Durchschnittlich, aber gut entwässert	Stecklinge, Absenker	Blätter	Kosmetik, Küche, Heilmittel, Haushalt

Artemisia absinthium

WERMUT

Der Wermut ist wie alle Beifußgewächse eine attraktive und äußerst aromatische, krautige Pflanze, die sowohl als buschiges Hecken- und Rabattengewächs wie auch für den Kräutergarten geeignet ist.

Der 1-1,20 m hohe Halbstrauch bildet einen runden Busch mit zierlichen, tief eingeschnittenen Blättern. In jungen Jahren erscheinen die Blätter silbergrau, im Alter dagegen blaß grün. ‚Lambrook Silver' behält jedoch seine silbrige Farbe. Die gelbgrünlichen Blüten kommen Mitte des Sommers hervor, sind im Verhältnis zum Blattwerk jedoch unscheinbar. Die Pflanze riecht stark aromatisch und hat einen bitteren Geschmack.

Obgleich der Wermut in vielen Regionen als winterhart gilt, verträgt er eisige Kälte nicht. Als Kübelpflanze kann er in der kalten Jahreszeit zum Schutz in ein Gewächshaus oder in einen Wintergarten gestellt werden. Dies empfiehlt sich auch in weniger rauhen Gegenden. Unbeschnitten wächst die Pflanze zu stark ins Kraut. Deshalb sollte der Wermut im Frühjahr bis auf 15 cm Gesamthöhe zurückgestutzt werden. Neue Triebe lassen ihn bald wieder in alter Schönheit erstehen.

Der Wermut kann aus Samen gezogen werden, einfacher gewinnt man neue Pflanzen jedoch aus Stecklingen oder durch Wurzelteilung. Die Wurzelteilung stimuliert gleichzeitig das Wachstum.

Wermut braucht jedes Frühjahr einen Rückschnitt, um kräftige Blätter zu entwickeln.

Pflanzenart	Bester Standort	Geeigneter Boden	Vermehrung	Pflanzenteile	Verwendung
Halbstrauch	Vollsonnig	Durchschnittlich, gut entwässert	Stecklinge, Teilung, Samen	Blätter	Heilmittel

Artemisia dracunculus

ESTRAGON

Estragon ist ein hochgeschätztes, jedoch wenig attraktives Küchenkraut.

Estragon ist eines der am meisten geschätzten Gewürzkräuter, doch geben Sie acht, was Sie kaufen. Französischer Estragon besitzt ein ausgezeichnetes Aroma, wohingegen Russischer Estragon (*A. dracunculoides*) minderwertig ist. Oberflächlich betrachtet ähneln sich beide Arten, doch die Blätter des Französischen Estragons sind lang, schmal und weidenartig, die des Russischen dagegen größer, gröber und an den Rändern gezahnter. Am Geschmack können Sie untrüglich den Französischen Estragon erkennen. Kosten Sie deshalb vor dem Kauf ein Blatt: Französischer Estragon hat den für ihn charakteristischen anisartigen Geschmack, Russischer Estragon dagegen ist bitter und weniger geschmackvoll.

Der Französische Estragon wächst als dicke, buschige, 60–90 cm hohe und etwa 45 cm breite Pflanze. Da er selten Blüten und Samen bildet, sollten neue Pflanzen aus Stecklingen oder durch Wurzelteilung gewonnen werden (Russischer Estragon wird häufig aus Samen gezogen). Um den Blattwuchs zu fördern, sollten Sie alle Blütentriebe abzwicken.

Der Estragon gedeiht am besten an einem warmen, sonnigen Standort in einem ganzjährig milden Klima. Feuchte Winter verträgt er nicht. In kühlerem Klima entwickelt die Pflanze weder Blüten noch Samen. Um den Estragon zu überwintern, schneidet man die Spitzen Anfang Herbst zurück und bedeckt die Pflanze mit trockenem Adlerfarn, Stroh, Nadelzweigen oder einer Plastikplane. Man kann auch einige kleine Pflanzenstücke einpflanzen oder Stecklinge schneiden und diese in einem hellen, frostfreien Gewächshaus oder Wintergarten überwintern lassen.

Setzen Sie eine Pflanze den Winter über in ein Frühbeet: auf diese Art können Sie einige Monate länger frischen Estragon genießen.

Pflanzenart	Bester Standort	Geeigneter Boden	Vermehrung	Pflanzenteile	Verwendung
Winterhart, mehrjährig	Vollsonnig bis halbschattig	Durchschnittlich, gut entwässert	Stecklinge, Teilung	Blätter	Küche

Artemisia vulgaris

GEMEINER BEIFUSS

Der Gemeine Beifuß ist zwar nicht sonderlich attraktiv, dafür aber eine einfach zu ziehende nützliche Gewürzpflanze. Die mehrjährige Staude hat 1-1,50 m hohe Stengel, die im Winter absterben. Die derben, eingeschnittenen Blätter sind am Rand oft etwas eingerollt und auf der Unterseite weißlich behaart. Die gelblich-rotbraunen Blüten, die zwischen Hochsommer und Frühherbst erscheinen, ragen kaum aus ihrer schuppenförmigen Hülle hervor.

Die Pflanze ist leicht im Frühjahr oder Sommer in einem Anzuchtbeet im Freien zu ziehen. Der Samen kann bei einem Fachhändler gekauft werden. Sollte dies nicht möglich sein, kann man auch den Samen von wilden Pflanzen einsammeln, da der Gemeine Beifuß fast auf der ganzen nördlichen Halbkugel sowie in Nordamerika und Zentralasien verbreitet ist. Gezüchtete Sorten einschließlich einer mehrfarbigen sind bei speziellen Pflanzenzüchtern erhältlich.

Beifuß sieht ein bißchen wie Unkraut aus, was ihn zu einem nützlichen „Füllsel" in der Kräuter- oder gemischten Rabatte macht.

PFLANZENART	BESTER STANDORT	GEEIGNETER BODEN	VERMEHRUNG	PFLANZENTEILE	VERWENDUNG
Winterhart, mehrjährig	Vollsonnig	Anspruchslos	Teilung, Samen	Blätter	Heilmittel

Borago officinalis

BORRETSCH

Der dekorative Borretsch besitzt strahlend blaue Blütensterne mit einem spitzen, schwarzen, konischen Staubbeutel. Gelegentlich können die Blüten auch ins Pinkfarbene, seltener ins Weißliche tendieren. Stiele, Blätter und Blütenköpfe sind mit silbrigen Haaren überzogen, in denen sich das Licht fängt und die der Pflanze ein leicht stacheliges Aussehen geben.

Borretsch läßt sich gut in der Staudenrabatte zwischen den Zierpflanzen anbauen, wenn im Kräutergarten kein Platz mehr ist. Wegen seiner fleischigen Pfahlwurzel ist er jedoch nicht leicht zu verpflanzen und fühlt sich in Pflanzgefäßen nicht wohl. Bienen und Wespen werden vom Borretsch angezogen, weswegen er nicht zu nahe an einem Weg stehen sollte.

Um sich im Sommer am Borretsch erfreuen zu können, sät man ihn gegen Mitte oder Ende des Frühjahrs an dem vorgesehenen Standort aus und wiederholt das in einer Folgesaat Anfang oder Mitte des Sommers. In milden Regionen oder unter Plastikhauben läßt eine Herbstaussaat den Borretsch bereits im späten Frühjahr blühen. Die einjährige Pflanze stirbt am Ende der Wachstumsperiode ab, doch ihre zahlreichen selbstausgesäten Sämlinge können als junge Pflanzen genutzt werden.

Für den Winter werden Samen in einem großen Topf ausgesät und die Keimlinge bis auf einen ausgelichtet. Ein sehr heller Fensterplatz oder besser noch ein Platz im Wintergarten oder Gewächshaus sind als Standort ideal.

Der Borretsch wird von Bienen und Gärtnern gleichermaßen geliebt. Er ist sehr dekorativ und gedeiht am besten an einem sonnigen Platz.

Pflanzenart	Bester Standort	Geeigneter Boden	Vermehrung	Pflanzenteile	Verwendung
Winterhart (Samen), einjährig	Vollsonnig bis halbschattig	Anspruchslos	Samen (ausschließlich)	Blüten, Blätter	Kosmetik, Küche, Heilmittel

Calendula officinalis

RINGELBLUME

Die Ringelblume ist ein wesentlicher Bestandteil eines jeden Kräutergartens. Sie bringt nicht nur als Garnierung Farbe an Salate und andere Gerichte, sondern in einem Kräutergarten heitern die strahlend orangefarbenen oder gelben Blüten das ansonsten von Grau- oder Grüntönen dominierte Erscheinungsbild auf.

Sie können sowohl die traditionellen Bauerngarten-Ringelblumen kaufen oder die dekorativeren Sorten, die

Die anspruchslose Ringelblume mit ihren bezaubernden Korbblüten wird oft als reine Zierpflanze angebaut.

größere gefüllte Blüten haben und von den meisten Samenhändlern geführt werden. Beide sind Heil- und Gewürzkräuter, so daß Sie unter rein ästhetischen gartengestalterischen Gesichtspunkten wählen können. Wird der Selbstaussaat der Ringelblume kein Einhalt geboten, entartet sie im Laufe der Jahre, und es dominieren die kleinwüchsigen, ungefüllt blühenden Pflanzen. Die kleinwüchsigen Sorten werden bis zu 30 cm, die traditionellen, für einen Kräutergarten geeigneteren bis zu 45 cm hoch.

Säen Sie im Frühjahr den Samen an den für die Pflanze vorgesehenen Standort und verziehen Sie die Sämlinge auf den Abstand von 23 cm. Folgesaaten im zwei- bis dreiwöchigen Abstand garantieren regelmäßige Jungpflanzen. In milderen Regionen bringt eine Herbstaussaat bereits ab Mitte des folgenden Frühjahrs Blüten.

Pflanzenart	Bester Standort	Geeigneter Boden	Vermehrung	Pflanzenteile	Verwendung
Winterhart (Samen), einjährig	Vollsonnig	Anspruchslos	Samen	Blüten, Blätter	Kosmetik, Hobby, Küche, Haushalt, Heilmittel

Carum carvi

KÜMMEL

Trotz seines unkrautartigen Erscheinungsbildes ist der Kümmel eine unverzichtbare Pflanze für jeden Kräutergarten. Das milde Aroma der leuchtend grünen, gefiederten Blätter, die dem Kraut der Möhren ähneln, liegt zwischen Dill und Petersilie. Die 45-75 cm hohen Stengel werden von Dolden aus kleinen weißen Blüten gekrönt. Die sichelförmigen gerippten Samen würzen Gebäck, Käse, Wurstwaren und Brot. Auch die fingerdicke, der Pastinake ähnliche Wurzel ist eßbar.

Der Kümmel sieht am reizvollsten in einem dichten Büschel aus, wo die einzelnen Pflanzen ineinander wachsen und sich gegenseitig stützen. Baut man die Pflanze wegen ihrer Wurzel an, steht sie am besten in Reihen. Kümmel wächst auf fast jedem durchlässigen Boden, braucht aber viel Sonne.

Der zweijährige Kümmel kann sowohl im Frühjahr wie auch im Herbst für den Nachschub an jungen Blättern ausgesät werden. In beiden Fällen blühen die Pflanzen im darauffolgenden Sommer. Den Samen sollte man immer vor Ort aussäen, da die Sämlinge sich schlecht umsetzen lassen. Haben diese eine Höhe von etwa 8 cm erreicht, verzieht man sie im Abstand von 15 cm.

Den Samen erntet man, bevor er herabfällt. Einige Pflanzen sollte man, um einen Nachschub an selbstausgesäten Sämlingen zu haben, reifen und sich aussäen lassen.

Kümmel ist eine leicht zu ziehende zweijährige Pflanze. Um seine Samen zu ernten, sollte man ihn in dichten Nestern aussäen.

Pflanzenart	Bester Standort	Geeigneter Boden	Vermehrung	Pflanzenteile	Verwendung
Winterhart, zweijährig	Vollsonnig, geschützt	Anspruchslos, gut entwässert	Samen	Blätter, Wurzeln, Samen	Hobby, Küche, Heilmittel

Chenopodium bonus-henricus

GUTER HEINRICH

Der Gute Heinrich ist zwar nicht besonders attraktiv, doch in der Küche ist er vielseitig nutzbar und kann lange geerntet werden.

Der Gute Heinrich besitzt, wie viele andere Kräuter auch, mehrere volkstümliche Bezeichnungen, einschließlich Gänsefuß. Er verdankt seinen Namen den ihm zugeschriebenen Heilkräften. Sowohl als Heilkraut wie auch als Gemüse bezeichnet und verkauft, kann der Gute Heinrich auf zahlreiche Arten zubereitet werden. Die jungen Blätter werden z. B. wie Spinat als Gemüse oder roh als Salat, die jungen Triebe blanchiert und wie Spargel zubereitet. Der pflegeleichte Gute Heinrich ist darüber hinaus auch eine ideale Gartenpflanze.

Die auch als Wilder Spinat bekannte Pflanze bildet dunkelgrüne, dreieckig spitze, 45-60 cm lange Blätter. In ährenartigen Rispen erscheinen im Frühjahr eher unscheinbare Blüten, die, um das Wachstum zu fördern, abgeknipst werden sollten.

Damit die junge Pflanze fleischig ins Kraut schießt, sollte man diesen Gartenbereich, sobald die Pflanzenspitze abgestorben ist, mit Gartenkompost oder verrottetem Mist düngen. Mengen Sie im Frühjahr einen ausgewogenen Dünger unter. Der Gute Heinrich überdauert zwar mehrere Jahre, sollte jedoch nach drei bis vier Jahren durch junge Pflanzen ersetzt werden.

Anfang des Frühjahrs gesät, werden die Sämlinge, wenn sie groß genug sind, auf 30 cm verzogen. Kleine Pflanzen sind im Fachhandel erhältlich.

Pflanzenart	Bester Standort	Geeigneter Boden	Vermehrung	Pflanzenteile	Verwendung
Winterhart, mehrjährig	Vollsonnig	Nährstoffreich	Samen	Blätter, Sprosse	Küche

Chrysanthemum balsamita

BALSAMKRAUT

Balsamkraut wird auch unter dem botanischen Namen *Balsamita major* verkauft. Das ebenfalls als Marienblatt bekannte, belaubte Kraut wächst in aufrechten Büscheln etwa 60-90 cm hoch und sieht am besten aus, wenn es unter repräsentativere Stauden gemischt wird. Oder man pflanzt es an eine Stelle, wo man im Vorbeigehen die Blätter berühren kann, die dann ihren sehr angenehmen, frischen Duft verströmen. Der in Amerika geläufige Name *bible leaf* „Bibelblatt" weist auf seine frühere Verwendung hin, wo einige der ersten Siedler getrocknete Blätter des Balsamkrauts als aromatisches Lesezeichen in ihre Bibeln legten.

Sowohl die Blätter als auch die gelben Blüten haben ein minzeartiges Aroma. Die jungen Blätter dienen hauptsächlich als Gewürzkraut und als Minzeersatz, doch die Pflanze kann auch in Duftkissen verwendet werden.

Entwickelt das Balsamkraut Blüten, schießt es zu sehr ins Kraut. Selbst wenn das Blühen unterbunden wird, stirbt die Pflanze nach einigen Jahren ab, weshalb man sie regelmäßig vermehren sollte. Dazu sät man entweder im Frühjahr Samen aus oder schneidet, wenn man bereits eine Pflanze hat, Wurzelstecklinge wie auf Seite 135 beschrieben oder trennt einfach einen bewurzelten Teil ab und verpflanzt ihn.

Pflanzenart	Bester Standort	Geeigneter Boden	Vermehrung	Pflanzenteile	Verwendung
Winterhart, mehrjährig	Vollsonnig bis halbschattig	Nährstoffreich	Teilung, Wurzelstecklinge, Samen	Blätter	Kosmetik, Küche, Haushalt, Heilmittel

Chrysanthemum parthenium

MUTTERKRAUT

Das Mutterkraut ist seit dem Altertum als Heilpflanze bekannt, und sein medizinisches Potential wird heutzutage wiederentdeckt. Die dekorative Pflanze mit ihren leuchtend grünen gezackten Blättern wächst buschig 23-60 cm hoch. Großzügig mit weißen oder gelben, einfachen oder gefüllten Blütenköpfchen bedeckt, blüht die Pflanze den ganzen Sommer über bis in den Herbst hinein. Die aromatischen Blätter behält sie auch im Winter. Das anspruchslose Gewächs bevorzugt durchlässige Böden. Es gedeiht sogar in Mauerspalten und Pflasterritzen. Diese Pflanze hat wirklich viele Vorzüge.

Das Mutterkraut wird auch unter seiner botanischen Bezeichnung *Tanacetum parthenium* und in Samenverzeichnissen als *Matricaria eximia* geführt. Die Sorten mit gefüllten oder gelben Blüten oder mit goldenem Blattwerk können in gleicher Weise verwendet werden. Der bittere Geschmack schließt ihre kulinarische Verwendung aus, sollte jedoch des medizinischen Nutzens wegens toleriert werden. Viele der kompakten gefüllten Sorten sind dekorative Kübelpflanzen. Die goldblättrige ‚Aureum' ist selbst im Halbschatten und bis in den Winter hinein ein prächtiger Anblick.

Da das Mutterkraut eine kurzlebige mehrjährige Pflanze ist, sollte man sich einen Vorrat an jungen Pflanzen zulegen. Aussaat im Frühjahr oder Stecklinge im Sommer sind einfache Formen der Vermehrung, Teilung und Blattstecklinge dagegen etwas schwierigere.

Mutterkraut ist eine hübsche Pflanze mit gänseblümchenartigen Blüten, besonders attraktiv ist die goldblättrige Sorte.

Pflanzenart	Bester Standort	Geeigneter Boden	Vermehrung	Pflanzenteile	Verwendung
Winterhart, immergrün, mehrjährig (bei uns oft einjährig angebaut)	Vollsonnig bis halbschattig	Anspruchslos	Stecklinge, Teilung, Samen	Blätter	Kosmetik, Haushalt, Heilmittel

Cichorium intybus

WEGWARTE

Die Wegwarte oder Zichorie ist eine äußerst nützliche Pflanze. Die Blätter können als Gemüse verzehrt, die Wurzeln als Kaffeezusatz oder -ersatz verwendet werden, und die schönen blauen Blüten, einstmals zu beruhigenden Augentropfen verarbeitet, dienen heute als Augenweide.

Im späten Frühjahr oder im Frühsommer werden die Samen in Reihen gesät und später die jungen Pflanzen in 30 cm Abstand vereinzelt. Einige Sorten bilden Köpfe ähnlich dem Kopfsalat, die im Spätsommer oder im Herbst geerntet werden können, andere müssen ausgegraben und wie Wintergemüse (Chicorée) getrieben werden.

Um feste Köpfe mit gebleichten Blättern zu erhalten, gräbt man die der Pastinake ähnlichen Wurzeln im Spätherbst oder Anfang des Winters aus. Von den Blättern und der Wurzelspitze befreit, pflanzt man diese in hohe Kübel oder Kästen, die man an einen dunklen Ort mit mindestens 13 °C stellt. Drei bis vier Wochen später ist ein Kopf aus frischen Blättern nachgewachsen, der bei einer Länge von etwa 15 cm geerntet werden kann. Informieren Sie sich in Samenverzeichnissen über die unterschiedlichen Sorten und deren Verwendungsmöglichkeiten.

Damit die Wegwarte im zweiten Jahr blüht, darf die Pflanze am Ende des ersten Jahres nicht beschnitten oder ausgegraben werden.

Pflanzenart	Bester Standort	Geeigneter Boden	Vermehrung	Pflanzenteile	Verwendung
Winterhart, mehrjährig (wird normalerweise einjährig angebaut)	Vollsonnig	Nährstoffreich	Samen	Blätter, Wurzeln	Küche

Cochlearia armoracia

MEERRETTICH

Meerrettich ist eigentlich keine hübsche Pflanze – es gibt aber eine mehrfarbige Sorte, die als Blickfang dienen kann.

Der Meerrettich hat ein derbes Erscheinungsbild mit seinen ampferähnlichen bis zu 60 cm langen Blättern. Weitaus dekorativer dagegen ist eine mehrfarbige Sorte mit weißgefleckten Blättern. In einigen Verzeichnissen wird der Meerrettich auch unter dem botanischen Namen *Armoracia rusticana* geführt.

Die dicke fleischige Wurzel, die einen stechenden Geruch verströmt, ist der nützliche Teil der Pflanze, wogegen die Blätter keinen Verwendungszweck haben. Obwohl der Meerrettich im Garten wuchern kann, sollte der Boden vor der Anpflanzung sorgfältig vorbereitet werden, indem er bis zu 45 cm Tiefe gelockert und viel Gartenkompost oder verrotteter Mist eingearbeitet wird. Die Pflanzen setzt man 30 cm auseinander und hält sie gut feucht, damit die Wurzeln nicht grobfaserig werden. Pflanzen Sie Wurzelstücke mit oder ohne Knospe so, daß die Wurzelspitze etwa 5 cm unter der Erdoberfläche liegt. Möglicherweise erscheinen am Ende des Frühjahrs oder zum Sommeranfang Ähren mit kleinen weißen Blüten. Um das Wachstum der Blätter und der Wurzel zu fördern, sollten diese entfernt werden.

Am einfachsten vermehrt man Meerrettich durch Wurzelstecklinge: Im Frühjahr wird ein kurzes Wurzelstück abgetrennt und eingepflanzt. In Kürze bringt dieses neue Triebe hervor.

Die weichen, fleischigen Blätter sind ein beliebtes Fressen für viele blattfressende Insekten, und Schnecken können zum größten Problem werden.

Pflanzenart	Bester Standort	Geeigneter Boden	Vermehrung	Pflanzenteile	Verwendung
Winterhart, mehrjährig	Vollsonnig bis halbschattig	Durchschnittlich, aber tief kultiviert	Wurzelstecklinge, Samen	Wurzeln	Kosmetik, Küche, Heilmittel

Coriandrum sativum

KORIANDER

Der Koriander hat spitze gefiederte Blätter, seine kleinen weißen Blüten, die im Hoch- bis Spätsommer erscheinen, stehen in Dolden. Die Pflanze wird bis zu 60 cm hoch und sieht wohl am besten aus, wenn sie als Einzelpflanze von farbenfrohen Gewächsen wie der Ringelblume umgeben ist oder in Büscheln in einem weniger kultivierten Gartenabschnitt steht. Auch in Kübeln oder großen Töpfen kann Koriander ausgesät und gezogen werden. In einer gemischten Kräuterrabatte, gestützt von anderen Pflanzen, macht sich der Koriander gut und füllt mit seinem filigranen Blattwerk alle Lücken.

Den Blättern ist ein scharfer Geruch zu eigen, der als eine Mischung aus Zitronenschale und Salbei beschrieben wird und den viele Menschen als unangenehm empfinden. Die jungen Blätter werden oft als Chinesische Petersilie bezeichnet, was auf ihre Verwendung in der asiatischen Küche hinweist. Die aus den mauvegetönten weißen Blüten gebildeten Früchte haben ein genauso intensives, jedoch angenehmeres Aroma. Als wichtiges Würzmittel werden die Samen seit Jahrhunderten verwendet.

Die einjährige, einfach zu ziehende Pflanze wird im Frühjahr an ihrem Standort ausgesät. Dieser sollte windgeschützt sein, da die nicht sehr kräftigen Stengel leicht den Kopf hängen lassen. Ein kleines Stützgerüst schafft rasch Abhilfe. Der Koriander muß bei trockenem Wetter regelmäßig gegossen werden, damit man lange frische Blätter hat.

Koriander ist eine pflegeleichte, einjährige Pflanze. Man sät ihn am besten in dichten Büscheln aus, denn Einzelpflanzen können wie Unkraut aussehen.

Pflanzenart	Bester Standort	Geeigneter Boden	Vermehrung	Pflanzenteile	Verwendung
Winterhart (Samen), einjährig	Vollsonnig	Anspruchslos, aber gut entwässert	Samen	Blätter, Samen	Küche, Haushalt, Heilmittel

Cuminum cyminum

KREUZKÜMMEL

Diese nützliche Gewürzpflanze war lange aus dem Kräutergarten verbannt. Erst als die indische und überhaupt die orientalische Küche bei uns populär wurde, ganz zu schweigen von den würzigen mexikanischen Gerichten, rückte Kreuzkümmel wieder ins Blickfeld. Viele gute Gründe sprechen dafür, die Pflanze anzubauen.

Kreuzkümmel ist eine kleine, unscheinbare, nur wegen ihres Samens interessante Pflanze. Sie wird nicht höher als 30 cm, hat grasartige Blätter an verzweigten Stengeln, die mit winzigen lila oder weißen Blüten gekrönt sind. An einem sonnigen Standort reifen die zahlreichen Früchte am besten. Ziehen Sie deshalb zahlreich Kreuzkümmel in einem Beet, in dem er seine Früchte ausbilden kann.

Der Samen wird im Frühjahr vor Ort ausgesät. Sollten zu viele Sämlinge sprießen, werden diese in wenige Zentimeter Abstand verzogen. Drei bis vier Monate später können die Früchte geerntet werden; je heißer und trockener der Sommer, um so größer wird die Ernte ausfallen.

Als Einzelpflanze eher unattraktiv, sollte der Kreuzkümmel in dichten Büscheln an einem sonnigen Fleckchen ausgesät werden.

PFLANZENART	BESTER STANDORT	GEEIGNETER BODEN	VERMEHRUNG	PFLANZENTEILE	VERWENDUNG
Winterhart (Samen), einjährig	Vollsonnig	Anspruchslos	Samen	Samen	Küche, Heilmittel

Cymbopogon citratus

ZITRONENGRAS

Diese nach Zitronen duftende frostempfindliche mehrjährige Graspflanze wird, abgesehen von Florida, kaum außerhalb der tropischen Länder kultiviert. Zitronengras blüht selten und wird wegen seiner schlanken, zungenförmigen tiefgrünen Blätter, aus denen das frische Zitronenaroma für Süßigkeiten und auch Tees gewonnen wird, angebaut.

Nur in wenigen Spezialhandlungen können die Pflanzen gekauft werden. In Gegenden mit milden, frostfreien Wintern überwintern sie im Freien. Unter günstigen Bedingungen bilden sie ein aufrechtes, bis zu 1,80 m hohes Büschel. Steht die Pflanze in einem Kübel vorzugsweise im Halbschatten, sollte dieser so stehen, daß man die Blätter im Vorübergehen berühren kann, damit sie ihren aromatischen Duft verströmen. Die Blätter werden so nur bis zu 90 cm lang, und die Pflanze kann in einem Gewächshaus oder Wintergarten überwintern.

Zitronengras kann man nur in warmen Gegenden auspflanzen. Ansonsten wird es in Pflanzkübeln gezogen und im Wintergarten oder Gewächshaus überwintert.

Im Frühjahr sollten die Blätter kurz über der Erde abgeschnitten werden, um das Wachstum anzuregen. Wenn das Büschel für einen Kübel zu groß geworden ist, kann es im Frühjahr geteilt werden.

Pflanzenart	Bester Standort	Geeigneter Boden	Vermehrung	Pflanzenteile	Verwendung
Frostempfindliche, mehrjährige Graspflanze	Halbschattig	Nährstoffreich	Teilung	Samen	Küche, Haushalt

Filipendula ulmaria

MÄDESÜSS

Die Arzneipflanze Mädesüß ist so stattlich, daß sie auch für rein dekorative Zwecke angebaut werden kann. Aus dem unterirdisch kriechenden Wurzelstock treibt im Frühjahr eine grundständige Blattrosette, aus der im Früh- und Hochsommer der aufrechte, nur im oberen Teil verzweigte und beblätterte Stengel wächst, an dessen Ende vielstrahlige Scheindolden aus kleinen weißen Blüten sitzen. Die dichten Blütenstände lassen die 1-1,50 m hohen Pflanzen wie ein Blütenmeer erscheinen. Die Blätter sowie die Blüten sind aromatisch: die Blätter riechen nach Wintergrün, wohingegen die Blüten in der Abendluft ein Mandel-Honig-Aroma verströmen.

Die goldblättrige Sorte ‚Aurea' ist eine weit attraktivere Gartenpflanze als das grüne Mädesüß.

Mädesüß kommt in der Natur vor allem an den Ufern von Gewässern und Gräben vor und braucht deshalb einen feuchten Untergrund. Hitze und ein trockener Standort bekommen der Pflanze nicht.

Die mehrfarbigen und goldenen Sorten sind noch ausdrucksvoller: ‚Variegata' besitzt dunkelgrüne, mit einem tiefen Gelbton geränderte Blätter, die gelben Blätter der ‚Aurea' sind besonders beeindruckend. Letztere bevorzugt einen schattigen bis halbschattigen Standort, da das direkte Sonnenlicht ihre Blätter versengt. Das goldene Blattwerk färbt sich gegen Ende des Sommers, wie bei vielen dieser Pflanzen, mehr grün.

Mädesüß ist am Ende des Herbstes durch Teilung der Stauden zu vermehren. Alternativ dazu kann die Pflanze auch aus im Herbst ausgesäten Samen gezogen werden.

Pflanzenart	Bester Standort	Geeigneter Boden	Vermehrung	Pflanzenteile	Verwendung
Winterhart, mehrjährig	Vollsonnig bis halbschattig	Feucht	Teilung	Blüten	Hobby, Heilmittel

Foeniculum vulgare

WILDER FENCHEL

Es gibt zwei Formen des Gemeinen oder Wildfenchels: eine mit grünem, die andere mit bronzefarbenem Blattwerk, *F. vulgare purpureum*. Beide Formen werden als Gewürz- und Heilkraut sowie als dekorative Gartenpflanze verwendet, wobei die bronzefarbene einen schönen Kontrast zur grünen bildet. Vom Frühjahr an, wenn die mit zarten, gefiederten Blättern besetzten Triebe erscheinen, bis in den Herbst, wenn die bis zu 1,80 m hohen, mit den charakteristischen Fruchtständen besetzten Stengel zurückgeschnitten werden, schmücken sie den Garten.

Die fadenförmigen Blätter riechen stark nach Anis und bilden ein dichtes buschiges Blattwerk aus. Die kräftigen, gerillten Stengel tragen im Spätsommer die flachen Dolden aus winzigen gelben Blütenköpfen.

Fenchel wird im Kräutergarten am besten weiter nach hinten oder zur Zierde in eine Staudenrabatte gesetzt. Als Blickfang kann die Pflanze, beispielsweise in einem Steingarten, auch freistehen.

Der Fenchel wird im Frühling dort, wo er wachsen soll, ausgesät. Ist die Pflanze in einem Garten heimisch geworden, sorgen die selbstausgesäten Sämlinge für einen ausreichenden Nachschub an jungen Pflanzen. Wenn diese überhand nehmen, sollten die Blütendolden vor dem Reifen und Ausstreuen der Samen abgeschnitten werden. Fenchel kann auch durch Wurzelteilung vermehrt werden, wobei es schwierig ist, die langen Pfahlwurzeln auszugraben.

Fenchel ist eines der schmucksten Kräuter, schön genug, in der Blumenrabatte zu stehen.

PFLANZENART	BESTER STANDORT	GEEIGNETER BODEN	VERMEHRUNG	PFLANZENTEILE	VERWENDUNG
Winterhart, mehrjährig	Vollsonnig	Anspruchslos, aber gut entwässert	Samen	Blätter, Samen	Kosmetik, Hobby, Küche, Heilmittel

Foeniculum vulgare dulce

GEWÜRZFENCHEL

Die Samen und Blätter des Gewürzfenchels können, obgleich sie ein etwas milderes Aroma haben, wie die des Wildfenchels genutzt werden. Gewürzfenchel wird jedoch hauptsächlich wegen seiner knollenartig verdickten Stengel als Gemüse angebaut. Der Geschmack der Stengel liegt zwischen dem von Anis und Sellerie.

Die dicht wachsende Pflanze wird zwischen 60 und 90 cm groß, und eine Fenchelgruppe ist attraktiv genug, um in einem Blumenbeet zu stehen.

Der Gewürzfenchel benötigt während seiner langen Entwicklungszeit viel Feuchtigkeit. Er wird im Frühjahr 12 mm tief ausgesät, später werden die Sämlinge im Abstand von 20 cm vereinzelt. Um besonders helle Knollen zu erhalten, häufelt man diese an, sobald sie die Größe eines Golfballs erreicht haben. Werden die Blüten nicht für die Samenproduktion benötigt, sollten sie entfernt werden. Die Erntezeit der Knollen ist der Spätsommer.

Der Gewürz- oder Süßfenchel wird normalerweise als Gemüse angebaut. Er ist aber auch eine schöne Blattpflanze.

PFLANZENART	BESTER STANDORT	GEEIGNETER BODEN	VERMEHRUNG	PFLANZENTEILE	VERWENDUNG
Winterhart (Samen), einjährig	Vollsonnig	Nährstoffreich	Samen	Blätter, Samen, Stiele	Küche

Galium odoratum

WALDMEISTER

Früher wurde Waldmeister zur Verbesserung des Geruchs in muffigen Räumen auf den Boden gestreut, heute nutzen wir ihn als bodendeckenden „Teppich" für einen schattigen Teil des Gartens.

Die kantigen Stengel sind mit spitzen, in Quirlen angeordneten Blättern besetzt und werden von Dolden mit kleinen weißen, aromatischen Blüten gekrönt. Die kleinwüchsige Pflanze erreicht eine Höhe von 15–30 cm.

Waldmeister ist eine Waldpflanze, die an einem heißen, sonnigen Standort, wie er von den meisten Kräutern bevorzugt wird, nicht gedeiht. Dagegen eignet er sich als zierliche Randbepflanzung an der Schattenseite des Kräutergartens.

In den Boden sollten feuchtigkeitsspeichernder Kompost, verrotteter Mist oder zersetzte Blätter eingearbeitet werden, bevor der Waldmeister angepflanzt wird.

Im Herbst, wenn die Blätter welken, füllen sie die Luft mit einem süßen, heuartigen Geruch. Im Frühjahr oder Sommer riecht der Waldmeister nur schwach, da dieser charakteristische Geruch erst beim Trocknen entsteht.

Die Pflanzen können im Frühjahr geteilt werden. Ansonsten kann Waldmeister auch aus Samen gezogen werden, wobei er nur langsam treibt. Die Pflanze wird auch unter ihrem früheren Namen *Asperula odorata* verkauft.

Waldmeister pflanzt man am besten in dichten Gruppen oder als Bodendecker. Er eignet sich gut für schattige Plätze.

Pflanzenart	Bester Standort	Geeigneter Boden	Vermehrung	Pflanzenteile	Verwendung
Winterhart, mehrjährig	Schattig oder halbschattig	Feucht und humusreich	Teilung, Samen	Blätter	Küche, Haushalt

Glycyrrhiza glabra

SÜSSHOLZ

Süßholz wird seit Jahrhunderten in Europa und Amerika kultiviert. Ältere Menschen kennen noch die echten Lakritzestangen: von der bitteren Rinde befreite Wurzeln, die entweder als Lutscher oder als Bonbons verzehrt wurden. Heute wird echte Lakritze noch in einigen Bioläden verkauft.

Obwohl Lakritze sehr bekannt ist, kennen nur wenige Menschen die dazugehörende Pflanze. Das gefällige, eschenartige Blattwerk wird im Sommer von Ähren mit blassen, veilchenblauen Blüten durchbrochen.

Süßholz braucht sehr viel Platz. Hat sich die mehrjährige Staude einmal im Garten angesiedelt und einen kräftigen Wurzelstock ausgebildet, kann sie bis zu 1,80 m hoch werden, normal ist eine Höhe von 1-1,20 m. Die Blätter des Süßholzes werden im Herbst, wenn sie abzusterben beginnen, zurückgeschnitten und gleichzeitig, damit die Pflanze nicht auswuchert, kriechende Triebe in der Nähe der Wurzeln entfernt. Die Wurzeln können im Herbst des dritten Jahres, nachdem die Pflanze gesetzt wurde, geerntet werden.

Süßholz vermehrt man durch Wurzelstecklinge: Im Herbst oder während der Ruhezeit pflanzt man Wurzelstücke, jeweils mit einem Auge, im Abstand von 15 cm.

Die Süßholzstaude beansprucht viel Platz. Mit ihrem buschigen Blattwerk steht sie am besten im Hintergrund einer Rabatte.

PFLANZENART	BESTER STANDORT	GEEIGNETER BODEN	VERMEHRUNG	PFLANZENTEILE	VERWENDUNG
Winterhart, mehrjährig	Vollsonnig	Leicht	Teilung, Wurzelstecklinge	Wurzeln	Küche, Heilmittel

Hyssopus officinalis

YSOP

Es lohnt sich, den dekorativen, angenehm aromatischen Ysop in einem Kräutergarten anzubauen. Im Aussehen ähnelt er dem Lavendel. Vom Sommer bis in den Herbst öffnen sich seine blauen, manchmal auch weißen oder pinkfarbenen Blüten, die in einem ährigen Blütenstand angeordnet sind. Blüten und Blätter haben ein starkes, leicht muskatartiges Aroma.

Die Pflanze ist ein 20–60 cm hoher Halbstrauch und wird ungefähr halb so breit. Aufgrund seines buschigen, kompakten Wuchses eignet Ysop sich als Kübelpflanze oder als niedrige, unkonventionelle Hecke im Kräutergarten. Er zieht jedoch Bienen und Wespen an. Im Frühjahr werden die bewurzelten Stecklinge für eine Hecke in 30 cm Abstand gepflanzt. Sobald sie angewachsen sind, stutzt man sie regelmäßig in Form.

Die Pflanzen in Beet oder Rabatte werden, um den buschigen Wuchs zu fördern, zu Beginn des Frühjahrs kurz über dem Boden abgeschnitten. Schößlinge haben einen harten Winter wahrscheinlich nicht unbeschadet überstanden. Mit der Zeit entartet die Pflanze und sollte deshalb nach 4–5 Jahren ersetzt werden. Selbstausgesäte und im Garten heimisch gewordene Sämlinge können anstelle der alten Pflanzen gesetzt werden. Ansonsten lassen sich neue Pflanzen aus im Herbst abgeschnittenen Stecklingen ziehen.

Ysop eignet sich als Randbepflanzung oder niedrige „Hecke". Er findet auch gut in einem Pflanzbehälter Platz.

PFLANZENART	BESTER STANDORT	GEEIGNETER BODEN	VERMEHRUNG	PFLANZENTEILE	VERWENDUNG
Winterharter, immergrüner Halbstrauch	Vollsonnig	Nährstoffreich, gut entwässert	Stecklinge, Teilung, Samen	Blüten, Blätter	Küche, Haushalt, Heilmittel

Iris germanica ,Florentina'

FLORENTINER SCHWERTLILIE

Die Florentiner Schwertlilie sieht wie eine blasse, bärtige Verwandte der Iris aus. Die steifen, schwertklingenförmigen Blätter wachsen aus dem dicken, auf Erdniveau liegenden Rhizom. Im Frühsommer erscheinen für einige Wochen die weißen, mit einem Hauch ins Blaue gehenden Blüten. Die Pflanze wächst in einer bis zu 60 cm hohen, in wärmeren Regionen auch höheren buschigen Staude.

Die Blüten verströmen ein schwaches, angenehmes Aroma. Das eigentliche Irisaroma - wie Vanille oder Veilchen - wird jedoch erst nach dem Trocknen der Wurzelstöcke freigesetzt. (Vor dem Trocknen haben diese einen erdigen Geruch.)

Eine Anpflanzung von Florentiner Schwertlililen sollte mehrere Jahre ungehindert wachsen können, bevor die Rhizome frühestens nach drei Jahren geerntet werden. Ist der Kräutergarten dafür zu klein, kann die Pflanze auch in die Staudenrabatte oder vor Büsche gesetzt werden.

Die einfachste Art der Vermehrung ist, die Rhizome nach der Blüte im Hochsommer auszugraben und zu teilen, wobei jedes zu verpflanzende Stück einen Blattfächer haben muß. Das Rhizom wird waagerecht zur Bodenoberfläche und nicht zu tief unter die Erde gepflanzt.

Die Florentiner Schwertlilie wird auch als *Iris florentina* oder als I. ,Florentina' verkauft.

Pflanzenart	Bester Standort	Geeigneter Boden	Vermehrung	Pflanzenteile	Verwendung
Winterhart, mehrjährig	Vollsonnig	Anspruchslos, gut entwässert	Teilung	Wurzeln	Kosmetik, Haushalt

Isatis tinctoria

WAID

Waid, auch als Färberwaid bekannt, war einst traditioneller Lieferant des europäischen Indigos, der vor allem zum Färben von Stoffen verwendet wurde. Die Herstellung des Farbstoffes ist zeitintensiv, und es entsteht ein abscheulicher Gestank, wenn die zerquetschten Blätter der Gärung überlassen werden. Deshalb stellen heutzutage nur äußerst enthusiastische Traditionalisten Färbemittel aus Waid her. Auf jeden Fall ist der Waid aufgrund seiner faszinierenden Geschichte eine interessante Pflanze für den Kräutergarten.

Die zweijährige Pflanze wird 60-90 cm hoch. Im ersten Jahr sieht der langstielige Waid weniger schmuck aus, doch im darauffolgenden Jahr bilden die Blüten eines Waidbüschels einen nicht übersehbaren gelben Blickfang. Die Blüten ähneln denen des gelben Senfs und des Rapses, der heute oft wieder zur Ölgewinnung angebaut wird. Wenn er als Färbemittel dienen soll, erntet man beim Waid die Blätter vor der Blüte.

Waidpflanzen können vom Fachhandel bezogen oder leicht aus im Früh- oder Hochsommer gesäten Samen gezogen werden.

Der Färberwaid sieht prächtig aus, wenn er in Blüte steht. Oft schießt er zu schnell hoch und muß dann abgestützt werden.

PFLANZENART	BESTER STANDORT	GEEIGNETER BODEN	VERMEHRUNG	PFLANZENTEILE	VERWENDUNG
Winterhart, zweijährig	Vollsonnig	Nährstoffreich	Samen	Blätter	Haushalt

Laurus nobilis

LORBEER

In keinem Kräutergarten sollte der Lorbeer fehlen. In Form geschnitten, beispielsweise als Pyramide oder Säule, ist der Lorbeerbaum ein herausragender Mittelpunkt jeder kunstvollen Gartengestaltung. Beschnittener Lorbeer ist eine ideale Terrassenpflanze, und als Kübelpflanze rechts und links der Tür macht er immer Eindruck. Die im späten Frühjahr erscheinenden cremefarbenen Blüten sind unauffällig.

Unter idealen Bedingungen wächst der Lorbeer zu einem sehr großen Busch oder kleinen Baum, kann aber, wenn er regelmäßig beschnitten und gestutzt wird, bei einer Höhe von 1,80 m gehalten werden. Beschnitten wird der Lorbeer mit einer Baumschere, um die großen, dunkelgrünen, glänzenden Blätter nicht zu verletzten, da sie sonst an den Schnittkanten braun werden.

Lorbeer, leicht selbst zu beschneiden, ist eine hervorragende Kübelpflanze.

Der Lorbeer kann Frost und kalte Winter überstehen, wenn auch einige Blätter dabei Schaden nehmen können. Frost und starker Wind sind eine ungünstige Kombination, vor der ein Windfang Schutz bietet. Wird der Lorbeer in Kübeln oder großen Töpfen gezogen, verwendet man am besten lehmhaltige Komposterde, die man im Sommer gelegentlich düngt. Falls notwendig, wird der Lorbeer im Frühjahr umgetopft.

Lorbeer wird zuverlässig durch Stecklinge mit „Absatz" vermehrt. Diese werden im Frühsommer geschnitten, wenn die frischen Frühlingstriebe schon etwas verholzt sind. Er kann auch aus Samen gezogen werden, doch die Keimlinge wachsen sehr langsam und nur spärlich.

Pflanzenart	Bester Standort	Geeigneter Boden	Vermehrung	Pflanzenteile	Verwendung
Frostempfindlicher Strauch	Vollsonnig bis halbschattig	Gut entwässert	Stecklinge, Samen	Blätter	Hobby, Küche, Haushalt, Heilmittel

Lavandula

LAVENDEL

Lavandula angustifolia ‚Hidcote'

Ob in Rabatten oder im Beet, in einem Kübel oder großen Topf oder gar als Hecke, Lavendel ist eine der attraktivsten, am besten duftenden Kräuter- und Gewürzpflanzen – und auch eine traditionelle Pflanze des Bauerngartens. Er hat graugrüne aromatische Blätter, und seine duftenden blauen oder malvenfarbigen Blütenähren wachsen vom Hochsommer bis in den Frühherbst.

In keinem Kräutergarten sollte auf Lavendel verzichtet werden. Da es viele Arten und Sorten des Lavendels gibt, kann man auch eine Kollektion ins Auge fassen. Zu den besten für den Anfang gehören: *L. angustifolia* (syn. *L. spica*) ‚Hidcote' (blauviolett); *L. angustifolia* ‚Munstead' (lavendelblau, grüne Blätter); *L. x intermedia* ‚Twickel Purple'; und der Schopflavendel *L. stoechas* (dunkel purpurne Blüten in einer Endblüte anstatt auf einer Ähre sitzend). Darüber hinaus gibt es auch weiß- und rosablühende Sorten, die jedoch nicht die Intensität der traditionellen Lavendelfarben erreichen. Alle Arten werden zwischen 60 und 90 cm hoch.

Die Pflanzen werden, um sie buschig und gepflegt zu halten, im Herbst oder Frühjahr mit einer Schere leicht zurückgeschnitten. Selbst beschnittene Pflanzen wachsen nach einigen Jahren aus und müssen ersetzt werden.

Lavendel kann aus Samen gezogen werden; einfacher vermehrt man ihn, indem man Stecklinge schneidet, die im Frühjahr oder Spätsommer leicht Wurzeln schlagen. Bei Stecklingen ist auch gewährleistet, daß sie ein genaues Abbild der Mutterpflanze werden. Um sich immer am Lavendel im Garten erfreuen zu können, hält man sich am besten einen kleinen Vorrat an Jungpflanzen.

Pflanzenart	Bester Standort	Geeigneter Boden	Vermehrung	Pflanzenteile	Verwendung
Winterharter Strauch	Vollsonnig	Anspruchslos, gut entwässert	Stecklinge, Samen	Blüten, Blätter	Hobby, Kosmetik, Küche, Heilmittel, Haushalt

Pflanzen Sie Lavendel großzügig an – nicht nur im Kräutergarten, sondern auch in die Staudenrabatten und zwischen den Sträuchern. Er ist eine treffliche Begleitpflanze für Rosen.

Lavandula angustifolia ‚Munstead'

Lavandula x intermedia ‚Twickel Purple'

Lavandula stoechas

Levisticum officinale

LIEBSTÖCKEL

Liebstöckel ist eine große, reich beblätterte, etwa 1,50–1,80 m hohe, ausdauernde Staude. Im Hoch- bis Spätsommer trägt sie schirmartige Dolden kleiner gelber Blüten. Das charakteristische Merkmal der Pflanze sind jedoch die Blätter, die wie größere Verwandte der Sellerieblätter aussehen. Auch ihr Geruch und Geschmack sind sellerieartig.

Liebstöckel steht aufgrund seiner Größe am besten im Hintergrund einer Rabatte und kann kaum in einem traditionellen Kräutergarten mit kleinen Beeten angebaut werden. Problemlos wächst die Pflanze in Ecken, die einen sonnigen Stand bevorzugenden Kräutern bereits zu schattig ist, da sie an sonnigen und halbschattigen Plätzen gleichermaßen gut gedeiht. Junge Pflanzen muß man regelmäßig gießen; Liebstöckelpflanzen dürfen nicht austrocknen. Etwas Dünger im Frühsommer kräftigt die Pflanze und läßt sie üppig gedeihen.

Der Samen wird im Frühjahr ausgesät. Streuen Sie einige Samen am Standort aus. Treiben mehrere Sämlinge, verziehen Sie diese so, daß nur einer an dem Platz verbleibt. Die Sämlinge können auch in Töpfen oder Blumenkästen herangezogen und dann gesetzt werden. Vermehrung durch Wurzelteilung empfiehlt sich bei Liebstöckel nicht, es können jedoch Wurzelstecklinge geschnitten werden.

Liebstöckel beansprucht viel Platz, er läßt sich jedoch gut als blattreiches „Füllsel" in die Staudenrabatte und in den Kräutergarten pflanzen.

Pflanzenart	Bester Standort	Geeigneter Boden	Vermehrung	Pflanzenteile	Verwendung
Winterhart, mehrjährig	Vollsonnig bis halbschattig	Nährstoffreich, feucht	Wurzelstecklinge, Samen	Blätter, Stiele, Wurzeln, Samen	Kosmetik, Küche, Heilmittel

Marrubium vulgare

GEMEINER ANDORN

Der Gemeine Andorn wird heutzutage nur noch selten angebaut, dabei gedeiht die ausdauernde Pflanze auf magerem, ausgelaugtem Boden und ist äußerst pflegeleicht. Sie wächst in einem bis zu 60 cm hohen Busch und hat kleine runzelige Blätter mit gekräuselten Kanten, die sich nach unten biegen. Die kleinen weißen Blüten erscheinen im Sommer in Blütenständen rund um den Stengel und üben eine große Anziehung auf Bienen aus.

Bauen Sie einige Pflanzen in einer Kräuterrabatte oder im Kräutergarten an, oder pflanzen Sie diese als dekorative Beeteinfassung. Andorn gedeiht auch gemeinsam mit anderen Kräutern in Töpfen oder Kästen. Um die buschige Gestalt zu erhalten, werden die alten Pflanzen jedes Frühjahr mit der Schere beschnitten. Der Gemeine Andorn ist eine anpassungsfähige Pflanze: bevorzugt wächst er an sonnigen und trockenen, gedeiht jedoch auch an halbschattigen Standorten.

Die Pflanzen werden meist aus im Frühjahr gesäten, im Haus oder in einem Saatbeet vorkultivierten Sämlingen gezogen. Die Sämlinge werden in 25 cm Abstand gesetzt, oder es werden im Sommer Stecklinge geschnitten.

Gemeiner Andorn ist unscheinbar, aber nützlich und leicht zu ziehen.

Pflanzenart	Bester Standort	Geeigneter Boden	Vermehrung	Pflanzenteile	Verwendung
Winterhart, mehrjährig	Vollsonnig bis halbschattig	Anspruchslos	Stecklinge, Samen	Blätter	Heilmittel

Melissa officinalis

ZITRONENMELISSE

Melissa officinalis

Zitronenmelisse, eine typische Bauerngartenpflanze, wird sowohl wegen ihrer intensiv nach Zitrone duftenden Blätter als auch wegen ihrer Verwendung als Tee angebaut. Da sie dazu noch genauso schmückend wie nützlich ist, sollte sie in keinem Garten fehlen. Längs eines Weges oder in einem niedrigwüchsigen Beet gepflanzt, verströmt sie, sobald man die Blätter im Vorübergehen streift, ihren intensiven Zitronenduft.

Im Sommer wachsen büschelweise entlang des Stengels kleine weiße Blüten, die, trotz ihrer Unscheinbarkeit eine große Anziehungskraft auf Bienen ausüben. Die Pflanze wächst zu einem runden, 60-90 cm hohen, hügeligen Busch mit Blättern, die denen der Minze ähneln. In wärmeren Regionen wird er bis zu 1,20 m hoch. Obgleich die Pflanze auch auf trockenem Boden gedeiht, intensiviert ein feuchter und fruchtbarer Boden ihren aromatischen Duft.

Die Zitronenmelisse pflanzt man am besten dort, wo man leicht ihre aromatischen Blätter berühren kann.

Pflanzenart	Bester Standort	Geeigneter Boden	Vermehrung	Pflanzenteile	Verwendung
Winterhart, mehrjährig	Vollsonnig bis halbschattig	Nährstoffreich, feucht	Stecklinge, Teilung, Samen	Blätter	Kosmetik, Küche, Heilmittel, Haushalt

‚Variegata' (syn. ‚Aurea')

Die mehrjährige Staude kann leicht sowohl durch Wurzelteilung wie auch mit Stecklingen oder durch Samen vermehrt werden. Die Samen keimen langsam, sind aber sonst unproblematisch und so fein, daß man kaum Erde darüber häufen muß. Doch meistens stehen einige selbstausgesäte Sämlinge in der Nähe der Pflanze. Die einfachste Art der Vermehrung ist es, im Frühling Wurzelballen zu teilen. Sollten Sie mehrere Pflanzen benötigen, schneiden Sie Ende des Frühjahrs Stecklinge.

Die Pflanzen sollten alle zwei bis drei Jahre ersetzt werden, da sie dann meist übergroß geworden sind und ihre hübsche anfängliche Form verloren haben.

Die Zitronenmelisse ‚Variegata' ist wohl die prächtigste Sorte und sicherlich am besten für die Staudenrabatte geeignet.

MEHRFARBIGE SORTEN

Die goldenen und gefleckten Sorten stehen besonders dekorativ im Vordergrund einer Kräuterrabatte oder vor Büschen, vorausgesetzt, der Platz ist nicht zu dunkel. Die Sorte ‚All Gold' prunkt als gelber Farbtupfer in einer schattigen oder halbschattigen Rabatte. In voller Sonne verbrennen die Blätter leicht und werden braun.

‚Variegata' (auch ‚Aurea' genannt) verträgt volle Sonne. Ihre Blätter sind dicht mit Gelb gesprenkelt, was das Blattwerk vor allem im Frühsommer bezaubernd aussehen läßt.

Die Sorte ‚All Gold' ist eine glänzende Wahl für einen schattigen Platz.

‚All Gold'

Mentha

MINZE

Mentha spicata
(Grüne Minze)

Kein Kräutergarten ist vollständig ohne einige Minzearten. Die auf den folgenden Seiten beschriebenen Minzen haben aufrechte, 30-60 cm hohe Stengel und einen zähen, kraftvollen Wurzelstock, der, wenn ihm nicht Einhalt geboten wird, unter der Erdoberfläche immer weiter kriecht.

Zahlreiche unterschiedliche Arten der Minze sind in Gartencentern und im Fachhandel erhältlich. Eine kleine Auswahl von ungefähr sechs Minzen bereichert den Garten wie auch die Küche.

Am meisten verbreitet ist die Grüne Minze *(M. spicata)*, deren Geruch und Geschmack sofort mit Kaugummi assoziiert wird. Sie und die hier beschriebenen Minzearten werden alle auf die gleiche Weise kultiviert. Im Spätsommer tragen sie ähnliche kleine blauviolette, in Ähren stehende Blüten. Schneidet man diese wenig dekorativen Blüten mit einer Schere zurück, kommt das Blattwerk besser zur Geltung.

Die zähen, enorm wuchernden Minzen, die alle Nachbarpflanzen unterdrücken können, sprechen dennoch gut auf Pflege an. Ihre fleischigen Blätter, die an halbschattigen, feuchten Standorten besonders üppig gedeihen, werden an heißen und trockenen Plätzen leicht von Krankheiten wie Mehltau und Rostpilz befallen. Beginnen die Triebe zu altern und verlieren die Blätter ihr frisches Aussehen, können einige der Triebe, um frisches Wachstum zu fördern, knapp über dem Boden abgeschnitten werden.

In den mit Gartenkompost oder verrottetem Mist angereicherten Boden werden die Pflanzen in einem Abstand von 23-30 cm gesetzt. Minze wird entweder durch Teilung einer gut gewachsenen Pflanze oder durch Wurzelausläufer, die man 5 cm tief in den Boden setzt, am Ende des Winters oder zu Beginn des Frühjahrs vermehrt.

Pflanzenart	Bester Standort	Geeigneter Boden	Vermehrung	Pflanzenteile	Verwendung
Winterhart, mehrjährig	Vollsonnig bis halbschattig	Feucht, nährstoffreich	Teilung, Ausläufer	Blätter	Kosmetik, Hobby, Küche, Haushalt, Heilmittel

Grüne Minze (Mentha spicata) ist wohl die beste Küchenminze.

Triebe, die von Krankheiten befallen sind, schneidet man im Herbst mit einer Schere knapp über dem Boden ab. Um die Krankheit auszumerzen, werden die Triebe entweder verbrannt oder anderweitig beseitigt. Eine stark abgeerntete Minze deckt man den Winter über mit einer Schicht aus gut verrottetem Mist ab. Alle drei bis vier Jahre sollte das Minzebeet an einer anderen Stelle neu angelegt werden.

Die Erntezeit kann verlängert werden, indem man im Spätsommer einige Pflanzen in Töpfe umsetzt. Diese Pflanzen werden bis auf 15 cm Höhe beschnitten und in ein Gewächshaus oder an einen hellen Fensterplatz gestellt. Im Spätwinter entnimmt man Wurzelausläufer und pflanzt diese 5 cm tief in Töpfe oder Kästen. In ein warmes Gewächshaus oder ein Frühbeet gestellt, sprießen so die jungen Pflanzen etwa einen Monat vor ihrem Start im Freien.

AUSGEWÄHLTE ARTEN UND SORTEN

Die Abbildungen und die aufgeführten Merkmale helfen Ihnen, die geläufigsten Minzen zu erkennen. Die Minzenvielfalt ist jedoch so verwirrend, daß selbst Kräuterexperten vor Verwechslungen nicht gefeit sind.

Apfelminze *(M. x rotundifolia)*, auch als **Rundblättrige Minze** bekannt, hat stark behaarte Stengel und runde, ziemlich wollige, runzelige Blätter. Die Minze wird auch unter dem Namen *M. suaveolens* verkauft.

‚Variegata' ist die eine mehrfarbige Sorte der Apfelminze und wird gelegentlich auch als Ananasminze bezeichnet. Ihre Blätter sind cremeweiß gefleckt bis fast rein weiß. Die Anspielung auf Ananasaroma dient womöglich nur der Unterscheidung von der einfach gefärbten Apfelminze.

Die mehrfarbige Apfelminze legt sich dekorativ in den Weg.

Die Apfelminze (Sorte ‚Variegata')

Zerreibt man die Blätter der Eau-de-Cologne-Minze, macht sie ihrem Namen alle Ehre.

Die Apfelminze, insbesondere die mehrfarbige Art, ist eine kompakte Pflanze, die bis zu 30 cm hoch wird und, am Rande einer Rabatte oder in einem Kübel gepflanzt, dekorativ aussieht.

Bowles-Minze (*M. x villosa* var. *alopecuroides*) gilt auch als Kreuzung zwischen *M. spicata* und *M. rotundifolia*. Die großen wolligen Blätter sind stiellos und fast rund. Diese Minze wuchert enorm und wächst auf trockenem Boden besser als die meisten anderen Minzen. Da ihre abgeernteten Blätter rasch welken, ist sie von keinem kommerziellen Interesse, ergibt jedoch eine hervorragende Minzsauce.

Krauseminze ist nur schwer einer bestimmten Minzeart zuzuordnen. Mit diesem Namen werden mehrere unterschiedliche Minzen, meist Kreuzungen, mit gewellten, gedrehten oder krausen Blättern bezeichnet. Zum Würzen eignen sich die krausen Blätter nicht, bereichern jedoch eine Minzekollektion im Garten.

Eau-de-Cologne-Minze (*M. x piperita* var. *citrata*). Eine haarlose Minze mit weichen Blättern, purpurroten Ausläufern und purpurnen Blüten. An einem vollsonnigen Standort verströmt die Minze einen starken Eau-de-Cologne-Duft und bekommt insgesamt einen Purpurton. Im Schatten ist ihre Farbe mehr kupferähnlich. Diese aroma-

Mentha x piperita citrata (Eau-de-Cologne-Minze)

Wie alle Minzearten breitet sich die mehrfarbige Apfelminze schnell aus und wirkt als Minzebeet besonders schön.

Mentha x villosa var. alopecuroides (Bowles-Minze)

Mentha x gentilis 'Variegata'
(mehrfarbige Ingwerminze)

Die mehrfarbige Ingwerminze sticht als kräftiger Farbtupfer ins Auge.

tische Minze eignet sich für Potpourris oder für ein mit Honig gesüßtes Getränk, jedoch nicht zum Kochen.

Ingwerminze (*M. x gentilis*). Diese stark aromatische Minze riecht wie Grüne Minze. Die kurzstieligen Blätter laufen an beiden Enden spitz zu. Die bevorzugt angebaute geflammte Sorte fällt aufgrund ihrer kontrastreichen gelben Streifen längs der Blattader und der Blattrippen besonders ins Auge.

Roßminze (*M. longifolia*). Die graugrünen, sehr haarigen Blätter sind viel länger als breit und verströmen einen muffigen Geruch. Als Würze ist diese Minze ungeeignet.

Pfefferminze (*M. x piperita*). Diese Art besitzt dünne, haarige, deutlich gestielte Blätter. Zwei Formen sind erhältlich: die schwarze Pfefferminze mit dunkelvioletten Stengeln und bis zu 6 cm großen Blättern; die weiße Pfefferminze mit hellgrünen und bis zu 7,5 cm großen Blättern. Diese Minze ist an ihrem charakteristischen Geruch eindeutig zu erkennen. Pfefferminze ist heutzutage vor allem als erfrischender Tee bekannt.

Ananasminze siehe Apfelminze.

Rundblättrige Minze siehe Apfelminze.

Grüne Minze (*M. spicata*). Diese mit am häufigsten kultivierte Minze wird meist in der Küche verwendet. Die fast stiellosen Blätter sind oval-spitz, hellgrün und unbehaart.

Krause Minze

Mentha x piperita
(Pfefferminze)

Mentha pulegium

POLEIMINZE

Die Poleiminze ist ein guter Bodendecker. Ihre 25-30 cm hohen schlanken, aus der kriechenden Wurzel wachsenden Stengel sind gleichmäßig mit kleinen ovalen Blättern besetzt. Einige niederwüchsige Formen erreichen nur eine Höhe von 10-15 cm. Die Blätter verströmen einen pfefferminzähnlichen Geruch, haben jedoch einen kräftigen, bitteren Geschmack. Die Pflanze trägt im Hochsommer dichte Büschel kleiner rosa Blüten in den Blattachseln rund um den Stengel.

Poleiminze ist nicht nur ein Bodendecker (sie kann sogar als Grasersatz gepflanzt werden), sondern gedeiht auch gut in Mauerspalten und Pflasterritzen. Bei sehr trockenem Wetter muß sie feucht gehalten werden. Auch in Blumenkästen oder anderen Pflanzgefäßen macht sich die Poleiminze prächtig.

Die anspruchslose Pflanze wächst auf fast allen Böden sowohl an sonnigen wie auch schattigen Plätzen, wobei sie an letzteren üppiger und gesünder gedeiht. Gleich an welchem Standort, die Pflanze sollte nach etwa vier Jahren ersetzt werden. In kalten Regionen muß man sie im Winter schützen.

Aus Samen können im Frühjahr Pflanzen gezogen werden, noch einfacher ist aber die Vermehrung durch Wurzelteilung.

ACHTUNG Poleiminze nicht während der Schwangerschaft verwenden. Auch sonst kann der Verzehr von größeren Mengen Poleiminze Vergiftungen hervorrufen.

Pflanzenart	Bester Standort	Geeigneter Boden	Vermehrung	Pflanzenteile	Verwendung
Immergrün, winterhart, mehrjährig	Vollsonnig bis halbschattig	Anspruchslos, aber gut entwässert	Teilung, Samen	Blätter	Kosmetik, Haushalt, Heilmittel

Monarda citriodora

ZITRONENMONARDE

Die Zitronenmonarde, eine weniger bekannte Verwandte der *Monarda didyma*, ist eine prächtige, 1-1,50 m hohe Rabattenstaude, deren Stengel mit dichten Quirlen blaßvioletter Blüten gekrönt sind. Ihr buschiger Stock verbreitert sich im Alter. Die ovalen, spitz zulaufenden Blätter verströmen, wenn sie zerrieben werden, einen starken Zitronenduft. Man verwendet sie in derselben Weise wie die Scharlachmonarde (Indianernessel).

Die Zitronenmonarde ist äußerst dekorativ und sehr anziehend für Schmetterlinge und Bienen.

Die Pflanze bringt zur Blütezeit im Hochsommer einen lebhaften, von vielen Bienen und Schmetterlingen umschwärmten Farbklecks in den Garten. Hervorragend für eine Kräuterrabatte geeignet, sollte die Pflanze auch in einem Kräutergarten, den sie sowohl durch ihre Höhe als auch Farbe ziert, nicht fehlen. Das gleiche gilt für einen Bauerngarten.

Die Zitronenmonarde kann bei Kräuterzüchtern oder in Gärtnereien, die auch weniger gängige Pflanzen führen, gekauft werden. Zur Vermehrung können im Frühjahr Stecklinge geschnitten oder aus einem mehrfach geteilten Wurzelballen neue Pflanzen gezogen werden. Die Pflanze sollte, damit sie wuchsfreudig bleibt, alle drei Jahre geteilt werden.

Pflanzenart	Bester Standort	Geeigneter Boden	Vermehrung	Pflanzenteile	Verwendung
Winterhart, mehrjährig	Vollsonnig bis halbschattig	Nährstoffreich, feucht	Stecklinge, Teilung	Blätter	Küche

Monarda didyma

INDIANERNESSEL

Diese nützliche Duft- und Gewürzpflanze, auch als Scharlachmonarde oder Goldmelisse bekannt, ist wegen ihrer dekorativen Blüten sowie ihrer aromatisch duftenden Blätter als Bereicherung von Staudenrabatten sehr beliebt. Die röhrenförmigen, meist dunkelroten Blüten sitzen im Hoch- und Spätsommer wie Kronen auf den 1-1,20 m hohen Stengeln. Eine Zusammenstellung aus den rosa-, lachs- und malvenfarbenen, purpurroten, violetten oder weißen Sorten ergibt ein farbenfrohes Potpourri. Bienen schätzen die Monarde wegen ihrer nektarhaltigen Blüten. Diese Vorliebe teilen sie in Ländern, in denen diese kleinen Vögel leben, mit den Kolibris.

Von den meisten Menschen wegen ihrer Blüten geschätzt, gehört die Monarde eigentlich wegen ihrer dunkelgrünen, harzig riechenden Blätter in den Kräutergarten. Diese ergeben einen sehr angenehm würzigen Tee, der an Earl-Grey-Tee erinnert, und dienen auch als Gewürz. Auch die Wurzeln sind süßlich aromatisch.

Arbeiten Sie vor dem Pflanzen reichlich Gartenkompost oder verrotteten Mist in den Boden ein, und reichern Sie diesen jedes Frühjahr mit einer Schicht organischen Materials an.

Aus Samen und Stecklingen kann ein reichhaltiger Nachschub an Pflanzen gezogen werden. Man kann auch einfach kräftige Stauden im Herbst teilen. Da auf Dauer die Mitte der Büschel kahl wird, sollte man die Pflanzen alle zwei Jahre teilen. Die ausgewiesenen Sorten müssen immer durch Stecklinge, die im Frühjahr geschnitten werden, oder durch Wurzelteilung vermehrt werden.

PFLANZENART	BESTER STANDORT	GEEIGNETER BODEN	VERMEHRUNG	PFLANZENTEILE	VERWENDUNG
Winterhart, mehrjährig	Vollsonnig bis halbschattig	Nährstoffreich, feucht	Stecklinge, Teilung, Samen	Blätter	Kosmetik, Hobby, Küche, Haushalt, Heilmittel

Myrrhis odorata

SÜSSDOLDE

Die Blüten der Süßdolde wirken zwischen dem aparten Blattwerk eher eintönig.

Diese ausdauernde Staude, auch Gartenmyrrhe genannt, wächst 1,20-1,50 m hoch. Sie besitzt prachtvolles farnwedelartiges Blattwerk und kleine cremeweiße Blüten, die in schirmartigen Dolden im späten Frühjahr und frühen Sommer erscheinen. Im Frühjahr zeigt sie als eine der ersten Pflanzen ihr grünes Blätterkleid, das sie bis weit in den Winter hinein trägt.

Die klauenartigen Fruchtstände mit den langen schwarzbraunen Samen sind sehr attraktiv. Wird die Süßdolde wegen ihrer Blätter angebaut, sollten die Blütenköpfe abgeschnitten werden, um das Aussäen zu verhindern. Sowohl die Blätter als auch die Samen sind stark aromatisch und verströmen einen lakritze- und anisartigen Duft.

Bevorzugt wächst die Pflanze an einem halbschattigen Ort. Die möhrenähnliche Pfahlwurzel, die als Gemüse verzehrt werden kann, liebt einen kühlen Boden, denn die Süßdolde gedeiht nicht gut an einem trockenen, heißen Standort, wie ihn die meisten Kräutern bevorzugen. Sollten Sie in ihrem Kräutergarten keinen geeigneten Standort finden, pflanzen Sie die Süßdolde in den Hintergrund einer Kräuter- oder gemischten Rabatte. Gut vor dem leuchtend grünen Blattwerk stehen farbenfrohe Pflanzen, die ihrerseits dabei helfen, daß die Süßdolde nicht zu stark wuchert.

Der Samen geht meist nur langsam auf, doch die selbstausgesäten Sämlinge, die um die Mutterpflanze herum auftauchen, können verpflanzt werden. Wurzelstecklinge mit einer Knospe oder einem Auge wachsen, wenn sie im Frühjahr eingepflanzt werden, in aller Regel an, doch die Mutterpflanze läßt sich nicht einfach versetzen.

Pflanzenart	Bester Standort	Geeigneter Boden	Vermehrung	Pflanzenteile	Verwendung
Winterhart, mehrjährig	Halbschattig	Nährstoffreich	Teilung, Samen	Blätter, Wurzeln, Samen	Hobby, Küche, Haushalt

Myrtus communis

MYRTE

Die bezaubernde immergrüne Myrte bildet dichte, etwa 2,50 m hohe Büsche mit aromatischen dunkelgrünen ledrigen Blättern. Vom frühen Spätsommer an tragen die Büsche duftende weiße Blüten, denen manchmal dunkelviolette Beeren folgen. Für nur dekorative Zwecke eignet sich aufgrund der cremeweiß-grünen Blätter am besten die Sorte ‚Variegata'.

An idealen Standorten können die grünblättrigen Arten über 3 m hohe, stark verzweigte Sträucher bilden; die Sorte ‚Variegata' dagegen ist weniger ausladend. In einem Kübel oder großen Topf gezogen, kann der Wuchs beider Arten auf 90 cm begrenzt werden. In der trockenen Jahreszeit müssen vor allem die in einem Behälter wachsenden Pflanzen gut gegossen werden.

Weniger Platz beansprucht die kleinwüchsige Art *M. tarentina* „Tarentiner Myrte". Es gibt auch mehrfarbige kleinwüchsige Arten.

Myrte wird heute wahrscheinlich deswegen seltener angebaut, weil sie nicht richtig winterhart ist. Leichten Frost übersteht sie fast unbeschadet, doch der Strauch fühlt sich bei Temperaturen über 5 °C am wohlsten. In Kübeln wachsende Pflanzen sollten im Winter entweder ins Haus, ins Gewächshaus oder den Wintergarten gestellt werden. Im Freien muß Myrte an einer geschützten Stelle vor einer warmen Wand stehen. Schneiden Sie alle frostgeschädigten Triebe im Frühjahr ab.

Der Myrtenstrauch wird im Spätsommer durch Stecklinge vermehrt.

Myrte ist ein bezaubernder immergrüner Busch, der am besten an einem warmen Ort gedeiht.

PFLANZENART	BESTER STANDORT	GEEIGNETER BODEN	VERMEHRUNG	PFLANZENTEILE	VERWENDUNG
Frostempfindlicher immergrüner Strauch	Vollsonnig, geschützt	Leicht, gut entwässert	Stecklinge	Blätter, Früchte	Küche

Nasturtium officinale

BRUNNENKRESSE

Diese blattreiche Wasserpflanze wird je nach Standort zwischen 50-60 cm groß. In kühlen, langsam fließenden Gewässern bleibt sie klein und buschig, an einem zu trockenen Standort oder bei hohen Temperaturen wird sie größer und schießt in Samen. Sie breitet sich durch bewurzelte Ausläufer aus, die aus den kriechenden basalen Teilen des Stengels sprießen. Die kleinen weißen Blüten sind unscheinbar, und ihr Entstehen zeigt, daß die Pflanze ihren Zenit überschritten hat.

Die Brunnenkresse kommt in Fließgewässern vor, kann jedoch auch ohne natürlich fließendes Wasser in einem speziell dafür angelegten quelligen Beet gezogen werden. Graben Sie an einer halbschattigen Stelle einen etwa 30 cm tiefen Graben, den sie am Grund mit einer 15 cm dicken Schicht aus gut verrottetem Mist oder Gartenkompost auslegen. Diese wird mit einer etwa 8 cm hohen Schicht Gartenerde, die mit so viel Mulchmaterial angereichert wurde wie möglich, bedeckt.

Der Samen wird Mitte des Frühjahrs in den fertiggestellten Graben gesät, gut gewässert und immer feucht gehalten. Es bietet sich an, den Graben in der Nähe einer Wasserquelle oder eines Wasserhahns anzulegen.

Alternativ kann die Brunnenkresse in einem seichten, halb mit Erde gefüllten Trog gezogen werden. Die Sämlinge werden in die immer feucht zu haltende Erde gesetzt. Mit zunehmender Größe der Brunnenkresse muß auch der Wasserstand im Trog angehoben werden. Das Wasser muß wöchentlich abgelassen und erneuert werden.

Pflanzenart	Bester Standort	Geeigneter Boden	Vermehrung	Pflanzenteile	Verwendung
Winterhart, mehrjährig	Vollsonnig bis halbschattig	Feucht, am besten naß ohne Staunässe	Stecklinge, Teilung, Samen	Blätter	Küche, Heilmittel

Nepeta cataria

KATZENMINZE / KATZENMELISSE

Mehrere Arten *Nepeta* tragen den Namen Katzenminze, doch *N. cataria* ist diejenige, an der die Katzen wirklich gerne schnüffeln und es lieben, sich in ihr zu wälzen. Gelegentlich dient sie als Füllstoff für Katzenspielsachen. Die graugrünen Blätter sind weich und entwickeln beim Zerreiben das charakteristische pfefferminzartige Aroma. Die malvenfarbigen bis weißen Blüten stehen in dichten ährigen Kolben in den Blattachseln der 60-90 cm hochwachsenden Stengel.

Obwohl sie nicht so beeindruckend wie die weitaus beliebteren *N. x faassenii* und *N. mussinii* (syn. *N. racemosa*) ist, kann jedoch auch die *N. cataria* als Schmuck in einer Kräuterrabatte oder in einem Kräutergarten angepflanzt werden. Da Katzen sich gerne darin wälzen, sind die Büschel häufig plattgedrückt und sollten deshalb mit einem niedrigen Zaun oder Maschendraht umzäunt werden.

Ebenso wie die anderen Katzenminzenarten eignet sie sich gut als Einfassung einer Strauch- oder gemischten Rabatte oder kann zur Abgrenzung in einem Kräutergarten dienen. Längs eines Weges steht sie ungünstig, da sich in ihren über den Weg hängenden Zweigen Bienen und Wespen tummeln.

Katzenminze ist leicht durch Samen vermehrbar; benötigt man mehrere Pflanzen, teilt man zu Beginn oder Mitte des Frühjahrs einen kräftigen Wurzelballen, dadurch erhält man schneller größere Pflanzen. Stecklinge aus grundständigen Trieben werden ebenfalls im Frühjahr genommen.

Die Katzenmelisse ist nicht so prächtig wie ihre beliebteren Artgenossen, doch Katzen sehen das anders!

PFLANZENART	BESTER STANDORT	GEEIGNETER BODEN	VERMEHRUNG	PFLANZENTEILE	VERWENDUNG
Winterhart, mehrjährig	Vollsonnig	Anspruchslos	Stecklinge, Teilung, Samen	Blätter	Kosmetik, Heilmittel

Ocimum basilicum

BASILIKUM

Basilikum wird wegen seiner intensiv duftenden Blätter im Haus in Töpfen oder im Sommer im Garten angebaut. Die am meisten verbreitete Art hat weiche dunkelgrüne Blätter, aber Form und Größe können variieren, und manche sind sogar gekräuselt. Bekommt die Pflanze zu wenig Licht, wird sie rasch welk. Knipst man die Triebspitzen ab, wächst sie buschig in die Breite. (Dies sollte man auch bei im Garten stehenden Pflanzen tun.) Da die weißen Blüten für Basilikum nicht charakteristisch sind, können sie ohne Bedenken auch abgeknipst werden.

Als Kontrast können neben das grünblättrige Basilikum auch rotblättrige Sorten wie ‚Dark Opal', ‚Purpurascens' oder ‚Purple Ruffles' gestellt werden. Die rotblättrigen Arten allein wirken schnell langweilig, bilden jedoch einen guten Kontrast zu ihren grünen Artgenossen. Auch als Terrassenpflanzen stehen sie gemeinsam dekorativ in einem Blumenkübel.

Basilikum kann - außer Sie kaufen die Pflanzen im Frühjahr - an einem hellen Fenster aus Samen in Kästen vorgezogen werden. Sobald die Frostgefahr gebannt ist und die Pflanzen sich akklimatisiert haben (dies ist besonders wichtig, da Basilikum aufgrund plötzlich auftretender Kälte oder sehr kalter Winde auch ohne Frost absterben kann), können sie in den Kräutergarten verpflanzt werden.

Buschiges Basilikum (*O. basilicum* ‚Minimum', auch manchmal als *O. minimum* geführt) hat viel kleinere Blätter und wird im Gegensatz zu dem bis 60 cm hohen Basilikum nur bis zu 30 cm hoch.

Die pikanten Blätter des Basilikums sind meist grün, doch die rotblättrige Sorte ‚Dark Opal' ist auch einen Versuch wert.

Pflanzenart	Bester Standort	Geeigneter Boden	Vermehrung	Pflanzenteile	Verwendung
Frostempfindlich, einjährig	Vollsonnig	Durchschnittlich, gut entwässert	Samen	Blätter	Hobby, Küche, Haushalt, Heilmittel

Oenothera biennis

GEMEINE NACHTKERZE

Die Gemeine Nachtkerze stammt ursprünglich aus Nordamerika und besitzt den charakteristischen Charme einer Wildpflanze, die gut in einen Bauerngarten paßt. Im Kräutergarten besticht sie durch ihr leuchtendes Gelb, das in lebhaftem Kontrast zu dem dort vorherrschenden Grün steht. Die zweijährige Pflanze bildet in ihrem ersten Jahr eine flache Rosette blasser grüner Blätter, aus der im zweiten Jahr aufrechte, bis zu 1-1,20 m hohe Stiele wachsen. Diese tragen vom Frühsommer bis in den Herbst hinein große, duftende, gelbe Blüten. An geeigneten Standorten erscheinen sogar im ersten Jahr, aber erst spät, die Blüten. Sie blühen nur kurzzeitig und sind am schönsten abends, wenn ihr Geruch am intensivsten ist.

Die Nachtkerze wird heutzutage aufgrund der medizinischen Eigenschaften ihres Öls in großem Maße kommerziell angebaut. Beim Anbau im Garten ist diese Nutzungsform aber von keinem praktischen Interesse. Die dekorative Pflanze braucht sich jedoch ihres Platzes im Kräutergarten nicht zu schämen.

Die Samen werden im späten Frühjahr oder Frühsommer an dem für die Pflanze vorgesehenen Standort ausgesät und die Sämlinge dann vereinzelt. Die Samen sind in Spezialgeschäften und die Jungpflanzen in Kräutergärtnereien erhältlich. Sind die Pflanzen heimisch geworden, sichern die selbstausgesäten Sämlinge den Nachschub an frischen Pflanzen für die nächsten Jahre.

PFLANZENART	BESTER STANDORT	GEEIGNETER BODEN	VERMEHRUNG	PFLANZENTEILE	VERWENDUNG
Winterhart, zweijährig	Vollsonnig	Anspruchslos	Samen	Blätter, Stiele, Samen	Heilmittel

Origanum majorana

MAJORAN

Dieses begehrte Gewürzkraut muß in den meisten Gegenden wie eine nicht winterharte einjährige Pflanze behandelt werden, obwohl es eigentlich eine frostempfindliche mehrjährige Pflanze ist, die in frostfreien Gegenden gut im Freien überwintern kann. Majoran wird mit seinen harten, holzigen Stengeln bis zu 25 cm hoch und ist im Sommer mit Büscheln kleiner, zierlicher weißer, mauve- oder lilafarbener Blüten übersät. Die Blüten entwickeln sich aus erbsenartigen Knospen, die wie Knoten aussehen. Die kleinen ovalen Blätter verströmen einen intensiven aromatischen Duft.

Majoran ist eine dekorative Kübelpflanze, die unter günstigen Umständen im Haus an einer lichtdurchfluteten Stelle überwintern kann.

Majoran schließt ein Beet dekorativ ab, ist jedoch nicht winterhart.

Im Haus, gegebenenfalls im Gewächshaus, vorgezogen, werden Sämlinge in Schalen oder Töpfe gepflanzt. Im Frühsommer werden die abgehärteten Pflanzen ausgesetzt. Oder säen Sie Ende des Frühjahrs die Pflanzen an ihren Standort und decken diese, damit sie besser treiben können, mit einer Folie ab.

Überwinterte Pflanzen können durch Stecklinge oder durch Ballenteilung vermehrt werden; einfacher gewinnt man neue Pflanzen jedoch durch eine jährliche Aussaat.

PFLANZENART	BESTER STANDORT	GEEIGNETER BODEN	VERMEHRUNG	PFLANZENTEILE	VERWENDUNG
Frostempfindlich, mehrjährig	Vollsonnig	Nährstoffreich	Stecklinge, Teilung, Samen	Blätter	Kosmetik, Hobby, Küche, Haushalt, Heilmittel

Origanum vulgare

OREGANO / WILDER MAJORAN

Oregano ist eine unschätzbare Gewürz- und eine einfach zu ziehende, aber äußerst dekorative Gartenpflanze. Im Gegensatz zum Majoran ist er winterhart und überwintert völlig problemlos. Im Winter stirbt er bis auf die Wurzel ab, wächst im Frühjahr jedoch wieder in einen 30–45 cm hohen Busch aus. Eine gut etablierte Pflanze kann einen Durchmesser von 45 cm erreichen und so einen dichten Busch von aromatischen Blättern bilden, der vom Hoch- bis Spätsommer mit zahllosen kleinen pinkfarbenen Blüten durchwoben ist.

Die Blüten ziehen allerlei Insekten an, unter anderem Schmetterlinge, Bienen und Wespen. Deshalb sollte der als Einfassung geeignete Oregano nicht längs eines Weges angepflanzt werden.

Die goldblättrige Sorte ist noch idealer für eine Einfassung, da sie kleiner und buschiger als die grünblättrigen Arten wird. Um eine ordentliche Blätterpflanze zu erhalten, können die Blüten mit einer Schere abgeschnitten werden.

Der winterharte Oregano neigt dazu, hölzern zu werden, und ist nach etwa vier Jahren nicht mehr ansehnlich. Deshalb sollte der Wurzelballen nach drei Jahren geteilt und umgepflanzt oder neue Pflanzen aus Stecklingen gezogen werden.

Oregano entwickelt schöne Blüten und die Sorte ‚Aureum' auch ein attraktives Blattwerk.

Pflanzenart	Bester Standort	Geeigneter Boden	Vermehrung	Pflanzenteile	Verwendung
Winterhart, mehrjährig	Vollsonnig	Durchschnittlich, gut entwässert	Stecklinge, Teilung, Samen	Blätter	Küche

Panax quinquefolius

AMERIKANISCHER GINSENG

Gesundheits- und Kräuterenthusiasten ordnen den Ginseng den wichtigsten medizinischen Kräutern zu. Der Chinesische Ginseng gehört einer anderen Art an, doch beide Arten sehen nicht nur ähnlich aus, sondern werden auch ähnlich angewandt. Die fingerartig geteilten Blätter stehen handähnlich auf 30-45 cm hohen, aus der Wurzel der Pflanze wachsenden Stengeln. Im Frühsommer zeigen sich kleine grüne Blüten an der reifen Pflanze - normalerweise jedoch erst drei bis vier Jahre nach der Aussaat. Ebenso wie die Pflanze entwickeln sich auch die fleischigen Wurzeln nur langsam. Die (gabelig verzweigte) Ginsengwurzel kann nach etwa zehn Jahren geerntet werden.

Wenig dekorativ, kann Ginseng am richtigen Standort als blattreiches, bodennahes Buschwerk gepflanzt werden. Der Versuch, ihn im Garten als Kuriosität anzubauen, lohnt sich, auch wenn er nur schwierig gedeiht. Sein natürlicher Standort ist der feuchte Wald, den man durch ein besonders schmales, halbschattiges Beet mit viel humusbildendem Material wie Gartenkompost, verrottetem Mist oder zersetzten Blättern imitieren kann.

Ginseng kann aus Samen, der jedoch nicht einfach zu bekommen ist, gezogen werden. Einige Kräutergärtnereien verkaufen auch Ginsengpflanzen, in Gartencentern findet man die Pflanze jedoch kaum.

PFLANZENART	BESTER STANDORT	GEEIGNETER BODEN	VERMEHRUNG	PFLANZENTEILE	VERWENDUNG
Winterhart, mehrjährig	Halbschattig	Feucht, nährstoffreich	Teilung, Samen	Wurzeln	Heilmittel

Pelargonium

DUFTBLATTPELARGONIEN

Die zahlreichen Arten und Hybriden der Duftblattpelargonien gehören zur gleichen Familie wie die als Rabattenpflanzen so beliebten Geranien, mit denen sie oft verwechselt werden. Die zerriebenen Blätter einiger Arten besitzen einen unverwechselbaren Duft, bei anderen ist der Duft schwerer faßbar und schwieriger zu bestimmen. Was dem einen nach Orange riecht, mag den anderen an Zitronen oder gar Rosen erinnern!

Die meisten Duftblattpelargonien werden 30-60 cm hoch; die Blätter, darunter auch einige apart gefleckte, unterscheiden sich in Form und Größe beträchtlich. Die Blüten sind im Vergleich zu den prachtvollen Blüten der Beetpelargonien (oft auch ‚Geranien' genannt) eher unscheinbar.

Alle Duftblattpelargonien eignen sich gut als Topfpflanzen im Haus oder im Gewächshaus, wogegen sie im Freien keineswegs so beeindrucken wie ihre blütenreichen Cousinen. Dennoch, sobald die Frostgefahr gebannt ist, können auch sie den Sommer über in den Kräutergarten gepflanzt werden. Oder Sie ziehen eine Kollektion verschiedener

Der Duft des Pelargonium graveolens wird beschrieben als eine Mischung aus Zitronen, Orangen und Rosen!

Pelargonium graveolens

PFLANZENART	BESTER STANDORT	GEEIGNETER BODEN	VERMEHRUNG	PFLANZENTEILE	VERWENDUNG
Frostempfindlich, mehrjährig	Vollsonnig oder hell	Gut entwässert, leicht (für Pflanzgefäße: lehmhaltige Komposterde)	Stecklinge	Blüten, Blätter	Kosmetik, Küche, Haushalt

Pelargonie
‚Lady Plymouth'

Pelargonium
crispum

Duftpelargonien in einem erhöhten Beet, vielleicht in der Nähe der Terrasse, wo Besucher eine „Duftprobe" machen können.

Im Herbst werden die Pflanzen ausgegraben und um zwei Drittel zurückgeschnitten, bevor man sie an einem frostsicheren Platz überwintern läßt. Halten Sie die Pflanzen den Winter über trocken. Weniger arbeitsintensiv ist es, die Pflanzen ganzjährig in großen Töpfen zu halten, in denen man sie im Sommer einfach in die Erde setzt.

Schießen die Pflanzen in die Höhe, knipsen Sie, damit sie nicht unförmig wuchern, sondern neue Stiele treiben, die frischen Spitzen ab. Im Sommer sollten die Pflanzen im Garten wie auch im Topf wöchentlich mit einem Volldünger gegossen werden. Im Herbst oder Frühjahr geschnittene Stecklinge bilden leicht neue Wurzeln aus.

AUSGEWÄHLTE ARTEN UND SORTEN

Duftblattpelargonien sind bei fast allen Kräuterzüchtern erhältlich, wenn Sie aber Ihre Sammlung erweitern möchten, müssen Sie gegebenenfalls auch Pflanzen von einer Spezialgärtnerei erwerben. Es gibt weit mehr als die hier vorgestellten Arten und Sorten, einige auch mit ganz anderen Duftnoten.

P. x asperum. Pinienduft (für manche Menschen unangenehm), lila Blüten; rauhe graugrüne Blätter.

P. capitatum. Rosenduft; dunkelrote Blüten; behaarte Blätter; auch als ‚Attar of Roses' verkauft; mehrfarbige Sorten erhältlich.

P. x citrosum. Orangenduft; malvenfarbige Blüten.

P. crispum. Zitronenduft; malvenfarbige Blüten; kleine, gekräuselte Blätter; mehrfarbige Sorten erhältlich. Auch als ‚Fingerschalen-Pelargonien' bekannt, da sie als Essenz für Fingerschalen benutzt wurde.

P. x fragrans. Muskatnuß-Gewürzduft; weiße Blüten; kleine graugrüne Blätter; eine mehrfarbige Sorte mit malvenfarbigen Blüten ist auch erhältlich.

P. graveolens. Schwer zu bestimmender Duft, abwechselnd als Zitronen-, Orangen- und Rosenduft bezeichnet; rosa und pupurrote Blüten; graugrüne Blätter; **‚Lady Plymouth'** ist eine mehrfarbige Sorte.

P. grossularioides. Kokosnußduft; purpurrote Blüten; kleine Blätter; kriechender Wuchs.

P. **‚Mabel Grey'**. Zitronenduft; malvenfarbige Blüten; andere Kreuzungen haben einen schwächeren Zitronenduft wie z. B. **‚Lemon Fancy'** und **‚Little Gem'**.

P x nervosum. Limonenduft; lavendelfarbige Blüten; kleine gekräuselte Blätter.

P. odoratissimum. Apfelgeruch; kleine weiße Blüten; wuchernder Wuchs.

P. tomentosum. Pfefferminzduft; kleine weiße Blüten; blaßgrüne Blätter.

Pelargonium
quercifolium

Pelargonium
tomentosum

Petroselinum crispum

PETERSILIE

Krause Petersilie

Petersilie ist eines der bekanntesten Kräuter. Sie gehört zu den am häufigsten verwendeten Gewürzpflanzen, und ihre krausen Blätter sind ein vertrauter Anblick in fast allen Küchengärten.

Die zweijährige Petersilie kann leicht überwintert werden, wird aber meistens wie eine einjährige Pflanze behandelt. Das fast moosartige Blattwerk wächst 23-30 cm hoch und treibt im zweiten Jahr kleine gelblich-grüne Blütendolden. Steht die Pflanze in Blüte, hat sie ihren Zenit bereits überschritten und sollte ausrangiert werden.

Die Petersilie besitzt den Ruf, nur sehr schwer und unheimlich langsam zu keimen. Gefördert wird die Keimung durch einen warmen und feuchten Boden. Man kann versuchen, die Keimung zu beschleunigen, indem man die Samen einige Stunden in lauwarmes Wasser legt, bevor man diese in gut gewässerte Reihen aussät. Der Boden darf während der Keimperiode auf keinen Fall austrocknen.

Durch zeitlich versetzte Aussaaten sichern Sie sich das ganze Jahr über frische Petersilie. Die erste Aussaat kann bereits im Winter oder zu Beginn des Frühjahrs unter einer Plastikhaube erfolgen, weitere regelmäßige Aussaaten folgen im Frühjahr und Sommer im Freien. Säen Sie, um auch im Winter frische Petersilie zu haben, im Herbst Samen in ein Frühbeet oder unter eine Plastikhaube. Petersilie kann

Die krausen Petersiliensorten sind am dekorativsten. Man pflanzt sie in Gruppen, Reihen oder als Einfassung.

Pflanzenart	Bester Standort	Geeigneter Boden	Vermehrung	Pflanzenteile	Verwendung
Winterhart, zweijährig	Vollsonnig bis halbschattig	Nährstoff- und humusreich	Samen	Blätter, Wurzeln	Kosmetik, Küche, Haushalt, Heilmittel

Glatte Petersilie

in Töpfen in einem Gewächshaus oder an einem hellen Zimmerfenster kultiviert werden. So hat man auch in der kalten Jahreszeit Petersilie für die Küche.

AUSGEWÄHLTE ARTEN

Italienische Petersilie *(P. crispum* var. *neopolitanum).* Diese Art ist auch als Glattblättrige Petersilie bekannt. Weniger dekorativ als die weitaus bekanntere Krause Petersilie, wird sie aufgrund ihres würzigeren Aromas von einigen Köchen bevorzugt. Die glatten Blätter sind denen des Korianders sehr ähnlich. Die Pflanze wird wie die Krause Petersilie kultiviert.

Knollenpetersilie *(P. crispum* var. *tuberosum).* Auch als Petersilienwurzel bekannt, sehen die Blätter dieser unverkennbaren Art wie die der Italienischen oder der Glattblättrigen Petersilie aus und werden genauso verwendet. Darüber hinaus können die steckrübenartigen Wurzeln als Gemüse verzehrt werden. Bereiten Sie die sellerieartig schmeckenden Wurzeln wie Steckrüben zu.

Knollenpetersilie wird zu Beginn oder Mitte des Frühjahrs an ihrem Standort ausgesät, die Wurzeln im Herbst oder Winter ausgegraben.

Knollenpetersilie

Die Blätter der Knollenpetersilie werden wie die der normalen Petersilie verwendet, ihre Wurzeln können als Gemüse gegessen werden.

Pimpinella anisum

ANIS

Anis wird hauptsächlich wegen seiner Samen angebaut, denen der charakteristische Anisgeschmack zu eigen ist. In kleinen Mengen passen auch die Blätter als Würze zu Suppen und Salaten. Die reifen Blätter der einjährigen Pflanze sind gefiedert und ähneln dem Möhrenlaub, die jungen dagegen sind rundlicher und weniger tief eingeschnitten. Im Hoch- oder Spätsommer erscheinen die schirmartigen, aus kleinen weißen Blüten bestehenden, dillähnlichen Dolden.

Die Pflanze wird 45-60 cm hoch und steht gut als Füllpflanze in einem Kräuterbeet oder in einer Rabatte. Da die jungen Pflanzen äußerst empfindlich sind, sollten sie an einer windgeschützten Stelle angepflanzt werden. Säen Sie die Samen am Standort der Anispflanze au da sich die Sämlinge schlecht verpflanzen lassen. Das Frühjahr ist die beste Zeit für die Aussaat, in milden Regionen bringt auch eine Herbstaussaat im Folgejahr eine frühzeitige Ernte. Ist die Pflanze heimisch geworden, vermehrt sie sich künftig selbst durch Sämlinge, die selten zu einer Plage werden. Nachdem die Pflanze geblüht hat, schneidet man, um die reifen Samen zu ernten, bei beginnender Fruchtreife das Kraut ab. Einige Samen sollten für den Fall, daß nicht genügend Sämlinge aufgegangen sind, zurückbehalten werden. Diese können dann im nächsten Frühjahr ausgesät werden.

Dieses zarte, einjährige Kraut gedeiht am besten an einem geschützten Platz und eignet sich gut als „Füllsel" im Kräuterbeet oder in der Rabatte.

Pflanzenart	Bester Standort	Geeigneter Boden	Vermehrung	Pflanzenteile	Verwendung
Winterhart (Samen), einjährig	Vollsonnig	Leicht, gut entwässert	Samen	Blätter, Samen	Küche, Haushalt, Heilmittel

Poterium sanguisorba

KLEINER WIESENKNOPF/ PIMPINELLE

Heute als Gewürzkraut wenig beachtet, gelangte der einst in den Bauerngärten beliebte Kleine Wiesenknopf mit den ersten Siedlern sogar bis nach Nordamerika. Sein gurkenähnlicher Geschmack paßt gut zu Sommersalaten.

Die langen, gebogenen Stiele wachsen aus der Mitte der Pflanze und bilden einen ungefähr 30 cm hohen Busch. Die kleinen, gezahnten, blaugrünen Blätter stehen sich paarweise entlang der Stiele gegenüber, die im Frühsommer von kleinen rötlichen Blütenköpfen gekrönt werden. Die Blätter erscheinen früh im Jahr und bleiben bis in den Winter hinein grün, so daß die Pflanze fast als immergrün gelten kann.

Der Kleine Wiesenknopf ist eine anspruchslose Pflanze, die, einmal heimisch geworden, nur wenig Pflege bedarf. Die Pflanze schätzt kalkhaltigen Boden und gedeiht an sonnigen Standorten in den meisten Gärten.

Die Pflanze kann durch Wurzelteilung vermehrt werden; einmal heimisch geworden, bildet sie selbstausgesäte Sämlinge. Da diese eine Plage werden könnten, sollten die überzähligen Blütenköpfe abgeschnitten werden.

Pimpinelle läßt sich gut im Topf ziehen, wenn man keinen Platz im Kräutergarten findet.

Pflanzenart	Bester Standort	Geeigneter Boden	Vermehrung	Pflanzenteile	Verwendung
Winterhart, mehrjährig	Vollsonnig	Anspruchslos	Teilung, Samen	Blätter	Küche, Heilmittel

Prunella vulgaris

KLEINE BRAUNELLE

Die Wuchshöhe der Kleinen Braunelle wird durch ihren Standort bedingt. Normalerweise eine Bodenpflanze von geringer Höhe, kann sie bei schlechten Lichtbedingungen und feuchtem Boden bis zu 45 cm hoch werden. Rosarote, lila oder weiße Blüten erscheinen im Hoch- oder Spätsommer in engständigen, ährigen Blütenkronen.

Die Pflanze eignet sich als Bodendecker oder zur Einfassung von Beeten und Rabatten. Mit ihrer Neigung, zum beständigen Unkraut auszuwuchern, sollte die Kleine Braunelle wohlbedacht gepflanzt werden. Es ist beispielsweise nicht ratsam, sie in eine an Rasen angrenzende Rabatte zu pflanzen, da sie leicht auf die Grünfläche übergreift und nur schwierig im Zaum zu halten ist. Ein durch Steinplatten begrenzter Standort im Kräutergarten ist vorzuziehen. Sie kann auch in Blumenkästen gepflanzt werden und zur Unterpflanzung von Bäumen und Büschen dienen.

Die Pflanze kann gekauft oder einfach aus Samen gezogen werden. Letztere sind in der Regel nur in einer auf Kräuter oder Wildblumen spezialisierten Samenhandlung zu erhalten. Die Aussaat erfolgt vom Frühjahr bis in den Herbst hinein. Die Pflanze kann gut durch Wurzelteilung vermehrt werden. Da die niederliegenden Stengel leicht Wurzeln treiben, kann immer eine Vielzahl junger Pflanzen von der Mutterpflanze abgelöst werden.

Pflanzenart	Bester Standort	Geeigneter Boden	Vermehrung	Pflanzenteile	Verwendung
Winterhart, mehrjährig	Vollsonnig bis halbschattig	Anspruchslos, gut entwässert	Samen, Teilung, Ausläufer	Blätter	Heilmittel

Pulmonaria officinalis

LUNGENKRAUT

Das Lungenkraut ist eine beliebte Gartenpflanze, da das ganze Frühjahr über seine Blüten, die von einer rosa bis roten Färbung in eine blauviolette übergehen, einen vielfarbigen Effekt erzeugen. Es gibt auch weiße Sorten. Die ersten Blüten erscheinen an den 23-30 cm hohen Stengeln zeitig im Frühjahr, und die Pflanze steht bis in den späten Frühling hinein in Blüte. Viele Monate lang sind die meist silberweiß gefleckten Blätter eine Zierde.

Die weißen Flecken des Blattwerks wurden einst als Abbild einer kranken Lunge angesehen, was das Kraut in der Volksmedizin zu einem bekannten Heilmittel für Lungenkrankheiten wie Tuberkulose werden ließ. Das Lungenkraut enthält Schleimstoffe, Gerbstoffe, Saponine und Kieselsäure, von denen einige eine vorteilhafte Wirkung auf das Atmungssystem haben. Ein Aufguß aus getrockneten Blättern wird gelegentlich bei Husten und Heiserkeit angewandt. Einige Kräuterexperten verschreiben das Lungenkraut auch gegen Durchfall.

Pulmonaria officinalis
‚Sissinghurst White'

Die Pflanze ist ein geeigneter Bodendecker für schattige Stellen. Dekorativ steht sie auch in großen Büscheln vorne in Kräuter- oder gemischten Rabatten und im Kräutergarten. Sie ist auf feuchtem Boden recht anspruchslos. Während einer Trockenperiode sollte die Pflanze gut gegossen werden.

Das Lungenkraut kann vorzugsweise am Ende der Wachstumsperiode leicht durch Wurzelteilung vermehrt werden.

Pflanzenart	Bester Standort	Geeigneter Boden	Vermehrung	Pflanzenteile	Verwendung
Winterhart, mehrjährig	Schattig oder halbschattig	Feucht	Samen, Teilung	Blätter	Heilmittel

Rosa gallica ‚Officinalis‘

ESSIGROSE

Alleine ihr Duft würde es rechtfertigen, diese Rosenart im Kräutergarten anzubauen, aber sie hat noch andere Qualitäten: das Rosenwasser wird als Heilmittel und beim Kochen verwendet, die Rosenblätter können kandiert oder frisch an Salate und Desserts gegeben und die Hagebutten zu Tee oder Sirup verarbeitet werden. Zögern Sie also nicht, Ihren Kräutergarten mit dieser Rose farbenfroh zu verschönern. Beschränken Sie sich hierbei jedoch auf traditionell als Heil- und Gewürzpflanze oder für die Duftölgewinnung angebaute Rosenarten, wie die Essigrose. In die engere Wahl fallen auch *R. x damascena* ‚Trigintipetala‘ (eine Form der Damaszener Rose, die in Bulgarien zur Gewinnung des Rosenöls, im Orient ‚Attar‘ genannt, verwendet wird), *R. x alba* und *R. x centifolia* (die Kohl- oder Provencerose). Moderne Zuchtformen und Hybriden machen sich selten gut in einem Kräutergarten.

Ist die Qual der Wahl auf nur einen Rosenstrauch begrenzt, verbindet die Essigrose schönste Blütenpracht, intensiven Duft und gut zu trocknende Blütenblätter mit einer Jahrhunderte alten, reinrassigen Abstammung. Die Essigrose ist auch als Samtrose, Mohnrose, Zucker- oder Zwergrose bekannt. Die Pflanze ist ein 1-1,20 m hoher Halbstrauch mit weithin treibenden Ausläufern. Die Blüten stehen meist einzeln, selten zu zweien oder dreien und haben rosa bis purpurrote Kronenblätter, die um einen Kelchbecher mit goldenen Staubbeuteln angeordnet sind, aus dem sich im Herbst die Hagebutten entwickeln.

Pflanzenart	Bester Standort	Geeigneter Boden	Vermehrung	Pflanzenteile	Verwendung
Winterharter Strauch	Vollsonnig	Nährstoffreich	Stecklinge	Blüten	Kosmetik, Hobby, Küche, Haushalt, Heilmittel

Rosmarinus officinalis

ROSMARIN

Der Rosmarin, eines der wichtigsten Gewürzkräuter, darf in keinem Garten fehlen. Es lohnt sich auch, ihn nur zur Zierde anzupflanzen. Der Strauch ist immergrün, und die kleinen, schmalen graugrünen Blätter verströmen bei Berührung den charakteristischen harzigen Duft. Die kleinen hell- bis dunkelblauen oder je nach Sorte sogar weißen Blüten stehen traubenartig in Knäueln dicht an den verholzten Stengeln. Die Hauptblütezeit des Rosmarins liegt im Frühling, in mildem Klima blüht er manchmal auch bereits Ende des Winters.

Je nach Sorte unterscheidet sich der Rosmarin beträchtlich in der Höhe. Einige kleinbuschige Sorten werden nur bis zu 90 cm hoch, wohingegen andere wie die schlanke ‚Fastigiatus' bis zu 1,80 m erreichen können. Andere Sorten wiederum gedeihen als niederliegendes Kraut.

Rosmarin ist ein prachtvoller, immergrüner Strauch, der gut in den Blumengarten paßt. Diese Sorte heißt ‚Sissinghurst Blue'.

Rosmarin kann als Blickfang in einen konventionellen Kräutergarten, als Hecke oder in eine Rabatte mit Sträuchern gepflanzt werden. Man kann ihn auch im Topf als elegante Terrassenpflanze kultivieren. (So ist er in kälteren Regionen im Winter auch leichter ins Haus zu holen.) Rosmarin kann sparsam beschnitten und somit auch klein und buschig gehalten werden.

Hierzulande sollte der meist winterharte Rosmarin in strengen Wintern oder bei Kälte geschützt werden. Stecklinge werden im Sommer geschnitten.

Pflanzenart	Bester Standort	Geeigneter Boden	Vermehrung	Pflanzenteile	Verwendung
Winterharter Strauch	Vollsonnig bis halbschattig	Leicht, gut entwässert	Stecklinge	Blätter	Kosmetik, Hobby, Küche, Haushalt, Heilmittel

Rumex acetosa

SAUERAMPFER

Sauerampfer sieht aus wie Unkraut, am besten setzt man ihn an einen unauffälligen Standort.

Der Sauerampfer wird wegen des sauren Geschmacks seiner Blätter angebaut. Diese sind langstielig, eiförmig länglich und werden bis zu 10 cm breit. Die ausgewachsene Pflanze kann 90 cm errreichen. Die Blätter verwendet man am besten, bevor die Blütenstände mit den kleinen rostfarbenen Blüten erscheinen. Auf feuchtem, kühlem Boden entwickelt er seinen besten Geschmack. In warmen und trockenen Regionen sollte nach gründlichem Wässern um die Pflanze ein dicker Mulch angehäufelt werden. Die Blätter muß man regelmäßig pflücken und die Blütenknospen abknipsen, um sich einen Nachschub an frischen, saftigen Trieben zu sichern.

Den Sauerampfer wird man aufgrund seiner tiefen Wurzeln kaum wieder los. Auch deshalb sollten die Blütenknospen, um Blüte und Samenbildung zu verhindern, abgeknipst werden, da sonst die selbstausgesäten Sämlinge rasch zur Plage werden. Da die frischen, jungen Blätter das beste Aroma haben, zieht man den Sauerampfer am besten jedes Jahr aufs neue.

Dazu säen Sie die Samen im Frühjahr aus und verziehen die Sämlinge im Abstand von 30 cm. Denken Sie daran, die Blütenstände rechtzeitig vor deren Reife abzuzwicken.

Den Samen gibt es in speziellen, auf Kräuter und Wildblumen spezialisierten Samenhandlungen und die jungen Pflanzen in einer Kräutergärtnerei zu kaufen.

PFLANZENART	BESTER STANDORT	GEEIGNETER BODEN	VERMEHRUNG	PFLANZENTEILE	VERWENDUNG
Winterhart, mehrjährig	Vollsonnig bis halbschattig	Nährstoffreich, feucht	Teilung, Samen	Blätter	Küche, Haushalt, Heilmittel

Rumex scutatus

RÖMISCHER AMPFER

Die Blätter dieser Pflanze ähneln dem Spinat und haben einen milderen Geschmack als die der anderen Ampferarten. Die hellgrünen, schildförmigen, etwa 10 cm langen Blätter wachsen büschelweise aus dem Boden. Die im späten Frühjahr oder Frühsommer gebildeten Blüten sind unscheinbar, klein, grünlich und wachsen an 20-45 cm langen Stielen.

Um immer ausreichend Nachschub an jungen Trieben zu haben, muß die Pflanze bei trockenem Wetter gut gegossen werden. Die Blütenstände am besten als Knospen abknipsen, damit die Pflanze weiter gut ins Kraut wächst und die selbstausgesäten Sämlinge nicht zur Plage werden.

Auch der Römische Ampfer ist kein Blickfang. Er wird in Reihen gezogen wie Spinat.

Wenn Sie so die Blüte der Pflanze verhindern, wird diese einige Jahre prächtig gedeihen. Nach drei Jahren sollte man sie jedoch teilen und neu einpflanzen. Der Römische Ampfer kann auch leicht aus Samen gezogen werden. Dazu sät man den Samen im Frühjahr in Saatkästen aus und verpflanzt später die jungen Triebe. Um einen besseren Geschmack zu erzielen, kann die Pflanze auch jedes Jahr frisch gezogen werden.

Da die Pflanze auch für Schnecken und Raupen ein Festmahl ist, sollten Sie die Schädlinge gut im Auge behalten.

Pflanzenart	Bester Standort	Geeigneter Boden	Vermehrung	Pflanzenteile	Verwendung
Winterhart, mehrjährig	Vollsonnig bis halbschattig	Nährstoffreich, feucht	Teilung, Samen	Blätter	Küche

Ruta graveolens

GARTENRAUTE

Dieser kleine immergrüne Halbstrauch ähnelt eher einer mehrjährigen Staude als einem Strauch. Die bläulichgrüne Pflanze wird etwa 60–75 cm hoch und ist mit dekorativen, runden, gefiederten Blättern überdeckt, die einen scharfbitteren Geruch haben. Einige werden in kühlerem Klima im Winter abgeworfen. Im Sommer erscheinen die leuchtend gelben Blüten, die von manchen Gärtnern entfernt werden.

Eine buntblättrige Raute mit cremeweiß-gescheckten Blättern ist erhältlich, doch die attraktivsten Sorten haben ein strahlend bläulichgraues Blattwerk. In Europa ist ‚Jackman's Blue', in Amerika 'Blue Mound' am beliebtesten.

Die Gartenraute kann entweder als Einzelpflanze in der Kräuter- oder Staudenrabatte oder als niedrige „Hecke" in einem Kräutergarten stehen. Schneiden Sie, um das Wachstum von frischen Blättern und eine kompakte Wuchsform zu fördern, die Pflanze im Frühjahr zurück.

Die Samen können im Frühjahr ausgesät und von den nicht-blühenden Trieben im Sommer Stecklinge geschnitten werden.

ACHTUNG Im Umgang mit der Raute ist Vorsicht geboten. Die Blätter können bei manchen Menschen, insbesondere bei Sonnenschein, heftige allergische Reaktionen hervorrufen, die je nach Stärke auch im Krankenhaus behandelt werden müssen. Als Arzneimittel darf sie nur mit äußerster Vorsicht eingesetzt werden; höhere Dosen können zu Vergiftungen führen. Als Gewürz sollte man sie wegen des starken Geschmacks nur sparsam verwenden.

PFLANZENART	BESTER STANDORT	GEEIGNETER BODEN	VERMEHRUNG	PFLANZENTEILE	VERWENDUNG
Winterharter Halbstrauch	Vollsonnig	Anspruchslos	Stecklinge, Teilung, Samen	Blätter, Wurzeln	Haushalt, Heilmittel

Salvia elegans

ANANASSALBEI

Die weichen, flaumigen Blätter verströmen einen starken Ananasgeruch. An einem günstigen Standort treibt die Pflanze im Spätsommer schlanke Ähren mit prächtigen, röhrenförmigen, roten Blüten. Die nektarhaltigen Blüten ziehen viele Insekten - und in manchen Ländern auch die Kolibris - an.

Ananassalbei ist eine nicht winterharte Staude, die meist nur 60-90 cm hoch wird. Um eine buschige Form zu erzielen, muß man die frischen Triebspitzen abknipsen, solange diese noch klein sind. Die Pflanze gedeiht auch hervorragend in Blumenkästen oder Kübeln. So kann man sie gut in einem Gewächshaus oder Wintergarten vor dem Frost schützen. In Gegenden mit milden Wintern übersteht der Ananassalbei, in der Nähe einer sonnenbeschienenen Mauer gepflanzt, in der Regel im Freien die kühle Jahreszeit. Es ist jedoch sinnvoll, sich jedes Jahr einen Vorrat an Stecklingen zuzulegen und an einem frostfreien Platz überwintern zu lassen.

Salvia rutilans, ebenso eine frostempfindliche Staude, hat ähnliche Eigenschaften und ist in Europa auch unter dem Namen Ananassalbei bekannt.

Ananassalbei, im Kübel gezogen, läßt sich in der kalten Jahreszeit leichter an einen frostsicheren Platz stellen.

PFLANZENART	BESTER STANDORT	GEEIGNETER BODEN	VERMEHRUNG	PFLANZENTEILE	VERWENDUNG
Frostempfindlich, mehrjährig	Vollsonnig	Gut entwässert	Stecklinge	Blätter	Küche

Salvia officinalis

ECHTER SALBEI / GARTENSALBEI

Salvia officinalis

Echter Salbei ist eine traditionelle Heil- und Gewürzpflanze. Darüber hinaus gehört er, insbesondere die Varietäten und Sorten mit gefleckten oder farbigem Blattwerk, zu den dekorativsten Kräutern. Er ist ein kleinwüchsiger, in milden Gegenden immergrüner Halbstrauch von kaum mehr als 60 cm Höhe. Im Sommer bildet er einen dichten Busch aromatischer Blätter, der neben Stauden und Sträuchern ebenso gut aussieht wie im Kräutergarten.

Ende des Frühjahrs treibt der Salbei prächtige Ähren mit weißen, rosa oder bläulichen Blüten, die man am besten entfernen sollte, wenn die Pflanze wegen ihrer Blätter angebaut wird. Der Salbei treibt jedoch in der Regel nur bei idealem Klima und unter günstigen Bedingungen Blüten.

Der nur regional winterharte Salbei kann in rauhen Wintern Schaden nehmen. Die unverholzten Stengelteile und Blätter können auch in weniger frostgefährdeten Regionen im Frühjahr welk geworden und in kalten Regio-

Der vielfältig nutzbare Salbei ist eine wunderschön blühende Zierpflanze.

Pflanzenart	Bester Standort	Geeigneter Boden	Vermehrung	Pflanzenteile	Verwendung
Winterharter Halbstrauch	Vollsonnig	Anspruchslos, gut entwässert	Stecklinge, Samen	Blätter	Küche, Kosmetik, Haushalt, Heilmittel

Salvia officinalis ‚Tricolor'

Salvia officinalis ‚Purpurascens'

nen kann gar der ganze Strauch abgestorben sein. Im Frühsommer tragen die meisten Pflanzen jedoch wieder ein frisches Blätterkleid, in milden Regionen übersteht der Salbei den Winter völlig unbeeinträchtigt.

Nach drei bis vier Jahren verliert die Pflanze meist ihren dichten Wuchs und sollte dann ersetzt werden. Dazu kann der Gartensalbei aus Samen gezogen, die gefleckten und buntblättrigen Sorten können jedoch nur mit Stecklingen vermehrt werden. In jedem Fall ist es sinnvoll, einige Stecklinge als Ersatz für die im Winter abgestorbenen Pflanzen zu überwintern.

AUSGEWÄHLTE SORTEN

Die Art selbst besitzt Blätter, die hellgrün sprießen und später fast grau werden. Echter oder Gartensalbei ist für den Kräutergarten ein durchaus attraktives Blattgewächs. Dennoch sollte man auch die optisch auffälligeren Sorten für den restlichen Garten ins Auge fassen. Pflanzen Sie eine oder zwei der buntblättrigen Unterarten des *S. officinalis* als Farbtupfer in den Kräutergarten oder zusammen mit anderen Zierpflanzen in Beete und Rabatten. Besonders anziehend stehen sie in erhöhten Beeten und in Pflanzkübeln, wo sie den ganzen Sommer über mit ihren Farben erfreuen und die Blätter, wenn man sie zerreibt, das würzige Aroma verbreiten.

Die beliebtesten Sorten sind unten aufgeführt; die Auswahl ist jedoch viel größer und enthält auch die weiß blühende ‚**Alba**' und die goldblättrige ‚**Aurea**' und ‚**Kew Gold**'. Gärtnereien bieten sowohl den breitblättrigen als auch den schmalblättrigen Echten Salbei an, wobei der schmalblättrige auch die Art *S. lavandulifolia* sein kann.

‚**Icterina**', gelegentlich auch als ‚Variegata' bezeichnet und als Goldener Salbei bekannt, hat eine besonders leuchtende Färbung. Im Frühjahr ist das frische Blattwerk blaßgelb, golden und grün marmoriert und die Blätter behalten einen starken Farbkontrast den Sommer hindurch bis in den Winter hinein.

‚**Purpurascens**'. Die samtigen graugrünen Blätter dieses Salbeis sind purpurrot genetzt. Blauviolette Blüten können im Sommer erscheinen. Zu gelbblättrigen Pflanzen bildet er einen hervorragenden Kontrast.

‚**Tricolor**'. Eine kompakte Sorte mit leuchtend grün, weiß und rot gemusterten Blättern. Er ist frostanfälliger als einige der anderen Sorten.

Die mehrfarbigen Salbeisorten sind für den Garten besser geeignet und können wie gewöhnlicher Salbei verwendet werden. Hier ist es die Sorte ‚Icterina'.

Salvia officinalis ‚Icterina'

Salvia sclarea

MUSKATELLERSALBEI

Der Name Muskatellersalbei wird manchmal auch für andere Salbeiarten verwendet, doch *S. sclarea* ist die üblicherweise im Kräutergarten kultivierte Art. Die dekorative Pflanze trägt große, gerunzelte und flaumig behaarte Blätter. Im Spätsommer erscheinen die blaßrosa bis helllila Blüten in langen Hochblättern, die der Pflanze eine Höhe bis zu 90 cm geben.

Der Muskatellersalbei ist mit seinen großen Blättern und dekorativen Blütenständen eine imposante, jedoch nicht einfach zu plazierende Pflanze. Man kann ihn entweder vor Büsche oder in eine Staudenrabatte pflanzen, am besten steht er jedoch in einem frei gestalteten Bauerngarten.

Muskatellersalbei wird meist als zweijährige Pflanze kultiviert; die im Frühjahr ausgesäten Pflanzen blühen im Folgejahr. Da die Pflanze aufgrund ihrer Blätter als Heil- oder Gewürzkraut angebaut wird, kann sie auch einjährig kultiviert werden. In kälteren Regionen benötigt sie einen warmen, geschützten Standort, um den rauhen Winter zu überstehen.

Der Samen kann von spezialisierten Samenhandlungen bezogen werden. Passen Sie auf, wenn Sie den Samen in einer allgemeinen Samenhandlung kaufen, daß Sie nicht versehentlich den auch als Muskatellersalbei bezeichneten, dekorativen *Salvia horminum* erwerben.

Die großen grünen Blätter lassen den Muskatellersalbei anfangs etwas plump erscheinen, blühend zeigt er jedoch seine ganze Pracht.

PFLANZENART	BESTER STANDORT	GEEIGNETER BODEN	VERMEHRUNG	PFLANZENTEILE	VERWENDUNG
Frostempfindlich, zweijährig	Vollsonnig	Anspruchslos	Samen	Blätter	Küche, Heilmittel

Santolina chamaecyparissus

HEILIGENKRAUT

Heiligenkraut wird häufiger als Zierpflanze denn als Nutzkraut angebaut und besitzt die Eigenschaft, Insekten abzuschrecken. Einst wurde die Pflanze als Wurmmittel für Kinder verwendet, doch heute werden ihre medizinischen Anwendungen nicht mehr genutzt.

Die Pflanze bildet einen kleinen kugeligen Busch mit fiedrig eingeschnittenen, silberweißen, aromatischen Blättern, die sich gut als Hintergrund für andere Pflanzen eignen. Wie der Buchsbaum kann er sowohl als kleinwüchsige Hecke in einem Flechtmustergarten wie auch als Trennlinie in einem gestalteten Kräutergarten stehen. Oder er bildet die Einfassung eines Kräuterbeets oder Beetzentrums in Form eines Rosmarinstrauchs oder Lorbeerbaums.

Heiligenkraut wird, wenn man es regelmäßig stutzt, etwa 45 cm und, wenn man es blühen läßt, etwa 60 cm hoch. Im Sommer sind die zahlreichen, knopfgroßen, gelben Blütenköpfe bei einer Einzelpflanze sehr reizvoll; bei einer Hecke oder Einfassung sollten sie jedoch abgeschnitten werden, damit die Pflanze ihre kompakte Form behält.

Santolina chamaecyparissus nana (syn. *S. chamaecyparissus corsica*) hat eine besonders kompakte, kleinwüchsige Form, die für einen Steingarten geeignet, aber auch eine hübsche Einfassung für einen kleinen Kräutergarten ist.

Das Heiligenkraut kann mit Samen oder im Sommer geschnittenen Stecklingen vermehrt werden.

Dieser gefällige Blattstrauch sollte nicht nur im Kräutergarten stehen.

Pflanzenart	Bester Standort	Geeigneter Boden	Vermehrung	Pflanzenteile	Verwendung
Winterharter Strauch	Vollsonnig	Nährstoffreich, feucht, aber gut entwässert	Stecklinge, Samen	Blätter	Kosmetik, Küche, Haushalt

Saponaria officinalis

ECHTES SEIFENKRAUT

Das Echte Seifenkraut verlor im 19. Jahrhundert mit der industriellen Produktion von Seife an Bedeutung. Das zerstoßene Kraut der Pflanze schäumt, wenn man es im Wasser reibt, doch vor allem in dem harten Wurzelstock sind Saponine enthalten, die sich im Wasser seifenartig auflösen. Einst wurde es auch für medizinische Anwendungen genutzt, doch heute verwendet man es nur noch für kosmetische Zwecke und als Wasserenthärter.

Aus den fleischigen Wurzeln treibt die Pflanze im Frühjahr fingerdicke Sprosse. Die zerbrechlich wirkenden, schwach duftenden, blaßrosa bis fast weißen Blüten zeigen sich den ganzen Sommer. Die einzelnen, etwa 2,5 cm großen Blüten stehen in endständigen dichten Büscheln auf 30-90 cm hohen Stengeln. Zweifarbige Varietäten mit weißen und rosa Blüten sind ebenfalls erhältlich.

Da das Seifenkraut im Freien vor allem in Flußauen und feuchten Wäldern anzutreffen ist, wächst es an einer feuchten Stelle im Halbschatten größer und besser als an einem sonnigen Standort, wie er von vielen anderen Kräutern geschätzt wird.

Echtes Seifenkraut paßt aufgrund seines ländlichen Charmes eher in einen Bauerngarten. Es braucht viel Platz, um gut zu wachsen und sich richtig ausbreiten zu können. Unter geeigneten Bedingungen bildet es zahlreiche Ausläufer; es kann auch mit Samen vermehrt werden.

Pflanzenart	Bester Standort	Geeigneter Boden	Vermehrung	Pflanzenteile	Verwendung
Winterhart, mehrjährig	Vollsonnig bis halbschattig	Feucht, humusreich	Teilung, Samen, Ausläufer	Blätter, Wurzeln	Kosmetik, Haushalt

Satureja hortensis

BOHNENKRAUT

Bohnenkraut ist eine kleinblättrige, anspruchslose einjährige Pflanze mit stechendem Aroma. Die meisten Köche ziehen den Geschmack des (Sommer-)Bohnenkrauts dem des ähnlich aussehenden mehrjährigen Winterbohnenkrauts vor.

Das Bohnenkraut ist eine buschige, ausgreifende Pflanze von etwa 30 cm Höhe. Die Spitzen dieser Pflanze werden im Laufe ihrer Wachstumszeit immer schwerer und neigen sich zum Boden, wenn sie nicht gestützt werden. Die zierlichen blaß lilafarbenen Blüten blühen eher unscheinbar vom Hochsommer bis in den Frühherbst hinein.

Den Samen sät man im Frühjahr am Standort der Pflanze aus und verzieht die Sämlinge später auf 15 cm Abstand. Der Samen kann auch unter Glas vorgezogen und die Sämlinge dann ausgepflanzt werden; die ausgewachsene Pflanze läßt sich nur schwer verpflanzen.

Pflanzen Sie das Bohnenkraut im Kräutergarten an einem separaten Platz, so daß Sie immer einen Nachschub an selbstausgesäten Sämlingen haben und diese keine Plage zwischen anderen Pflanzen werden können. Das Bohnenkraut gedeiht auch gut in Pflanzgefäßen wie Töpfen und Blumenkästen.

Bohnenkraut zieht man am besten im eigenen Beet, wo die selbstausgesäten Sämlinge nicht zum Problem werden.

PFLANZENART	BESTER STANDORT	GEEIGNETER BODEN	VERMEHRUNG	PFLANZENTEILE	VERWENDUNG
Winterhart (Samen), einjährig	Vollsonnig	Leicht	Samen	Blätter	Küche, Heilmittel

Satureja montana

WINTERBOHNENKRAUT

Das Winterbohnenkraut ist ein immergrüner Halbstrauch, der in sehr kalten Regionen oder besonders rauhen Wintern auch die Blätter verlieren kann. Die langsam wachsende Pflanze bildet einen runden Busch von etwa 30 cm Höhe und 20 cm Breite.

Im späten Sommer bedecken kleine blaß lilafarbene, weiße oder hellrosa Blüten die Pflanze. Um einen neuen Austrieb an frischen Blättern anzuregen, beschneidet man im Frühjahr die Spitzen der Pflanzen. Darüber hinaus läßt ein Beschnitt sie immer gepflegt aussehen und fördert einen dichten Wuchs. Gestutztes Winterbohnenkraut kann, indem man die Pflanzen etwa 20 cm auseinandersetzt, als niedrige Hecke in einem Kräutergarten gepflanzt werden.

Das Winterbohnenkraut bevorzugt einen eher kargen Boden und braucht an einem sonnigen Standort nur wenig Pflege. In kälteren Regionen sollte man es im Winter mit einer Plastikhaube abdecken oder in ein Frühbeet setzen.

Winterbohnenkraut ist auch gut geeignet für Kübel oder andere Pflanzgefäße. Ein kleiner Topf kann im Winter ins Haus gebracht werden, wo Sie die Pflanze an einem sehr hellen Standort den ganzen Winter über abernten können. Knipsen Sie die Spitzen der Triebe regelmäßig ab, damit die Pflanze nicht auswächst.

Winterbohnenkraut kann aus Samen gezogen werden, und läßt man es blühen, sät es sich selbst aus. Auch durch Stecklinge kann es vermehrt werden

Obwohl das Winterbohnenkraut in sehr kalten Gegenden im Winter seine Blätter verlieren kann, ist es eine nützliche, immergrüne Pflanze.

Pflanzenart	Bester Standort	Geeigneter Boden	Vermehrung	Pflanzenteile	Verwendung
Winterharter, immergrüner Halbstrauch	Vollsonnig	Anspruchslos, gut entwässert	Stecklinge, Samen	Blätter	Küche, Haushalt, Heilmittel

Stachys byzantina (syn. S. lanata, S. olympia)

WOLLZIEST / ESELSOHREN

Diese sehr dekorative Pflanze ist eine Zierde für jeden Kräutergarten und sieht gut aus zusammen mit Stauden oder als Bodendecker vor Sträuchern. Mancher Kräutergärtner spricht dem Wollziest mangels Heil- und Würzwirkung einen Platz im Kräutergarten ab. Dennoch führen einige Kräuterzüchter den Wollziest als Pflanze für den Bauerngarten, und er kommt auch in einigen Kräuterbüchern vor. Lassen Sie den Wollziest nicht nur Kräutergebinde, sondern auch Ihren Kräutergarten verschönern.

Die Pflanze bildet eine dichte, langsam wachsende Matte weicher, wolliger, silbergrauer Blätter, die, so sagt man, Eselsohren ähnlich sehen. Sein kriechender Habitus und seine helle Farbe machen ihn zu einer besonders dekorativen Sommerpflanze. Das Blattwerk wächst etwa 23-30 cm hoch, doch die Ähren mit den rosa bis dunkelroten Blüten wachsen im Hochsommer bis zu 45 cm hoch.

Der Wollziest ist ein ausgezeichneter Bodendecker und eine wunderbare Gartenpflanze, deren Anbau man auf keinen Fall auf den Kräutergarten beschränken sollte.

Die Geschmäcker sind verschieden: Manchem gefallen die Blüten, anderen eher das niedrig wachsende Blattwerk. Ist letzteres der Fall, sollte man den nur selten blühenden ‚Silver Carpet' anpflanzen. Möchte man früh im Jahr einen hellgelben Teppich, greift man zu ‚Primrose Heron'. Die Farbe der frischen Blätter verfärbt sich während des Sommers, und im Winter sind die Blätter silbergrau.

Die Pflanze ist zwar immergrün, doch sollten die frostgeschädigten, unordentlich aussehenden Blätter des Wollziests, um neues Wachstum zu fördern, zu Beginn des Frühjahrs abgeschnitten werden. Die Pflanze übersteht den Winter am besten in milden Regionen, wogegen sie in kälteren sogar absterben kann.

Pflanzenart	Bester Standort	Geeigneter Boden	Vermehrung	Pflanzenteile	Verwendung
Winterhart, immergrün, mehrjährig	Vollsonnig	Nährstoffreich, gut entwässert	Teilung, Samen	Blätter	Hobby

Symphytum officinale

BEINWELL

Der Beinwell ist so dekorativ, daß er in der Staudenrabatte stehen kann. Die traubenartigen Blütenstände voller rosavioletter, glockenförmiger Blüten beginnen sich im Frühsommer für mehrere Wochen zu öffnen. Die Blüten durchziehen die eher bescheidenen, etwa 60 cm hohen Blätterbüschel mit einem Hauch Farbe.

Die wild in feuchten Gebieten an Flußufern wachsende Pflanze bringt auf einem feuchten, nährstoffreichen Boden hohen Wuchs und eine gute Ernte an saftigen Blättern hervor.

Vermehrt wird die mehrjährige Pflanze am einfachsten und schnellsten durch Wurzelteilung. Aus Samen gezogene Pflanzen brauchen lange, um sich zu entwickeln.

Die Pflanze muß vor Schneckenfraß geschützt werden.

Diese Heilpflanze überzeugt auch in einer Kräuterrabatte, braucht jedoch viel Platz.

Beinwell besitzt einen so hervorragenden Ruf als Heilkraut, daß er in keinem Kräutergarten fehlen darf. Sollten Sie an seinen medizinischen Eigenschaften nicht interessiert sein, können Sie sein Blattwerk als wertvolle Ergänzung dem Gartenkompost hinzufügen. Viele biologische Gärtner bauen die Pflanze zu diesem Zweck an.

Pflanzenart	Bester Standort	Geeigneter Boden	Vermehrung	Pflanzenteile	Verwendung
Winterhart, mehrjährig	Vollsonnig bis halbschattig	Nährstoffreich, feucht	Teilung, Samen	Blätter, Wurzeln	Kosmetik, Küche, Haushalt, Heilmittel

Tanacetum vulgare

RAINFARN

Nicht nur im Kräutergarten, auch als Staudenrabatte findet der Rainfarn seinen idealen Standort.

Die leuchtend gelben, knopfgroßen Blüten des Rainfarns heben sich gegen die gefiederten dunkelgrünen Blätter, die unangenehm bitter schmecken, ab. Das äußerst dekorative Blattwerk kann in frischen oder getrockneten Blumenarrangements verwendet werden. Getrocknet zieren die Blüten winterliche Blumengestecke.

Die winterharte ausdauernde Pflanze ist anspruchslos und einfach zu kultivieren. Sie gedeiht gut auf magerem Boden. An einem ungeschützten Standort kann sie durch starke Winde zerzaust werden. Man vermeidet dies, wenn man die Pflanzen ab dem späten Frühjahr stützt. Der bereits jung buschige Rainfarn wächst bis zu 1-1,20 m Höhe und verbreitet sich rasch mit seinem unterirdischen Wurzelstock. Die Pflanze sollte alle zwei bis drei Jahre durch Wurzelteilung vermehrt und dann neu verpflanzt werden. Auch durch Samen kann der Rainfarn vermehrt werden.

ACHTUNG Während der Schwangerschaft darf der Rainfarn nicht verzehrt werden.

PFLANZENART	BESTER STANDORT	GEEIGNETER BODEN	VERMEHRUNG	PFLANZENTEILE	VERWENDUNG
Winterhart, mehrjährig	Vollsonnig	Anspruchslos	Teilung, Samen	Blätter	Hobby, Küche, Heilmittel

Taraxacum officinale

LÖWENZAHN

Gärtner, die den Löwenzahn nicht schätzen, verbringen jedes Jahr Stunden damit, diesen aus ihrem Garten zu beseitigen, und sind womöglich völlig erstaunt darüber, daß Löwenzahn auch kultiviert wird. Der Löwenzahn blickt auf eine lange Geschichte medizinischer Anwendung zurück. Er wurde vor allem als entwässerndes Mittel angewandt - darauf spielt auch sein französischer Name *pis-en-lit* „Bettpisser" ganz unverblümt an.

Heutzutage ist der Löwenzahn eher in der Küche beliebt. Die jungen, vitamin- und mineralienreichen Blätter werden als Salat zubereitet oder wie Spinat verzehrt. Die Wurzel dient als Kaffee-Ersatz, die Blüten und Blätter werden bei der häuslichen Herstellung von Wein verwendet. Die Qualität der Blätter wird verfeinert, wenn man diese wie Chicorée bleicht. Im Herbst werden einige Wurzeln ausgegraben und im Dunkeln getrieben, um den Winter über saftige, junge Blätter zu haben.

Löwenzahnsamen kann von einigen Samenhandlungen bezogen werden, wobei das angebotene Sortiment meist qualitativ hochwertiger ist als die Samen des wilden Löwenzahns. Es bedarf jedoch nur einiger Wurzelstückchen, um den Löwenzahn im Garten zu vermehren. Aufgrund seiner tiefen Pfahlwurzel ist es äußerst schwierig, eine Pflanze vollständig auszugraben, weshalb man den Löwenzahn auch nur schwer wieder los wird. Schneiden Sie die verblühten Blütenköpfe ab, bevor diese sich aussäen können.

Pflanzenart	Bester Standort	Geeigneter Boden	Vermehrung	Pflanzenteile	Verwendung
Winterhart, mehrjährig	Vollsonnig	Anspruchslos	Wurzelstecklinge, Samen	Blüten, Blätter, Wurzeln	Kosmetik, Küche, Haushalt, Heilmittel

Teucrium chamaedrys

ECHTER GAMANDER

Der Gamander wurde wegen seiner medizinischen Eigenschaften angebaut, und der aus seinen Blättern hergestellte Tee war ein gebräuchliches Heilmittel gegen Gicht. Heute wird er meist als Einfassung für Kräuterbeete oder -rabatten gepflanzt. Auch zum Gestalten von Mustern in einem Flechtmustergarten oder in Blumenbeeten eignet er sich. Der englische Name *Wall Gamander* „Mauergamander" weist auf seine bevorzugten Standorte hin: an trockenen Steinmauern oder in Steinritzen eines erhöhten Beetes.

Der kleinwüchsige, aromatische, immergrüne Halbstrauch mit kriechenden Wurzeln bildet eine niedrige, buschige, bis zu 30 cm hohe Pflanze. Die kleinen, zierlichen rosa Blüten sind nicht sehr auffällig, blühen jedoch vom Hochsommer bis in den frühen Herbst hinein. Die immergrüne Pflanze kann in kalten Regionen oder während harter Winter auch ihre Blätter abwerfen. Schutz gegen den winterlichen Frost bietet in kalten Gegenden im Herbst um die Wurzeln angehäufter Mulch.

Gamander kann aufgrund seiner kriechenden Wurzeln gut durch Wurzelteilung vermehrt werden. Benötigen Sie, beispielsweise für eine Hecke, viele Pflanzen, ziehen Sie diese aus Stecklingen.

Echter Gamander eignet sich zur Einfassung eines Kräuterbeetes oder einer Rabatte. Er kann auch im Steingarten gepflanzt werden.

PFLANZENART	BESTER STANDORT	GEEIGNETER BODEN	VERMEHRUNG	PFLANZENTEILE	VERWENDUNG
Winterharter, immergrüner Halbstrauch	Vollsonnig	Nährstoffreich	Stecklinge, Teilung	Blätter	Heilmittel

Thymus

THYMIAN

Gartenthymian (*Thymus vulgaris*), die in der Küche meistverwendete Thymianart, steht apart in Blüte.

Ein Kräutergarten ohne Thymian verdient nicht, Kräutergarten genannt zu werden. Es gibt viele Arten und Sorten, die alle sehr dekorativ sind und einen stark aromatischen Duft verströmen. Ist der Garten groß genug, wählen Sie sich aus dem breiten Spektrum leicht erhältlicher Thymianarten Ihre Thymiankollektion aus.

In der Küche wird der *T. vulgaris* (Echter oder Gartenthymian) am häufigsten verwendet, doch viele andere Thymianarten sind ebenfalls kulinarisch, medizinisch und aromatisch nutzbar. Auch der goldene und der buntblättrige Zitronenthymian können zum Kochen verwendet werden. Ihr Geschmack reicht jedoch nicht an den des gewöhnlichen Thymians heran. Niederliegende Arten wie der *T. pulegioides* besitzen winzige, verschlungene Zweige, deren Blätter jedoch für eine Ernte zu klein sind.

Eine Gartenkollektion sollte aus einer größeren Anzahl küchentauglicher und einer Auswahl rein dekorativer Thymianpflanzen bestehen. Alle auf den nächsten Seiten

Pflanzenart	Bester Standort	Geeigneter Boden	Vermehrung	Pflanzenteile	Verwendung
Winterharter, immergrüner Halbstrauch	Vollsonnig	Anspruchslos	Stecklinge, Ausläufer, Samen	Blätter	Kosmetik, Küche, Haushalt, Heilmittel

Es gibt viele verschiedene Thymiansorten, die in Blüten- und Blattfarbe variieren. Eine Thymian-Kollektion entfaltet sich im Garten zur Attraktion.

beschriebenen Thymianarten sind anspruchslose, immergrüne und auf die gleiche Art zu kultivierende Halbsträucher.

Einmal heimisch geworden, benötigen sie nur wenig Pflege, wuchern jedoch nach einigen Jahren aus. Am besten zieht man jedes Jahr einige Pflanzen als Ersatz für ältere Sträucher heran. Dies kann durch Absenker geschehen, benötigt man jedoch mehr als ein oder zwei Pflanzen, empfiehlt es sich, Stecklinge zu schneiden.

Obgleich sie in den meisten Regionen winterhart sind, sterben in sehr harten Wintern einige Pflanzen ab. Dies ist ein wichtiger Grund, Jungpflanzen in einem Frühbeet zu überwintern. Man pflanzt sie, sobald man sie zwischen den Fingern fassen kann, in Abständen von etwa 5 cm nach draußen.

THYMIAN IM GARTEN

Der Thymian ist vielseitig im Garten einsetzbar. Pflanzt man den Thymian nur als Heil- und Gewürzkraut, ist es wegen der Ernte sinnvoll, die Pflanzen in einem Beet oder Kräutergarten zu kultivieren. Charakteristischer steht der Thymian jedoch zwischen Steinplatten, als Einfassungspflanze, als Bodendecker oder in Pflanzgefäßen.

Duftender Thymianrasen. Ein durchaus praktischer Vorschlag ist, Thymian als Grasersatz in einem kleinen Bereich, auf dem selten gegangen wird, oder für wenig benutzte Pfade im Kräutergarten anzubauen. Als Duftrasen oder -pfade eignen sich die kriechenden Thymianarten (*T. praecox arcticus*, syn. *T. drucei*) und der wollige Thymian (*T. pseudolanuginosus*, syn. *T. lanuginosus*) am besten. Beide sind niedrigkriechende Arten, die bis zu 5 cm

Thymus praecox arcticus

Thymus pseudolanuginosus

hoch werden. Der wollige Thymian bildet ein besonders bodennahes Polster. Es ist unentbehrlich, daß vor dem Bepflanzen der Platz tiefgründig gelockert und sämtliches Unkraut mitsamt Wurzelresten entfernt wird und auch später das Unkraut herausgezupft wird.

Zwischen Steinplatten. Die beiden genannten Thymianarten eignen sich auch, polsterbildend in Pflasterritzen gesetzt zu werden. Knapp am wenig begangenen Wegrand können auch Arten des *T. vulgaris* gepflanzt werden.

Terrassenplatz im Garten. Thymian macht sich hervorragend zwischen einen Gartensitzplatz begrenzenden Steinen oder in einem erhöhten Beet. Denken Sie jedoch daran, daß Thymian Bienen und Wespen anzieht, was nicht jedem gefallen mag.

IN BLUMENGEFÄSSEN

Thymian ist ideal für die Bepflanzung von Blumenkästen und anderen Pflanzgefäßen - auch gemeinsam mit anderen Pflanzen - geeignet. Um immer frischen Thymian zum Kochen verfügbar zu haben, bepflanzen Sie, vorausgesetzt Sie haben keinen Garten oder keinen Platz in demselben, einen Blumenkasten mit *T. vulgaris*.

Ansonsten ziehen Sie in Blumenkübeln die dekorativeren Sorten. Dafür eignen sich gut der goldene *T. x citriodorus* **‚Bertram Anderson‘** (syn. *‚Anderson's Gold‘*), der buntblättrige *T. x citriodorus* **‚Variegatus‘** (syn. *T. x* **‚Silver Posie‘**) und interessant blühende Sorten wie *T. doerfleri* **‚Bressingham Pink‘**.

IM HAUS

Thymian kann an einem sehr hellen Küchenfenster gezogen werden, doch dies sollte eher als Ergänzung zum Thymian im Garten angesehen werden. Gelegentlich gibt es auch ein Pflanzset mit allem Notwendigen zu kaufen: Blumengefäß, Komposterde und Samen. Sollten die Lichtverhältnisse nicht hervorragend sein, ist es sinnvoller, eine kleine Pflanze zu kaufen und in ein dekoratives Gefäß zu pflanzen. Sobald die Pflanze auswächst und weniger ansprechend ist, sollte sie in den Garten umgesetzt werden. Dort erholt sie sich wieder.

AUSGEWÄHLTE ARTEN UND SORTEN

Die folgenden Arten können für eine Thymiankollektion in Betracht gezogen werden. Darüber hinaus sind viele weitere Thymianarten und -sorten im Fachhandel erhältlich.

Die gebräuchlichen Synonyme sind in die Liste aufgenommen. Die Pflanzen werden möglicherweise auch unter anderen Namen verkauft. Sorten des *T. drucei*, *T. serpyllum*, *T. vulgaris* und *T. x citriodorus* werden oft anderen Arten zugeordnet, was zu einer heillosen Verwirrung führen kann. Anhand der botanischen Bezeichnung

Thymian ist klein genug, um mehrere Sorten in einem Pflanzkübel zu ziehen.

Thymus x citriodorus ‚Bertram Anderson‘

Thymian im Kontrast: aus dem Terracotta-Blumenkasten sprießen unterschiedlich farbige Sorten. ‚Bressingham Pink' steht hier neben goldblättrigem Thymian.

sollte es jedoch möglich sein, die Pflanzen zu identifizieren.

T. x citriodorus (Zitronenthymian). Breitere Blätter als der *T. vulgaris* und starkes Zitronenaroma der zerriebenen Blätter; 23 cm hoch.

T. x citriodorus **‚Aurens'** (Goldener Thymian). Gelbgeränderte Blätter; weniger hart und robust als anderer Thymian; 20 cm hoch.

T. x citriodorus **‚Bertram Anderson'** (syn. ‚Anderson's Gold'). Kleinwüchsige Polsterpflanze mit auch im Winter leuchtend goldenem Blattwerk; 5 cm hoch.

T. citriodorus **‚Golden King'.** Buschiger, aufrechter Wuchs, goldgeränderte Blätter; 23-30 cm hoch.

T. x citriodorus **‚Silver Queen'.** Cremefarbene Blattränder; weniger hart und robust als anderer Thymian; 20 cm hoch.

T. x citriodorus **‚Variegatus'** (syn. ‚Silver Posie'). Silbrige Blattränder und rosafarbene Blüten; als dekorative Kübelpflanze geeignet; 15 cm hoch.

T. doerfleri **‚Bressingham Pink'.** Leuchtend rosa Blüten; kriechender Wuchs; 5 cm hoch.

Thymian-Gruppenbild mit Thymus citriodorus ‚Silver Queen' in einem Terracottakasten.

Thymus citriodorus ‚Silver Queen'

Thymus herba-barona

T. ‚Doone Valley'. Niedrige, polsterbildende Pflanze mit dunkelgrünen, golddurchzogenen Blättern; malvenfarbene Blüten; 8 cm hoch.

T. *herba-barona* (Kümmelthymian). Bildet einen Teppich grüner, stark nach Kümmel riechender Blätter; rosafarbene Blüten; 10 cm hoch.

T. *praecox arcticus* (syn. *T. drucei*). Niedrigwachsend mit kleinen graugrünen Blättern, roten oder rosa Blüten; ‚Albus' hat weiße Blüten; 2,5 cm hoch.

T. *pseudolanuginosus* (syn. *T. lanuginosus*) (wolliger Thymian). Bildet einen Teppich wolliger Blätter; blüht selten; 5 cm hoch.

T. *serpyllum* (Feldthymian oder Quendel). Bildet eine flache, grüne Matte mit kleinen blaßlila Blüten; 5 cm hoch.

T. *serpyllum coccineus*. Karmesinrot blühende Varietät des obengenannten.

T. *serpyllum* ‚Pink Chintz'. Lockere Polster weicher, wolliger Blätter mit blaßrosa Blüten; 10 cm hoch.

T. *vulgaris* (Echter oder Gartenthymian). Aufrechter als die anderen Arten; gewöhnlich malvenfarbige oder purpurrote, manchmal auch weiße Blüten; 15–25 cm hoch.

Thymus herba-barona ist ein Bodendecker, der eine nach Kümmel duftende Matte bildet.

Thymus serpyllum albus, eine weißblühende Form des Feldthymians.

Thymus serpyllum

Trigonella foenum-graecum

BOCKSHORNKLEE

Diese kälteempfindliche einjährige Pflanze wird bis zu 45-60 cm hoch, wenn man sie auswachsen läßt. In der Regel werden bereits die frisch gekeimten Samen im zweiblättrigen Stadium verzehrt, da der Bockshornklee hauptsächlich als Keimling verwendet wird. Die Samen sind eine wichtige Zutat des Currypulvers, das sie mit ihrer gelben Farbe ergänzen. Die ausgewachsene Pflanze, wie sie die Abbildung zeigt, besitzt kulinarische und auch medizinische Eigenschaften.

Verwenden Sie die gekeimten Samen als würzige Beigabe zum Salat oder als Brotbelag. Die ausgewachsenen Blätter haben einen bitteren, strengen Geschmack, der einige indische Gerichte bereichert.

Die Samen des Bockshornklees können Sie im Haus unter Glas vorziehen und in der frostfreien Zeit im Garten auspflanzen oder im späten Frühjahr direkt im Garten säen.

Bockshornklee wird meist als Keimling gezogen, man kann ihn aber auch ausreifen lassen.

Um die nach Curry schmeckenden Keimlinge zu erhalten, bringt man Samen auf einer Lage angefeuchteter Küchentücher an einer hellen Stelle im Haus zum Keimen. Halten Sie die Papiertücher feucht, können Sie die Keimlinge meistens in weniger als 6 Tagen ernten. Waschen Sie diese und lassen Sie sie abtrocknen. Es gibt spezielle Keimboxen zu kaufen. Man kann auch mit einem Glasgefäß, einem Stück Stoff und einem Gummiband improvisieren - wichtig ist nur, daß die Samen feucht, aber nicht zu naß sind, da sie sonst verfaulen.

Pflanzenart	Bester Standort	Geeigneter Boden	Vermehrung	Pflanzenteile	Verwendung
Frostempfindlich, einjährig	Vollsonnig (im Freien)	Nährstoffreich, gut entwässert	Samen	Blätter, Samen, Keimlinge	Küche, Haushalt, Heilmittel

Tropaeolum majus

KAPUZINERKRESSE

Diese auch bei Kindern beliebte einjährige Pflanze ist einfach anzubauen und sollte in keinem Kräutergarten fehlen. Sowohl die Blüten als auch die Blätter sind genießbar, und die Samen können wie Kapern eingelegt werden.

Die Blüten der Kapuzinerkresse prangen so farbenfroh, daß selbst ein oder zwei Pflanzen einen vom Grün dominierten Kräutergarten zum Leuchten bringen. Die kletternden Varietäten sollten wohlüberlegt gepflanzt werden, da sie andere Pflanzen unterdrücken können. Die bis zu 60 cm hoch wachsenden kompakten Varietäten sind praktischer und gedeihen darüber hinaus auch gut in Kästen.

Kapuzinerkresse gehört zu den Pflanzen, die weder Dünger noch nährstoffreichen Boden benötigen - ganz im Gegenteil: beides wirkt sich eher nachteilig aus. Zu viele Nährstoffe oder zu nasser Boden bringt eine Vielzahl Blätter, aber nur wenige Blüten hervor, die dann meist unter den Blättern sitzen. Karge Bedingungen lassen die Pflanze dicht wachsen und viele über dem Blattwerk sitzende Blüten hervorbringen.

Kapuzinerkresse wird an ihrem Standort ausgesät oder es werden Sämlinge in Töpfen vorgezogen, die im späten Frühjahr oder im Frühsommer ausgesetzt werden. Obgleich die Pflanze meist als frostunempfindlich beschrieben wird, überstehen die Sämlinge keinen Frühjahrsfrost. Säen Sie deshalb die Pflanze nicht zu früh im Freien aus.

Kapuzinerkresse ist eine von Blattläusen und Raupen bevorzugte Speise. Da Sie eine zum Verzehr gedachte Pflanze auf keinen Fall mit Insektiziden behandeln dürfen, sollten Sie die befallenen Blätter abknipsen.

PFLANZENART	BESTER STANDORT	GEEIGNETER BODEN	VERMEHRUNG	PFLANZENTEILE	VERWENDUNG
Winterhart (Samen), einjährig	Vollsonnig	Anspruchslos, mager	Samen	Blüten, Blätter, Samen	Kosmetik, Küche, Haushalt, Heilmittel

Valeriana officinalis

BALDRIAN

Baldrian, einst wegen der medizinischen Eigenschaften seiner Wurzel geschätzt, wird heutzutage hauptsächlich als Zierpflanze angebaut. Obgleich sie nicht in den Kreis der dekorativsten Stauden gehört, ziert die Pflanze den Hintergrund einer Rabatte. Baldrian hat ausdrucksvolle, gefiederte blaugrüne Blätter, und am Ende der 1,20–1,50 m hohen Stengel erscheinen weiße oder rosa Blüten, die im Frühjahr einen angenehmen vanilleartigen Duft verströmen.

Der Gemeine Baldrian steht wegen seiner Größe am besten hinten in der Kräuterrabatte.

Wird Baldrian wegen seiner Wurzel angebaut, werden die Blüten entfernt, damit das Rhizom sich besser entwickelt; als Schmuckpflanze stehen die doldenartigen, hochgewachsenen Blütenstände besonders attraktiv vor dem dunklen Hintergrund einer Hecke. An einem ungeschützten Standort ist es ratsam, die Pflanze hochzubinden.

Baldrian kann aus Samen gezogen werden und vermehrt sich unter günstigen Bedingungen mit selbstausgesäten Sämlingen, die Sie umsetzen können. Die Wurzelballen können auch geteilt werden.

Baldrian gilt als eines der besten Beruhigungsmittel bei nervösen Störungen, und sein eigenartiger Geruch zieht Katzen und auch Ratten an (man sagt, daß der Rattenfänger von Hameln die Ratten mit Baldrian weglockte).

PFLANZENART	BESTER STANDORT	GEEIGNETER BODEN	VERMEHRUNG	PFLANZENTEILE	VERWENDUNG
Winterhart, mehrjährig	Vollsonnig bis halbschattig	Feucht, aber gut entwässert	Teilung, Samen	Wurzeln	Heilmittel

Verbena officinalis

EISENKRAUT

Das Eisenkraut ist eine mehrjährige krautige Pflanze mit gezahnten Blättern an verzweigten, teilweise verholzten Stengeln. Sie wächst in einem etwa 90 cm hohen und 45 cm breiten Busch. Es ist in erster Linie eine Blätterpflanze, denn die kleinen rosaweißlichen Blüten, die an Ähren von Mitte Sommer bis Mitte Herbst erscheinen, sind nebensächlich.

Pflanzen Sie das Eisenkraut eher als „Füllsel" in eine gemischte Kräuterrabatte als an einen auffälligen Standort. Obwohl die Pflanze selten als Würz- oder Heilkraut verwendet wird, sollte sie in einem Kräutergarten stehen. Aus den getrockneten Blättern kann ein Aufguß hergestellt werden, dem beruhigende Wirkung zugeschrieben wird. Vermehrt wird die Pflanze durch Frühjahrsaussaat, durch Sommerstecklinge oder am einfachsten durch Wurzelteilung im Herbst.

Obwohl mehrjährig, kann Eisenkraut auch jedes Jahr frisch aus Samen gezogen und am Ende der Saison ausrangiert werden. Der Samen muß meist von einem speziellen Samenhändler oder von einer Gärtnerei, die auf Kräuter und Wildpflanzen spezialisiert ist, bezogen werden.

Das eher unauffällige Eisenkraut bringt im Sommer zahlreiche, aparte kleine Blüten hervor.

PFLANZENART	BESTER STANDORT	GEEIGNETER BODEN	VERMEHRUNG	PFLANZENTEILE	VERWENDUNG
Winterhart, mehrjährig	Vollsonnig	Nährstoffreich, gut entwässert	Stecklinge, Teilung, Samen	Blätter	Heilmittel

Viola odorata

MÄRZVEILCHEN

Sein legendärer Duft macht das März- oder Wohlriechende Veilchen zu einer äußerst beliebten Pflanze. Es wird selten größer als 15 cm, und seine Blüten - mit einem Sporn am Ende wie beim Stiefmütterchen - sind winzig, nur 12 mm groß. Die Blüten erscheinen zu Beginn bis Mitte des Frühjahrs, doch einige Blüten treiben auch in milden Wintern.

Meist sind sie blauviolett, doch es gibt auch andere Blauschattierungen und weiße Blüten. Die Parmaveilchen sind wahrscheinlich Kreuzungen, deren einer Elternteil *V. odorata* ist. Einst waren diese Veilchen bei Sammlern aufgrund ihrer größeren, manchmal doppelt so großen, und stärker duftenden Blüten beliebt.

Märzveilchen sind eine Wonne des Frühlings. Ins Haus gebracht, durchzieht ihr zarter Duft die Räume.

Heutzutage werden Märzveilchen hauptsächlich wegen des Dufts und ihrer anmutigen Schönheit gezogen, obgleich sie sich auch als Gewürzkraut eignen und früher häufig wegen ihrer medizinischen Eigenschaften kultiviert wurden. Ihr natürlicher Standort sind feuchtschattige Hecken, grasbewachsene Ufer und lichtes Gehölz. Sie wachsen auch an einem sonnigen Standort, obgleich sie im feuchten, nährstoffreichen Halbschatten am besten gedeihen. Pflanzen Sie sie wie Bodendecker in Nestern, da sie als Einzelpflanzen nicht richtig zur Geltung kommen. Ein guter Standort ist vor einer Kräuterrabatte oder in der Nähe einer Hecke oder Wand, vorausgesetzt der Boden ist nicht zu trocken.

Heimisch gewordene Märzveilchen säen sich freizügig aus. Vermehrung durch Wurzelteilung ist auch möglich.

PFLANZENART	BESTER STANDORT	GEEIGNETER BODEN	VERMEHRUNG	PFLANZENTEILE	VERWENDUNG
Winterhart, mehrjährig	Halbschattig	Nährstoffreich, feucht	Teilung, Samen	Blüten, Blätter, Wurzeln	Kosmetik, Küche, Heilmittel

Kräuter

anbauen

PLANEN EINES KRÄUTERGARTENS

Bevor Sie sich in ein größeres Abenteuer als den Kauf von ein bis zwei Töpfen Küchenkräutern für die Fensterbank stürzen, machen Sie eine umfassende Bestandsaufnahme: von Garten, Terrasse, Balkon oder den Fensterplätzen, die Ihnen Möglichkeit zum Kräuteranbau geben; von Ihren häuslichen Vorlieben und Hobbys – und vor allem von der Zeit, die Sie für den Anbau und die Pflege der Pflanzen investieren wollen.

Sollten Sie gerne kochen und haben nur einen kleinen Balkon, sind aber gewillt, sich jeden Tag einige Minuten um die Pflanzen zu kümmern, dann steht Ihnen die Welt der Kräuter offen. Sollten Sie mehr an natürlichen Heilmitteln interessiert sein und haben einen gegen Norden ausgerichteten, größtenteils ungeschützten Garten und wenig Zeit, werden diese Faktoren die Auswahl der Pflanzen bestimmen. Mit Hilfe der ausführlichen Informationen im *Kräuterführer* werden Sie den Mittelweg zwischen der zu investierenden Zeit, dem Arbeitsaufwand und dem gewünschten Ergebnis finden. Traditionellerweise werden Kräuter in geometrisch angelegten Flechtmustern, wie in mittelalterlichen Klöstern und großen Gütern, oder kreuz und quer in frei gestalteten Bauerngärten angebaut. Zwischen diesen beiden Extremen liegt der passende Mittelweg, egal, ob man einen Gartenteil als Kräutergarten ausweist oder einige Kräuter zwischen Blumen oder Gemüse einquartiert.

Bevor Sie zur Tat schreiten, sollten Sie Ihren Garten kritisch unter die Lupe nehmen und am besten einen Lageplan anfertigen. Dieser läßt Sie Ihren Garten aus ungewohnter Perspektive sehen und ermöglicht Ihnen, die Kräuter entsprechend ihren natürlichen Standorten zu plazieren. Man muß kein Gartenarchitekt sein, um die Gartenmaße auf Millimeterpapier übertragen zu können. Zeichnen Sie alle markanten Details maßstabsgetreu ein: Grenzmauern und Zäune, Wege und Gartenteiche, Hecken, Bäume und Windschutz sowie andere zu beachtende Elemente wie Hochbeete, Steingärten, Terrassenplätze, Stufen, Autostellplätze, Heizöltanks und Mülltonnen. Markieren Sie auf Ihrem Plan die Himmelsrichtungen, so daß Sie auf Anhieb die Stellen mit voller, mittlerer und wenig Sonneneinstrahlung bezeichnen können: zum Beispiel diejenigen, die im grellen Licht der Mittagssonne, die im Halbschatten und die nie in direktem Sonnenlicht liegen.

Akkurat gestutzte Hecken umranden die geometrisch angelegten Kräuterbeete des Flechtmuster-Gartens von Hatfield House, Hertfordshire.

In diesem Garten wachsen duftende Pelargonien und Salbei neben bunten Sommerblumen und Gemüse.

Die meisten Kräuter, unter anderem Basilikum, Koriander, Majoran und Rosmarin, stammen aus den warmen, sonnigen Breiten des Mittelmeerraums und benötigen deshalb einen gut entwässernden Boden an einem vollsonnigen Platz. Doch wie der *Kräuterführer* zeigt, müssen Sie nicht verzagen, sollte Ihr Garten eher schattig sein. Kräuter wie Minze, Waldmeister und Märzveilchen bevorzugen sogar solche Standorte. Darüber hinaus kann man sonnenliebende Kräuter der Sonne etwas näher bringen, wenn man diese in Blumengefäße setzt und beispielsweise auf ein flaches Dach stellt. Auch Wasser ist eine wesentliche Voraussetzung pflanzlichen Lebens, und wieviel Wasser eine Pflanze braucht, hängt weitgehend von ihrem ursprünglichen Lebensraum ab. Diejenigen, die aus feuchten, gemäßigten Regionen stammen – hauptsächlich breitblättrige Pflanzen – benötigen und tolerieren mehr Feuchtigkeit als ihre mediterranen Artgenossen. Auf einem gut entwässerten Flecken, der jedoch im Sommer nicht völlig austrocknet, können Sie eine Auswahl feuchtigkeitsliebender Kräuter, wie den Baldrian, kultivieren.

Wollen Sie dagegen in einem sandhaltigen, wasserdurchlässigen Gartenboden feuchtigkeitsliebende Kräuter wie

Auch in einem kleinen Garten ist genügend Platz für eine große Vielfalt an Kräutern. Legen Sie so viele Kräuterfleckchen an, wie Sie möchten.

1 *Nordseite – Lavendel*
2 *Nährstoffreicher Lehm, sonnig – Katzenminze, Muskatellersalbei*
3 *Halbschatten – Indianernessel, Schafgarbe*
4 *Feucht und sonnig – Beinwell, Seifenkraut*
5 *Südseite – Oregano, Rainfarn*
6 *Vollsonnig, trocken – Borretsch, Salbei*
7 *Vollsonnig, gut entwässert – Essigrose, Nachtkerze*
8 *Pflanzkübel – Lorbeer*

Minze, Eibisch oder Mädesüß pflanzen, müssen Sie den Boden entsprechend vorbereiten. Ziehen Sie einen breiten Graben, oder graben Sie an der gewünschten Stelle ein Loch von mindestens 30–45 cm Tiefe. Legen Sie den Grund mit einer strapazierfähigen, fein durchlöcherten Plastikfolie aus und füllen Sie den Graben mit Gartenboden auf, der mit gut verrottetem Mist oder Gartenkompost angereichert wurde, um Feuchtigkeit speichern zu können. Die Plastikfolie verhindert einen raschen Wasserabfluß, wobei Sie darauf achten müssen, daß sich keine Staunässe bildet. (Nur wenige Kräuter schätzen es, wenn ihre Wurzeln permanent im Wasser stehen.) Während einer Trockenperiode muß dieses Gebiet gut feucht gehalten werden.

Vorbereiten des Bodens

Im Hinblick auf die Bodeneigenschaften sind die meisten Kräuter nicht anspruchsvoll. Einige der wichtigsten Heil- und Gewürzkräuter, wie Salbei und Thymian, wachsen auf mageren oder kalkhaltigen Böden, die oft trocken und nährstoffarm sind. In der Regel können Sie unabhängig vom Boden Kräuter kultivieren, sie gedeihen jedoch in dem ihnen angestammten und im *Kräuterführer* verzeichneten Boden besser. Der Boden muß vor dem Anlegen eines Kräutergartens spatentief, also mindestens 25 cm tief, gelockert und sämtliches Unkraut mitsamt Wurzelresten entfernt werden. Für tiefwurzelnde Pflanzen wie Meerrettich und Liebstöckel wird die Erde doppelt so tief gelockert. Benutzen Sie zum Aufbrechen der tieferen Schicht eine Grabegabel, und reichern Sie die Erde mit viel Kompost oder verrottetem Mist an.

Sandböden sind leicht umzugraben und neigen dazu, nur wenig Feuchtigkeit zu speichern, da sie extrem wasserdurchlässig sind. Für Kräuter, die einen feuchten, nährstoffreichen Boden bevorzugen, setzen Sie humusbildendes Material – verrotteten Mist, Gartenkompost oder kompostierten Seetang – zu und mulchen die Pflanzen jährlich. Da sandige Böden nährstoffarm sind, düngen Sie diese vor dem Bepflanzen mit einem Gartendünger entsprechend der Herstellerangaben. Pflanzt man nährstoffliebende Kräuter auf sandige Böden, sollte man jährlich Dünger einarbeiten.

Lehmböden sind einfach umzugraben, nehmen Nährstoffe auf und speichern diese. Abgesehen von der Düngung extrem nährstoffliebender Pflanzen, braucht man diesen Boden nicht regelmäßig anzureichern. Ist der Boden zu sehr verdichtet, müssen Sand und Humus zugesetzt werden, um gute Bedingungen für die Kräuter zu schaffen.

Tonböden sind von Natur aus schwerer und bergen bei feuchtem Wetter akute Gefahr von Staunässe. Aus einer Handvoll Tonboden lassen sich problemlos Tonfiguren formen. Der Boden erwärmt sich im Frühjahr nur langsam, die Oberfläche wird in heißen und trockenen Perioden hart und rissig und läßt sich nur schwer umgraben. Durch eine ähnliche Behandlung wie beim Sandboden nebst Zugaben von Sand kann das stark verdichtete Erdreich verbessert werden.

Bodentest

Dieser einfache Test (Schlämmprobe), mit dem man den Bodentyp selbst bestimmen kann, wird folgendermaßen ausgeführt:
1. Einige Eßlöffel Erde in ein größeres, verschließbares Marmeladeglas geben, Wasser einfüllen und das Glas verschließen.
2. Das Glas kräftig schütteln und ein bis zwei Tage stehen lassen, damit sich der Inhalt absetzt.
Auf der Tafel der gegenüberliegenden Seite können Sie mit einen Blick feststellen, welche Kräuter welchen Bodentyp bevorzugen. Die wenig anspruchsvollen Pflanzen gedeihen meist auch in anderen als den verzeichneten Böden.

TONBODEN
Eine dünne Sand- und Steinschicht wird von einer dickeren Schicht aus sehr feinkörnigem Ton bedeckt.

MITTLERER BODEN
Es bilden sich annähernd gleich dicke Sand- und Tonschichten unter der Wasseroberfläche.

LEICHTER BODEN
Eine dicke Schicht Sand, auch mit Steinen, unter einer dünnen Tonschicht.

Die richtige Pflanze für den richtigen Boden

Für das Gedeihen der meisten Pflanzen ist der Bodentyp ausschlaggebend, der jedoch innerhalb eines Gartens variieren kann. Der Bodentyp beeinflußt nicht nur die Wasser- sondern auch die Nährstoffversorgung der Pflanzen. Die wenig anspruchsvollen Kräuter überleben und gedeihen in fast allen Böden, für ein gesundes Wachstum mit üppigem Blattwuchs und reiche Blütenbildung sollte man jedoch dem Standort angepaßte Pflanzen wählen.

SANDIGER BODEN

Wasser rinnt durch leichte, sandige Böden hindurch wie durch ein Sieb und nimmt Nährstoffe mit sich in den Untergrund. Anspruchslose mediterrane Kräuter gedeihen gut in solchen Böden.

Borretsch	*Borago officinalis*
Estragon	*Artemisia dracunculus*
Fenchel	*Foeniculum vulgare*
Gemeine Nachtkerze	*Oenothera biennis*
Koriander	*Coriandrum sativum*
Lavendel	*Lavandula*
Oregano	*Origanum vulgare*
Römische Kamille	*Anthemis nobilis*
Thymian	*Thymus*
Winterbohnenkraut	*Satureja montana*

Lavendel 'Hidcote'

TONIGER BODEN

Diese für Gärtner wenig vorteilhafte Bodenart verkrustet im Sommer und hält im Winter die Nässe. Einige, vor allem tief wurzelnde Kräuter, schätzen Tonböden und brechen mit ihren Wurzeln auch solch verdichteten Boden auf. Wird großzügig Gartenkompost in den Oberboden eingearbeitet, gedeihen in tonigen Böden auch Kräuter, die sonst feuchte Lehmböden bevorzugen.

Beinwell	*Symphytum officinale*
Indianernessel	*Monarda didyma*
Minze	*Mentha*
Wermut	*Artemisia absinthium*

Indianernessel oder Scharlachmonarde

FEUCHTER LEHM

Schlecht entwässernder, mittelschwerer Lehmboden kann durch regelmäßige Bearbeitung, vor allem Harken, verbessert werden. Hier wachsen am besten tiefwurzelnde Pflanzen und solche, die in schweren Böden ihren natürlichen Standort haben.

Baldrian	*Valeriana officinalis*
Engelwurz	*Angelica archangelica*
Frauenmantel	*Alchemilla*
Indianernessel	*Monarda didyma*
Mädesüß	*Filipendula ulmaria*
Minze	*Mentha*
Petersilie	*Petroselium crispum*
Römischer Ampfer	*Rumex scutatus*
Süßdolde	*Myrrhis odorata*
Zitronenmelisse	*Melissa officinalis*

STAUNASSER BODEN

Die meisten Pflanzen gedeihen schlecht in übermäßig feuchtem Boden, aber man kann versuchen, die folgenden an feuchten Standorten anzusiedeln.

Baldrian	*Valeriana officinalis*
Brunnenkresse	*Nasturtium officinale*
Echter Eibisch	*Althaea officinalis*
Engelwurz	*Angelica archangelica*
Indianernessel	*Monarda didyma*
Mädesüß	*Filipendula ulmaria*

Brunnenkresse

LEHMIGER BODEN

Lehmige Böden sind meist nährstoffreich und entwässern gut – für die meisten Kräuter das ideale Substrat.

Basilikum	*Ocimum basilicum*
Dill	*Anethum graveolens*
Fenchel	*Foeniculum vulgare*
Frauenmantel	*Alchemilla*
Katzenminze	*Nepeta cataria*
Kerbel	*Anthriscus cerefolium*
Koriander	*Coriandrum sativum*
Kümmel	*Carum carvi*
Liebstöckel	*Levisticum officinale*
Lorbeer	*Laurus nobilis*
Petersilie	*Petroselium crispum*
Raute	*Ruta graveolens*
Rosmarin	*Rosmarinus officinalis*
Salbei	*Salvia officinalis*
Schnittlauch	*Allium schoenoprasum*
Thymian	*Thymus*

GESTALTUNG EINES KRÄUTERGARTENS

Lichtverhältnisse und Bodeneigenschaften sind die zwei wesentlichen Voraussetzungen für das Überleben und die gesunde Entwicklung der Pflanzen. Gemeinsam mit Ihren persönlichen Vorlieben beeinflussen sie Ihre Gartengestaltung.

Werfen Sie einen Blick über den Gartenzaun zu Ihren Nachbarn. Deren Gärten sind wahrscheinlich in Größe, Form, Ausrichtung und Bodenbeschaffenheit Ihrem sehr ähnlich, obgleich die Anlage der Gärten und die Zusammenstellung der Pflanzen so verschieden wie die Charaktere der Gartenbesitzer sein werden. Einer der Gärten zeichnet sich möglicherweise durch übersichtlich symmetrisch angelegte, akkurat bepflanzte Beete aus. Schnittlauch, Salbei, Kamille und Lavendel stehen wie Zinnsoldaten in Reihen, die nicht einmal von einer Spur hellorangerKapuzinerkresse durchbrochen werden. Der angrenzende Garten mag mit dichten Büscheln von Kräutern und Blumen, Kornblumen, Ringelblumen, Frauenmantel, rotem Salbei und gefleckter Apfelminze, bunt gemischt so eng bepflanzt sein, daß Unkraut hier keine Chance hat.

In einem anderen Garten steht vielleicht die Rose im Mittelpunkt des gärtnerischen Interesses: von Zentifolien und Wildrosen wie *Rosa rugosa* bis hin zu großblütigen modernen Beet- oder Edelrosen in frei gestalteten Beeten und Rabatten, die mit lebhaften Kräutern wie Waldmeister, Majoran und Borretsch durchsetzt einen wahren Duftgarten ergeben. Von einem der großen Bauerngärten inspiriert, setzt möglicherweise ein vierter Garten ganz auf die Harmonie verschiedenster silbergraublättriger Kräuter und den Kontrast der unterschiedlichen Blütenfarben: die kleinen, strahlend gelben, knopfartigen Blüten des Heiligenkrauts neben den winzigen rosafarbenen des wollblättrigen Ziests und den purpurnen Ähren von Salbei und Lavendel.

MUSTERGÜLTIGE GESTALTUNG

Wollen Sie Ihren Kräutergarten oder Ihre Kräuterbeete symmetrisch ausrichten, ist es sinnvoll, die Formen auf einem Papier vorzuzeichnen oder auf dem maßstabsgetreuen Gartenplan zu skizzieren. Da „symmetrisch" gartenbaulich nicht mit „groß" gleichzusetzen ist, ist die Größe der Parzelle unwesentlich. Ein noch so kleines Gartenstück kann in zusammenhängenden Linien und Mustern angelegt werden; selbst in einem sonst frei gestalteten Garten kann eine Oase der Symmetrie, zum Beispiel in Form einer Raute oder konzentrischer Kreise, entstehen.

Legen Sie zunächst die zu bepflanzende Fläche fest – beachten Sie dabei die Lichtverhältnisse und Bodeneigenschaften –, messen Sie diese genau aus und übertragen Sie die Maße am besten im Maßstab 10:1 auf Millimeterpapier. Je symmetrischer und stilisierter Ihr Garten werden soll, um so wichtiger ist es, daß die Maße und die darauf basierenden Einteilungen stimmen. Die „Daumenregel" eignet sich nicht für eine geometrische Anlage!

In diesem geometrisch angelegten Kräutergarten entstehen klare Kontraste durch Größe und Blattfarben der Pflanzen. Niedrigwüchsige Arten wuchern über den Steinplattenweg.

Der Wohlgeruch von Geißblatt, Fenchel, Rosmarin und Tabak vermischt sich in dieser Duftrabatte mit dem der Taglilien und eines zartrosa Rosenstrauchs.

Für welche Formgebung Sie sich auch entscheiden mögen, beachten Sie dabei, daß Sie die Pflanzen gut erreichen können. Blumenbeete wie auch Rabatten müssen regelmäßig gepflegt werden. Jäten, Gießen und Rückschnitt sind notwendige Pflegearbeiten. Küchen- und Gewürzkräuter müssen geerntet werden. Einer der Hauptgründe für die Anlage eines Kräuterbeetes ist, daß man das Aroma frischer Kräuter zur Hand hat: ein oder zwei Minzezweige für ein Gericht Frühkartoffeln, ein paar Stiele Petersilie, Thymian und Rosmarin gebunden im *bouquet garni*.

Es macht Freude, Kräuter im eigenen Garten zu pflücken. Eine Freude, die an regnerischen Tagen getrübt wird, wenn man mit Gummistiefeln durch eine breite Rabatte gehen muß oder gar Gefahr läuft, auf zu dicht stehende, zarte Pflanzen zu treten. Teilen Sie deshalb größere Beete in mehrere kleine auf, die sowohl praktisch wie auch optisch ansprechend von schmalen Pfaden oder Trittplatten eingefaßt werden. Um die Beete nicht betreten zu müssen, gelten folgende Faustregeln: Beete, die aufgrund von Zäunen, Hecken, Windschutz etc. nur von einer Seite aus zugänglich sind, sollten nicht breiter als 90 cm sein. Beete, die von allen Seiten zugänglich sind, wie ein Inselbeet, können problemlos bis zu 1,50 m breit sein.

Traditionelle Muster für geometrische Kräuterbeete

Machen Sie Rohentwürfe traditioneller Muster für Ihren geplanten Grundriß.

Aufteilung einer quadratischen Fläche durch sich überkreuzende Pfade.

Quadratische Fläche, aufgeteilt in eine Mittelraute und vier Randdreiecke.

Die Teilung der Mittelraute ergibt sechs dreieckige Beete.

PFLASTERUNG NACH VORLIEBE

Die Wahl des Wegbelags kann durch vorhandene Materialien oder einfach durch Ihre Vorlieben bestimmt sein. Nachdem das Unkraut tiefgründig entfernt wurde, können Wege aus Ziegelsteinen (in irgendeiner Art Muster, beispielsweise Fischgräten- oder Kreismuster), aus Steinen, Kies, Schotter, Holzspänen oder sogar Kamille angelegt werden. Letztere ist ein weicher und darüber hinaus wohlriechender Bodenbelag. Kleinwüchsige und kriechende Arten, die einen zusammenhängenden Bodendecker bilden, eignen sich gut als Wegbelag. Beachten Sie jedoch, daß Kamillenpfade pflegeintensiver als Wege aus anderen Materialien sind.

Unabhängig davon, für welche Gartengestaltung und Kräuter Sie sich entscheiden, ist wichtig, daß zunächst der Boden so vorbereitet wird, daß eine Balance zwischen guter Entwässerung und ausreichender Versorgung mit Nährstoffen besteht. Sollte das Wasser nicht gut abfließen, muß das vorgesehene Gebiet ungefähr 30 cm tief ausgehoben und der Grund mit einer Grabegabel gelockert werden. Füllen Sie ein Drittel des Grabens mit grobem Kies, schichten Sie darüber guten, mit viel verrottetem Mist oder Gartenkompost angereicherten Lehmboden und bedecken Sie das Ganze mit einer Schicht grobem Sand oder Ziegelschutt.

Fischgrätenmuster aus Ziegelsteinen

Pflaster und Kies

Granitschotter

Kamille

Dunkelgraue Pflastersteine als wirkungsvoller Kontrast für gold- und silberblättrige Pflanzen.

Geometrisch angelegte Kräutergärten

Die verwitterten roten Speichen eines Wagenrads teilen keilförmige Beete für niedrigwachsende Kräuter ab.

Für eine effektvoll geometrisch wirkende, unaufwendige Art der traditionellen Gartengestaltung benutzt man ein altes Wagenrad, das man in einem Antiquitätenladen auf dem Land oder direkt beim Bauern kaufen kann. Der Boden wird, wie bereits beschrieben, vorbereitet, das Wagenrad plaziert und zwischen den Speichen mit kleinwüchsigen Arten bepflanzt. Kräuter mit einem klaren und einfach zu zügelnden Wuchs wie Schnittlauch, Zwerg-Lavendel, Heiligenkraut und Märzveilchen sind dafür geeignet. Die Pflanzen müssen, damit die Struktur des Wagenrades sichtbar bleibt und ihr Blattwerk nicht die Speichen des Rades überwuchert, zurückgeschnitten werden.

Ein Wagenrad-Kräuterbeet hat seinen charakteristischen Mittelpunkt in der schön gezackten, liegenden Radnabe, andere symmetrisch angelegte Kräutergärten können auf einen anderen zentralen Blickpunkt hin angelegt werden, beispielsweise eine alte, verwitterte, teilweise mit Moos bewachsene Sonnenuhr oder eine stilvolle Vogeltränke. Falls Sie zufällig Hobbybienenzüchter sind, können Sie auch einen Bienenkorb aus Stroh dafür nehmen. Belebte Bienenstöcke und der sie umgebende Kräutergarten können ein gut funktionierendes Biotop bilden. Solche Schmuckelemente sind nicht nur ein Blickfang für diesen Teil des Gartens, sondern bilden auch einen interessanten Kontrast in Form und Farbe zu den Blättern.

Auch Pflanzen können als zentraler Blickpunkt dienen. Schneiden Sie einen Lorbeerbaum in einen hübschen Kegel oder in die charakteristische Ballform; oder ziehen

Dieser Apothekergarten ahmt das traditionelle Wagenradmuster nach, wobei Ziegelsteineinfassungen Heil- und Zierpflanzen voneinander trennen.

Auf Trittsteinen in den Beeten kann man problemlos alle Pflanzen erreichen.

Sie eine Kletterrose um eine stabile Stange; oder Sie lassen Winde oder Klematis über ein zeltartiges Stangengerüst klettern. Eine gleichfalls farbenfrohe Lösung ist eine zentral positionierte, mit kaskadenartig hängender Kapuzinerkresse, rotem und weißblühendem Thymian und Mutterkraut bepflanzte Stein- oder Terracottaschale.

EFFEKTVOLLE ORNAMENTE

Ist die Planskizze gemacht und auch an einen Mittelpunkt gedacht, muß der Stil der Gartenanlage festgelegt werden. Selbst ein symmetrisch geplanter Garten oder eine Parzelle muß nicht traditionell bepflanzt werden. Betrachten Sie beispielsweise ein in vier Dreiecke und eine Mittelraute unterteiltes Beet (siehe unten). Denkbar wäre, jedes dieser Felder, der geometrischen Außenbegrenzung folgend, mit dichten Kräuterbüscheln oder zum Beispiel mit Reihen von Kopfsalat, dekorativen Kohlköpfen oder anderem Gemüse zu bepflanzen. Jede Gemüsereihe könnte mit einem anderen Kraut eingefaßt werden: eine mit Thymian, die andere mit Schnittlauch oder Oregano. Alle diese Möglichkeiten sehen hübsch und ordentlich aus, vorausgesetzt, Sie halten das Unkraut gut im Zaum und die Kräuter durch Beschnitt in Form.

Eine andere Annäherung an die gleiche geometrische Vorgabe wäre, jedes Feld mit einer anderen Kräuterart zu bepflanzen, die dann wie in Bauerngärten eigenwillig wuchern und in die Höhe schießen darf. In einer kleinen Parzelle kann man ein Feld mit Minzen bepflanzen, wobei man sicher sein kann, daß die Beetbegrenzung ihr Wurzelwachstum stoppt und ihren Kolonisationsdrang, der in einem gemischten Beet problematisch ist, unterbindet. Oder die buntblättrige Apfelminze wächst in einem Dreieck, ein anderes beherbergt die rosablühende Eau-de-Cologne-Minze, ein drittes die glattblättrige Apfelminze mit ihren runden, wolligen Blättern und das vierte als Kontrast die Krauseminze. In dem rautenförmigen Beet in der Mitte kann die bodendeckende Poleiminze beispielsweise um eine Vogeltränke oder einfach um eine höhere Pflanze wie einen Busch fedrigen bronzefarbenen Fenchels wachsen.

Größere Kräuterbeete, die beispielsweise etwa 1,50 m breit sind, werden anders gestaltet. In Inselbeeten ist der stufenweise Aufbau mit Staudenpflanzen besonders beliebt: Die höchste Pflanze steht in der Mitte, die mittleren Größen sind um sie herum gruppiert, und die kleinwüchsigen Pflanzen bilden vorne eine Einfassung. Detaillierte Anregungen und Planungshilfen finden Sie weiter hinten in diesem Kapitel.

Eine klare Anordnung der Pflanzengruppen zeichnet ein Rautenbeet aus.

Die prachtvollen Ähren des Muskatellersalbeis stehen im Mittelpunkt.

Frei gestaltete Kräutergärten

Zwischen der strengen Form eines geometrischen Gartens und der freien Form eines Bauerngartens ist der Kräutergarten im Schachbrettmuster angesiedelt. Dieses Muster, bei dem Kräuterfelder und Trittplatten sich abwechseln, ziert Stadt- und Landgärten gleichermaßen. Jedes Quadrat enthält - entsprechend den schwarzen oder weißen Feldern eines Schachbretts - alternativ eine Trittplatte oder ein Mini-Kräuterbett. Die Miniaturbeete kann man mit einer Mischung kleinwüchsiger Kräuter oder mit nur einer Pflanzenart bepflanzen. Einige Quadrate können für die Aussaat von einjährigen Kräutern freigehalten werden, oder man setzt vorgezogene Kräuter wie Basilikum, Borretsch und Dill ein. Je nach Anlage Ihres Gartens können Sie auch höher wachsende Kräuter, wie Fenchel, Kümmel, Süßdolde und Meerrettich pflanzen, die sowohl als Windschutz dienen als auch als Sichtschutz vor einer zwar zweckmäßigen, aber unattraktiven Gartenecke, wie beispielsweise einem Komposthaufen, stehen können.

Wenn Kräuter zwischen Trittsteinen wachsen, kann man sich gut vorstellen, diese auch in Kies zu ziehen. In beiden Fällen können die Pflanzen einfach gepflegt und geerntet werden und lockern optisch den Bodenbelag auf. Kräuter, deren Heimat in den trockenen mediterranen Breiten liegt, gedeihen gut in gekiesten Gartenflächen, und einige werden sich dort fleißig selbst aussäen. Rosmarin, Salbei, Thymian, Majoran, Sommer- und Winterbohnenkraut sowie Ringelblume kommen hierfür in die engere Wahl.

Kräuter, die in gekieste, gepflasterte und steinerne Wege hineinwuchern, erinnern an Bauerngärten, in denen Kräuter, Blumen und Gemüse in einem fröhlichen Durcheinander stehen. Dieses Konzept des gemischten Anbaus kommt uns heute entgegen, insbesondere, wenn nur ein kleines Gartenstück vorhanden ist. Ein Busch prächtiger Artischocken kann neben Kümmel und Koriander stehen, und die gelblich-grünen Blüten der Kräuter bilden einen bezaubernden Kontrast zu dem graugrünen Blattwerk des Gemüses. Setzen Sie grünen und bronzeblättrigen Fenchel zwischen Stockrosen und Fingerhut, und Sie werden sich an den gefiederten Blättern noch lange nach dem Verblühen der Blütenähren erfreuen können. Sauerampfer und Spinat können mit rundbüschigem goldenem Majoran und Thymian unterpflanzt werden und purpurfarbener Salbei kann sich mit dekorativen Kohlköpfen abwechseln - diese Art des Anbaus kennt keine Grenzen.

Erhöhte, mit Baumstämmen eingefaßte Kräuterbeete erleichtern die Pflege der Pflanzen.

Lavendel 'Twickel Purple' verleiht den Pflasterwegen natürliche Kurven.

Büschel aus niedrigwachsenden Kräutern überwachsen die streng quadratischen und rechteckigen Konturen.

KRÄUTER IN PFLANZGEFÄSSEN

Auch wenn Sie einen kleinen Garten haben oder sich Ihr Gartenreich nur auf den Balkon oder gar die Fensterbank erstreckt, können Sie Kräuter in Kübeln und Kästen, Töpfen, alten Steinbecken, Fässern oder Schubkarren so arrangieren, daß sie eine wahre Augenweide sind. In vielen mediterranen Ländern schmücken Töpfe mit Basilikum, Rosmarin, Oregano und Thymian die Hauseingänge und Fensterbänke; Gewürzkräuter prangen selbst in leeren, völlig schmucklosen Olivenölkanistern.

Immergrüne Kräuter wie Lorbeer und Rosmarin wirken am dekorativsten, wenn sie alleine in einem Pflanzgefäß stehen. Ein geradezu klassischer Schmuck sind zwei beschnittene Lorbeerbäume rechts und links neben einem Hauseingang oder einer Treppe. Im strengen Sinn weniger klassisch, aber reizvoll ist es, die Kübel zum Beispiel mit Kapuzinerkresse, Frauenmantel oder Thymian zu unterpflanzen.

Ein großer, urnenförmiger Terracottatopf, wie er für die Kultivierung von wilden Walderdbeeren geschaffen wurde, ist für eine Kräuterkollektion ideal. Kräuter mit kriechendem Wuchs, wie Thymian und Kapuzinerkresse, plaziert man am besten in den seitlichen Öffnungen des Topfes, aus denen sie dann üppig herausquellen können. Es sei hier an den *Kräuterführer* erinnert, der die unterschiedlichen Duft-, Blatt- und Blütenvariationen beschreibt, die man mit einem ausschließlich mit Thymian bepflanzten Gefäß erzielen kann.

Flache Gefäße wie Steinbecken und Terracottatröge bieten sich für einjährige Pflanzen wie Basilikum, Dill, Kerbel und Ringelblume an. In Blumengefäßen wie auch im Freien ist es ratsam, die einjährigen und die mehrjährigen Pflanzen getrennt zu ziehen, damit aus-

Ein ganzes Beet paßt in einen Erdbeertopf, wenn der Platz knapp ist.

dauernde Pflanzen nicht durch das Einsetzen und Entfernen von einjährigen beeinträchtigt werden.

KRÄUTERPFLEGE BEI TOPFKULTUR

Welches Pflanzgefäß Sie auch immer benutzen möchten, wichtig ist, daß es ein Wasserabzugsloch hat. Fehlt dieses, wie auch eine Schicht Tonscherben, um es zu bedecken, ist ein Mißerfolg wegen ständig vernäßter und daher faulender Wurzeln so gut wie sicher. Bei der Bepflanzung von größeren Gefäßen wird auf die aus Scherben bestehende Dränageschicht kompaktes organisches Material wie beispielsweise ein bis zwei verkehrt herum plazierte Torfsoden gesetzt. Anschließend wird das Gefäß mit nahrhafter Pflanzenerde, die mit Kompost durchsetzt ist, fest gefüllt, damit die Wurzeln einen guten Halt finden. Reiner Torf und Torfsubstrate sind insbesondere für Tongefäße nicht geeignet, da das Wasser hier schnell verdunstet.

Töpfe mit sonnenliebenden Kräutern brauchen mindestens fünf bis sechs Stunden Sonne am Tag. Sollte die Lage Ihres Balkons oder der Fensterbank dies nicht ermöglichen, pflanzen Sie vorzugsweise Kräuter wie Lorbeer, Melisse, Minzen, Petersilie und Thymian.

Es bedarf etwas Fingerspitzengefühls, um die Häufigkeit des Gießens und die Wassermenge bei Containerpflanzen richtig zu bemessen. Als Faustregel gilt, die Töpfe dann wieder zu gießen, wenn die oberen 2,5 cm Erde ausgetrocknet sind, was an vollsonnigen oder windigen Standorten schnell der Fall ist. Klopfen Sie gegen einen Tontopf, um den Grad an Trockenheit festzustellen. Klingt der Topf hohl, braucht er wieder Wasser. Da dieser Test bei Töpfen aus anderen Materialien nicht funktioniert, müssen Sie hier die Erde unterhalb der Oberfläche auf ihren Feuchtigkeitsgehalt hin testen. Manche Pflanzen benötigen vielleicht jeden oder jeden zweiten Tag Wasser, andere sogar zweimal täglich, wenn der Standort sehr heiß oder windig ist. Des weiteren müssen die Pflanzen auch gedüngt werden. Geben Sie alle zwei bis drei Wochen Flüssigdünger ins Gießwasser. Alternativ kann auch Langzeitdünger verwendet werden, der die Pflanzen, je nach Herstellerangabe, den ganzen Sommer über mit Nährstoffen versorgt.

Auf einer hölzernen Plattform verbreitet ein Schwung eingetopfter Kräuter südländische Atmosphäre.

Ein Steintrog mit Dill, Kerbel und Ringelblumen als Kräuterecke für die Terrasse.

KRÄUTERANBAU IM HAUS

Topfpflanzen von Balkon, Terrasse oder Hof können als besonderer Schmuck ins Haus geholt werden - eine Gruppe kleinerer Kräuter in Töpfen eignet sich sogar als unkonventionelle Tischdekoration. Eine Auswahl an duftenden Geranien ersetzt das Potpourri in einem Schlafzimmer oder Wintergarten, ein Kasten mit einjährigen Kräutern bildet auf der Fensterbank einen saisonbedingten Blickfang, und ein Rosmarinbusch in einem großen Kübel kann in einem Wintergarten wie eine lebende Skulptur wirken.

Selbst wenn man einen Garten hat, besitzt der Kräuteranbau im Haus viele praktische und ästhetische Vorzüge. Gewürzkräuter, die sich auf der Küchenfensterbank in der Sonne aalen, können ganz bequem und wetterunabhängig Blatt für Blatt abgeerntet werden. Sie stellen zur Außenwelt eine duftende, grüne Verbindung her, dienen als ökologischer Luftverbesserer, und manche, wie die Minze, schrecken sogar Insekten ab.

Fast alle bereits genannten Ratschläge für die Kräuterzucht in Gefäßen gelten auch für die Zimmerkultur. Wenn die Pflanzen nicht nur überleben, sondern prächtig gedeihen sollen, brauchen sie täglich mindestens vier bis fünf Stunden helles Tageslicht oder andernfalls acht bis zehn Stunden künstliches Licht. Da Kräuter keine extremen Temperaturschwankungen vertragen, ist ein Standort neben der Heizung oder in starkem Luftzug nicht geeignet. In Pflanzgefäßen gezogene Kräuter können in Gruppen arrangiert, sollten jedoch nicht zu dicht gestellt werden, da eine ungehinderte Luftzirkulation zwischen den Pflanzen, auch für die Schädlings- und Krankheitsabwehr, notwendig ist.

Sehr wichtig ist auch ein guter Wasserabfluß, der bei Ton- oder Plastiktöpfen mit einem von Tonscherben bedeckten

Dränageloch gewährleistet ist. Diese Blumentöpfe, im Garten durchaus akzeptabel, passen nicht immer zur Wohnungseinrichtung und werden deshalb oft in Keramik- oder Holzkästen oder in Übertöpfe aus Keramik, Rattan, Zinn oder anderen Materialien oder in einen *câchepot* gestellt. Bei einem Gefäß ohne Wasserabflußloch, wie beispielsweise einem Einmachglas, einer dekorativen Schüssel oder einer Bodenvase muß zuvor eine Art Dränage geschaffen werden. Zuerst füllt man eine Schicht groben Sand oder Kieselsteine ein - die Höhe dieser Schicht ist abhängig von der Höhe des Gefäßes - darauf kommt eine dünne Lage Holzkohle, um die Erde basisch zu halten, und zuletzt füllt man das Gefäß mit Komposterde auf. Durch diese Schichtung fließt das Wasser ab, und es kann sich keine Staunässe bilden.

Eine Zimmerdekoration aus Kräutertöpfen und in Form geschnittenen Zwergsträuchern.

DIE RICHTIGE ERDE

Die Wahl der Erde hat ebenfalls eine Auswirkung auf die Wasserspeicherung. Direkt aus dem Garten entnommene Erde ist, unabhängig von ihrer Zusammensetzung, für Topfpflanzen völlig ungeeignet, da sie auch Krankheitskeime und Schädlinge enthalten kann, die sich in der wärmeren Atmosphäre im Haus gut entwickeln könnten. Zwei Arten von Fertigerden sind brauchbar. Die eine, auf der Basis eines Mineralbodens, besteht aus keimfreiem Lehm, der mit Dünger, Kalk und Sand vermischt ist. Die zweite, als überwiegend organisches Substrat, besteht entweder nur aus Torf oder ist eine Mischung aus Torf und Sand. Letztere ist schwerer und besonders gut für große Gefäße geeignet. Reinen Torfsubstraten wurde häufig bereits Dünger zugesetzt. Dieser reicht normalerweise für die ersten Wochen nach der Pflanzung aus.

Pflanzen im Haus sollten nur dann gewässert werden, wenn die oberste Erdschicht etwa 1 cm tief ausgetrocknet ist. Wie häufig gegossen werden muß, hängt von der Raumtemperatur und -feuchtigkeit ab. In stark beheizten Räumen mit Zentralheizung ist es unter Umständen notwendig, die Pflanzen jeden oder jeden zweiten Tag zu gießen und wenn nicht jede, dann doch jede zweite Woche zu düngen.

Im Haus wachsende Kräuter gedeihen selten so kräftig wie die im Freien stehenden. Ernten Sie diese Pflanzen deshalb nur mäßig ab, da sie viel langsamer nachwachsen. Pflücken Sie nur einige Zweige oder einen Seitentrieb, statt den Hauptstiel abzuernten oder abzuschneiden, dann haben die Pflanzen länger verwertbare Blätter und Triebe.

Als Zimmerpflanzen sollten Kräuter im Licht am Fenster stehen. Ein aparter Anblick ist eine Kräuterkollektion in dekorativen Gefäßen.

DIE KRÄUTERAUSWAHL

Bevor Sie die Kräuter auswählen, die Sie pflanzen wollen, sollten Sie zunächst überlegen, welchem Zweck sie dienen sollen. Sollen die Kräuter vor allem Ihren Garten verschönern? Oder benötigen Sie diese hauptsächlich für die Küche, als Heilmittel oder für Kosmetikpräparate? Oder wollen Sie Ihren Garten in eine duftende Oase verwandeln? Möglicherweise beabsichtigen Sie all dies, was schon mit einer kleinen Auswahl an Kräutern möglich ist.

Seit alters her werden einige Kräuter zwischen anderen Pflanzen angebaut, da sie diesen nützen können. Schnittlauch soll schwarze Flecken von Rosen fernhalten und Knoblauch ihr üppiges Blütenwachstum fördern. Rosmarin und Salbei ergänzen sich ideal. Von einigen Gewürzkräutern, wie Schnittlauch, Ysop, Majoran, Petersilie, Salbei und Thymian, sagt man, daß sie für den Ertrag von Gemüse förderlich sind. Estragon soll das Wachstum aller Gemüse und Blumen in seiner Nachbarschaft begünstigen – Grund genug, ihn anzupflanzen.

Viele Kräuter, einige sind auf der rechten Seite aufgelistet, ziehen Bienen und Schmetterlinge an. Manche besitzen einen besonders starken Duft. Stellen Sie aus Anis, Lavendel, Melisse, Zitronenstrauch, Ananassalbei, Rose, Märzveilchen und Wermut Ihr Garten-Potpourri zusammen.

Die meisten Kräuter haben relativ kleine, einige dagegen ausgesprochen prunkvolle Blüten. Strahlend rote Scharlachmonarde, zitronengelbe und orange Ringelblumen und Kapuzinerkresse, dunkelgoldener Rainfarn und blaß zitronengelbe Nachtkerzen sind prächtige Beispiele für blühende Kräuter. Dekorative Pflanzengesellschaften entstehen, wenn man diese außergewöhnlich blühenden mit Kräutern mischt, die interessante Blätter haben, und gezielt Kontraste durch benachbarte Blattfarben und -formen setzt. Roter Salbei mit seinen langen Ähren dunkel rosafarbener Blüten betont die lockere Zartheit des gelbgrünen Frauenmantels; die Scharlachmonarde thront strahlend über dem Kleinen Wiesenknopf; Majoranbüschel leuchten intensiver neben gelbblättrigem Mutterkraut.

Um die charakteristischen Eigenheiten der einzelnen Arten zur Geltung zu bringen, sollten diese, vorausgesetzt Sie haben genug Platz, in kleinen Gruppen oder Reihen gepflanzt werden. Bei einer formstrengen Gestaltung werden die Kräuter so weit auseinander gepflanzt, daß die Erde zwischen den ausgewachsenen Pflanzen hindurchschimmert. Bei einer freien Gestaltung stehen die ausgewachsenen Pflanzen näher beieinander, ohne jedoch ineinander zu wachsen.

Die strahlend roten Blüten der Indianernessel (Monarda 'Lodden Crown') gehören zu den prächtigsten im Kräutergarten.

Kräuter, die Bienen und Schmetterlinge anziehen

Die Blüten des niedrigwachsenden Majorans locken Schmetterlinge an.

Andorn	*Marrubium vulgare*
Anis	*Pimpinella anisum*
Baldrian	*Valeriana officinalis*
Basilikum	*Ocimum basilicum*
Beinwell	*Symphytum officinale*
Echter Eibisch	*Althaea officinalis*
Fenchel	*Foeniculum vulgare*
Indianernessel	*Monarda didyma*
Katzenminze	*Nepeta cataria*
Lavendel	*Lavandula*
Löwenzahn	*Taraxacum officinale*
Mädesüß	*Filipendula ulmaria*
Majoran	*Origanum majorana*
Melisse	*Melissa officinalis*
Nachtkerze	*Oenothera biennis*
Pfefferminze	*Mentha x piperita*
Rosmarin	*Rosmarinus officinalis*
Salbei	*Salvia officinalis*
Schafgarbe	*Achillea millefolium*
Schnittlauch	*Allium schoenoprasum*
Thymian	*Thymus*
Wegwarte	*Cichorium intybus*
Ysop	*Hyssopus officinalis*

Blühender Lavendel – für Bienen eine wichtige Nahrungsquelle.

SÄEN ODER PFLANZEN?

Sie müssen entscheiden, ob Sie die Pflanzen selbst aussäen oder gleich mit Jungpflanzen beginnen wollen. Vorgezogene Pflanzen können Sie in Gärtnereien kaufen oder neue Pflanzen aus Stecklingen, Absenkern, Wurzelstecklingen oder durch Wurzelteilung ziehen. Im Kräuterführer ist für jede Pflanze die geeignete Vermehrungsform beschrieben.

Töpfe mit Rosmarin, Lorbeer und Salbei auf feuchtem Kies in einem Gewächshaus.

Für die meisten Hobbygärtner sind beide Vorgehensweisen geeignet. Die Vermehrung durch Samen bietet sich bei einigen Kräutern jedoch nicht an, da diese entweder nicht aussamen oder ihre Samen nicht muttergleiche Nachkommen hervorbringen. Für den begeisterten Koch gehört dazu auch der Französische Estragon, der im Gegensatz zum Russischen Estragon kaum Samen hervorbringt. Sollten Sie also beabsichtigen, selbst Estragon-Essig herzustellen und vorzüglich gewürzte Fischgerichte zuzubereiten, müssen Sie junge Pflanzen kaufen oder Freunde um Kopf- oder Wurzelstecklinge bitten. So verhält es sich auch bei den Minzen, die meistens Hybriden sind, und den dekorativen Formen von Thymian und Salbei. Auch diese Kräuter können erfolgreich mit Stecklingen oder durch Wurzelteilung vermehrt werden.

Für eine erfolgreiche Anzucht kauft man die Samen jedes Jahr in einer guten Samenhandlung und sät sie, wie auf der Packung empfohlen, aus.

Anzucht aus Samen

In der Natur vermehren sich Pflanzen fortwährend aus Samen. Auch in Ihrem Kräuter- oder auch mit anderen Pflanzen kombinierten Garten vermehren sich die Kräuter selbst durch Sämlinge. Einige Arten wie Kümmel, Löwenzahn, Frauenmantel und Ringelblume sind dergestalt fleißige Selbstaussäer, daß Sie sich über die zahlreiche, verstreute Nachkommenschaft wundern werden. Die winzigen, wie Fallschirme aussehenden und leicht verwehbaren Samen des Löwenzahns lassen die kräftigen Nachkommen auch weit von den Eltern entfernt - ohne Rücksicht auf Ihre Gartenplanung - sprießen. Da die selbstausgesäten Sämlinge meist robuster als die aus gesammeltem Saatgut sind, können diese leichter verpflanzt werden. Manche Sämlinge, wie die des Kümmels, lassen sich jedoch nur schlecht versetzen.

Damit Samen erfolgreich keimen, müssen bestimmte Voraussetzungen erfüllt sein: genügend Feuchtigkeit, Wärme, Luft und Licht, obgleich die meisten Samen sowohl Licht- wie auch Dunkelkeimer sind. Diese Bedingungen lassen sich am besten unter Glas oder im Haus in Schalen und Töpfen herstellen, doch größere Samen können auch erfolgreich im Freien ausgesät werden. Sobald sich die winzigen Keimlinge zeigen, müssen sie ans Licht gestellt werden.

Die meisten Samen gehen am besten auf, wenn man sie, sobald die Temperaturen stetig steigen und die Tage länger werden, aussät. Manche Samen müssen jedoch, sobald sie zur Reife gekommen sind, ausgesät werden. Einige einjährige Kräuter, wie der Kerbel, können im Herbst ausgesät werden und überwintern problemlos. Samen von zweijährigen Pflanzen, wie Kümmel und Muskatellersalbei, werden am besten Ende des Frühjahrs für eine Blüte im nächsten Frühjahr ausgesät. Die Samen einiger Pflanzen, sogenannte Frostkeimer, die erst durch Frost bzw. sehr niedrige Temperaturen in Keimstimmung kommen, werden im Herbst ausgesät. Bekannte Frostkeimer sind die Süßdolde und Engelwurz.

Der leicht verwehbare Samenstand des Löwenzahns („Pusteblume").

Aussaat im Freien

Vor der Aussaat wird das Saatbett gründlich vorbereitet. Erst werden alle großen Steine und sämtliches Unkraut entfernt, dann der Boden geharkt, bis er feinkrümelig ist.

Bevor man den Samen draußen aussät, sollte man unbedingt warten, bis keine Frostgefahr mehr besteht und die Erde sich einige Tage in der Sonne erwärmt hat.

Die Aussaat kann früher erfolgen, wenn man den Boden ein oder zwei Wochen zuvor mit Plastikhauben abdeckt, um darunter die Wärme zu speichern.

Fein geharktes Saatbett.

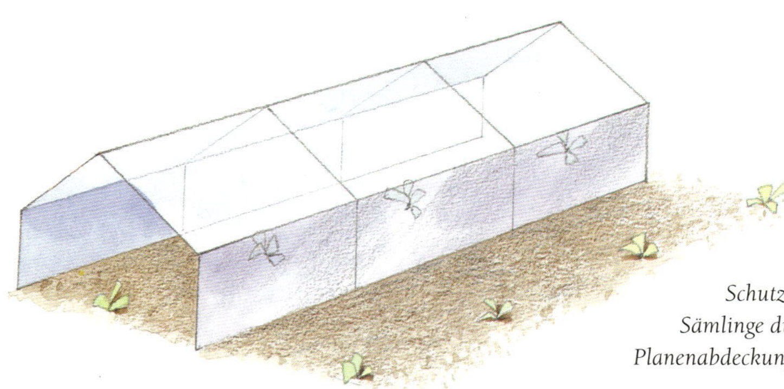

Schutz der Sämlinge durch Planenabdeckungen.

Aussaat im Haus

Mit der Aussaat auf dem Fensterbrett, im Gewächshaus oder Frühbeet kann die Anzucht der Pflanzen drei oder mehr Wochen vorgezogen werden. Die so gezogenen Sämlinge müssen jedoch kräftig sein, bevor man sie ins Freie setzt.

1. Die Anzuchtschalen enthalten als oberste Schicht etwa 12–14 mm Aussaaterde. Die Oberfläche wird eingeebnet und mit einem Holzklotz angedrückt.

2. Mit einer Gießkanne mit feinem Sprühaufsatz gut anfeuchten.

3. Samen gleichmäßig dünn aussäen und mit Erde bestreuen (ungefähr zwei- bis dreifache Höhe des Samendurchmessers). Leicht mit Wasser besprühen – es darf sich keine Staunässe bilden.

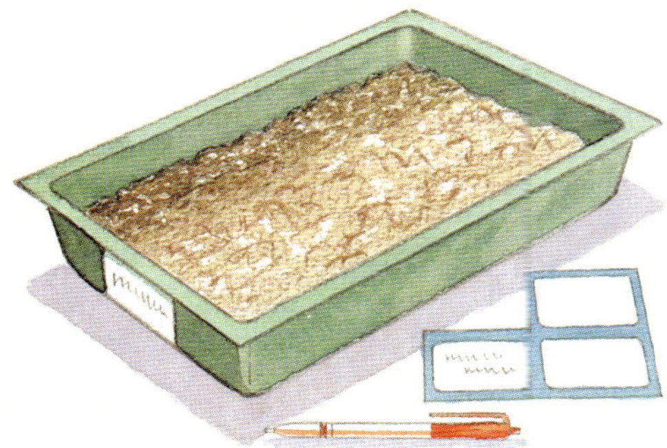

4. Etiketten mit der Pflanzenart und – um zukünftige Aussaaten vergleichen zu können – mit dem Saatdatum anbringen.

5. Kästen mit einer Glasscheibe abdecken, eine Papierschicht darauflegen und an einen schattigen Ort stellen. Bis die Keimung beginnt, täglich kontrollieren.

6. Wenn die Sämlinge erscheinen, das Papier und die Glasscheibe entfernen und die Kästen an einen hellen Ort, jedoch nicht ins direkte Sonnenlicht, stellen.

Das Pikieren

Wenn der Keimling zum Sämling wird, d.h., die ersten Laubblätter nach den Keimblättern erscheinen, ist es an der Zeit, den Sämling in einen Topf mit komposthaltiger Erde zu versetzen. Dieser Vorgang wird auch als „pikieren" bezeichnet. Jeder winzige Sämling wird einzeln vorsichtig mit einem Spatel oder einer runden Klinge unter der Wurzel herausgehoben. Halten Sie den Sämling vorsichtig zwischen Zeigefinger und Daumen an einer Blattspitze fest und setzen Sie ihn in ein mit dem Setzholz vorbereitetes Loch. Drücken Sie die Erde um den Stiel mit den Fingern oder dem Setzholz fest, und wässern Sie die Pflanze leicht. Daß die Erde in dieser Wachstumsphase nicht austrocknen darf, versteht sich von selbst.

Jungpflanzen können in den Töpfen solange wachsen, bis ihre Wurzeln durch den Topfboden dringen, was anzeigt, daß die Pflanze erneut umgesetzt werden muß. Die Pflanzen können nun mit den Freilandbedingungen vertraut gemacht werden: Öffnen Sie tagsüber das Frühbeet, oder stellen Sie die Töpfe in den Garten, auf den Balkon oder vor ein geöffnetes Fenster. Für die Nacht oder bei schlechtem Wetter werden die Pflanzen entweder ins Haus gebracht oder mit einer Plastikhaube bedeckt.

Nach drei bis vier Wochen des „Abhärtens", der Gewöhnung an das Leben im Freien, können die Kräuter an ihren endgültigen Standort, in einen Kübel oder Blumenkasten auf dem Balkon oder an eine entsprechend vorbereitete Stelle im Garten, verpflanzt werden. Da die Pflanzen unter dem Umsetzen leiden, sollte man sie nur bei günstigen Wetterbedingungen umpflanzen.

Komposterde wird vorsichtig um die zarten Sämlinge angedrückt.

Aus Samen gezogene Kräuter können in Töpfe umgesetzt und im Haus oder im Freien plaziert werden.

Vermehrung durch Stecklinge

Die meisten Kräuter mit verholzten oder halbverholzten Stielen, wie beispielsweise Ysop, Lavendel, Rosmarin, Salbei, Duftgeranien, Majoran, Thymian und Winterbohnenkraut, können durch Trieb- oder Kopfstecklinge zu Beginn des Frühjahrs oder im Frühsommer vermehrt werden. Zu diesem Zeitpunkt sind die jungen Triebe noch nicht verholzt und stehen voll im Saft. Als Trieb- oder Kopfsteckling bezeichnet man die Spitze eines voll entwickelten Triebes, der ungefähr 5-10 cm lang ist und direkt unterhalb der Blattachsel abgenommen wird. Entfernen Sie die unteren Blätter wie auch die Nebenblätter (z. B. bei Geranien) und tauchen Sie die Schnittstelle der Triebe vor dem Stecken in ein im Fachhandel erhältliches Bewurzelungspräparat (mit Phytohormonen). Bei Stecklingen einiger holziger Kräuter, wie Lavendel und Eberraute, erzielt man bessere Resultate, wenn man die jungen Triebe mit einem etwas verholzten Teil der Mutterpflanze, einem „Absatz", abreißt. Dieser Absatz muß mit einem Messer beschnitten werden, bevor mit dem Steckling wie oben erwähnt verfahren werden kann.

Geben Sie in einen Topf ein Torf-Sand-Gemisch oder ein ähnliches Substrat, das wenig Nährstoffe enthält, gut entwässert und gut durchlüftet ist. Stecken Sie die Stecklinge am Topfrand entlang ungefähr 2,5 cm tief in die Erde und drücken Sie diese gut an. Besprengen Sie die Erde mit Wasser, und stellen Sie die Töpfe in ein bedecktes Anzuchtgefäß. Damit die Erde immer feucht bleibt, können Sie einzelnen Töpfen Plastiktüten überstülpen oder diese unter Glas stellen. Stellen Sie das Anzuchtgefäß oder die Töpfe an einen eher schattigen Ort, der nie der prallen Sonne ausgesetzt ist. Sobald die Stecklinge Wurzeln treiben und sichtbar wachsen, gibt man Blattdünger hinzu. Nachdem die Stecklinge fest verwurzelt sind, werden sie einzeln in kleinere Töpfe mit Pflanzenerde umgetopft. Nun werden die Stecklinge wie Jungpflanzen behandelt und langsam an das Leben im Freien gewöhnt. Auch während der Sommermonate können von Lavendel und Rosmarin halbverholzte Stecklinge geschnitten werden. Diese, zunächst wie die anderen Kopfstecklinge behandelt, läßt man in einem kühlen Gewächshaus oder ungeheizten Zimmer überwintern, bevor man sie im Frühjahr auspflanzt.

Absenker

Einige winterharte, mehrjährige Stauden, Halbsträucher und Sträucher lassen sich durch tiefliegende lange Triebe oder Zweige vermehren, wie beispielsweise auch der Salbei. Manche Pflanzen, wie Minzen, entwickeln selbst Ausläufer, d. h. kriechende Triebe, die sich bei Erdkontakt neu bewurzeln und Tochterpflanzen bilden.

Weniger vitale Pflanzen kann man künstlich zum Bilden von Ausläufern anregen (Absenker). Man biegt einen langen Trieb soweit herunter, daß er den Boden berührt, und schneidet ihn in gleichmäßigen Abständen mehrmals schräg ein, ohne den Zweig dabei zu durchtrennen. Die eingeschnittenen Stellen werden mit einem gebogenen Draht oder einem Drahthaken im Boden befestigt und mit Erde bedeckt. Werden die Absenker kreisförmig um die Mutterpflanze angeordnet, entwickelt sich bald ein großer Kräuterbusch. Nach kräftiger Bewurzelung der Jungpflanzen können diese mit einem Messer von der Mutterpflanze getrennt und verpflanzt werden.

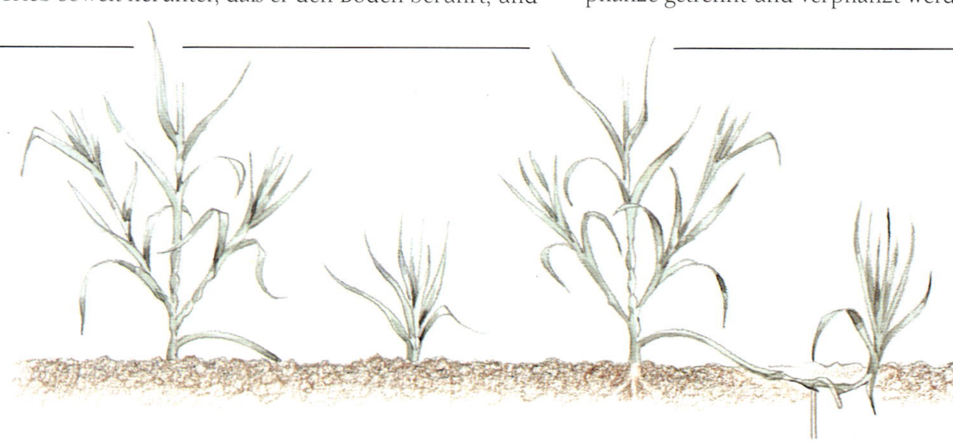

Absenker: Ein kräftiger Trieb wird heruntergebogen und mit Erde bedeckt. Nach erfolgreicher Bewurzelung von der Mutterpflanze abtrennen.

Wurzelstecklinge

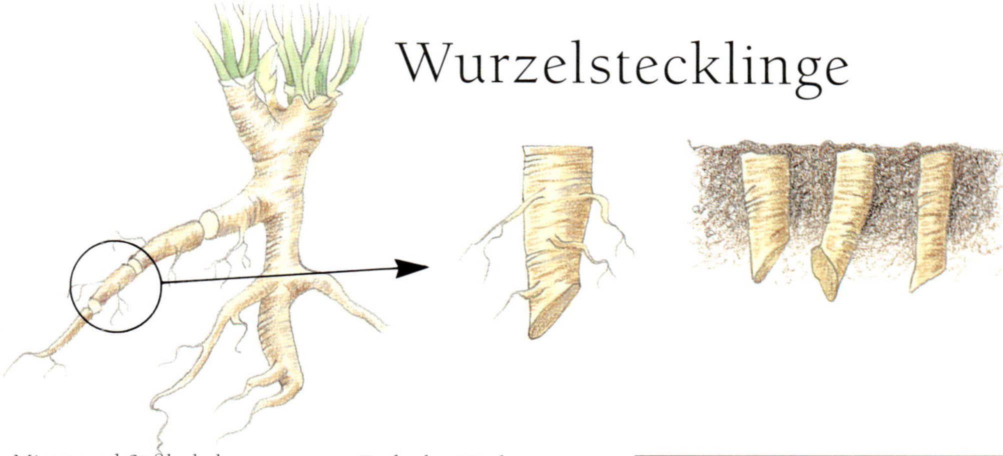

Vermehrung durch Wurzelstecklinge (links).
Im Winter herangezogene Löwenzahnwurzeln treiben zeitig im Frühjahr ihre salatartigen Blätter aus.

Minze und Süßholz kann man am Ende der Wachstumsperiode durch Wurzelstecklinge vermehren, so daß im Winter die jungen Pflanzen frische Blätter treiben können. Gehen Sie folgendermaßen vor: Graben Sie einige Wurzeln aus und schneiden Sie diese in etwa 10 cm große Stücke. Die Stücke werden in eine Kiste mit sandig-humoser Erde gelegt, etwas mit Erde bedeckt, gegossen und ins Haus gebracht. Die Wurzelstücke treiben bald aus und bilden neue Blätter. Pflanzen mit fleischigen Wurzeln wie der Meerrettich und die Schwertlilie kann man auch durch das Abtrennen von Wurzeln (bei der Schwertlilie spricht man von Rhizomen) vermehren. Graben Sie einen Wurzelstock (Rhizom) vorsichtig aus, und zerteilen Sie diesen in kleine Wurzelstücke - ein gerader Schnitt oben und ein schräger Schnitt unten. Setzen Sie diese wie beschrieben in einen großen Topf oder in einen vorbereiteten Boden.

Teilung

Viele buschige mehrjährige Staudenpflanzen lassen sich von ihrem zweiten Lebensjahr an durch Ballenteilung vermehren und auch verjüngen.

Teilen Sie im Frühjahr oder im Herbst den verfilzten Wurzelballen mit einem scharfen Spaten oder Messer und ziehen Sie ihn auseinander. Nachdem Sie die Pflanzen vorsichtig getrennt haben, pflanzen Sie diese einzeln in den vorbereiteten Boden.

DIE KRÄUTERPFLEGE

Die Pflege eines Kräutergartens ist ein reizvolles und manchmal arbeitsintensives Hobby. Ob Sie das Unkraut jäten, das die jungen Pflanzen zu ersticken droht, die Pflanzen von Zeit zu Zeit gießen und düngen, Kräuterbüschel hochbinden oder ausgewachsene Triebe ausschneiden, immer wird Ihre Arbeit reichlich von dem Duft, der Ihren Garten durchzieht, belohnt.

Gießen und Düngen

Da viele Kräuter aus den heißen und trockenen mediterranen Breiten stammen, erfordern sie wenig Aufmerksamkeit beim Gießen. Viele können sogar längere Trockenperioden überstehen. Regelmäßiges, leichtes Gießen ist jedoch sinnvoll, damit die Pflanzen, besonders die einjährigen, die Köpfe nicht hängen lassen und kontinuierlich ihren Duft verströmen. Manche Kräuter, vor allem die mit weichen Stengeln, vertragen nicht zuviel Feuchtigkeit. Sie laufen selten Gefahr auszutrocknen, und extreme Feuchtigkeit fördert den Pilzbefall. In Gegenden mit häufigen Niederschlägen ist es wichtig, daß die Pflanzen nicht zu eng stehen, damit die Luft zwischen ihnen zirkulieren kann.

Kräuter mit fleischigen Wurzeln, wie Eibisch und Mädesüß, wollen jedoch feucht stehen und müssen in trockenen Sommern gegossen werden.

Pflanzen, die im Freien stehen, brauchen in der Regel nicht gedüngt zu werden. Gut zersetzter Gartenkompost, der vor dem Bepflanzen und am Ende jeder Gartensaison in den Boden eingearbeitet wird, enthält fast alle notwendigen Nährstoffe für die Pflanzen. Gelegentlich kann mit organischem Dünger nachgeholfen werden, besonders wenn die Pflanzen zu kränkeln scheinen. In Pflanzgefäße gesetzte Kräuter sind auf regelmäßige Düngung und auf regelmäßiges Gießen angewiesen.

Krankheits- und Schädlingsbekämpfung

Poleiminze und Kapuzinerkresse vertreiben Ameisen, Rosmarin die Möhrenfliege, und Basilikum, Salbei und Kamille (bekannt als „Pflanzendoktor“) halten schädliche Insekten vom Lorbeer fern. Minze schreckt Fliegen ab, und Schnittlauch hilft, Apfelbäume vor Schorf und Rosen vor Sternrußtau zu schützen. Thymianpflanzen ziehen Schnecken an, die sich dann an einer Stelle tummeln und am Abend dort leicht eingesammelt werden können.

Blattläuse sind die am weitesten verbreitete Schädlingsfamilie. Sollten die Larven Ihrer Marienkäfer- und Florfliegenkolonie die Läuseplage nicht im Zaum halten können, besprühen Sie die Pflanzen mit umweltverträglichen chemischen oder biologischen Insektiziden oder einer selbst angesetzten Brühe aus Holunderblüten. Bauen Sie zukünftig mehr Dill und Fenchel an, da beide Pflanzen Florfliegen anziehen. Mit den oben erwähnten Mitteln können auch Schildläuse bekämpft werden, die häufig den Lorbeer befallen. Gegen Milben hilft regelmäßiges Sprühen, und die befallenen Blätter erholen sich. Von Rost befallene Minzen werden unansehnlich, und es hilft nur eine dauerhafte Behandlung: Vernichten Sie die befallenen Pflanzen oder die abgeschnittenen geschädigten Teile, und graben Sie die Pflanzen unter. Die Wurzeln werden in heißem Wasser getränkt und an einer unverseuchten Stelle wieder eingesetzt.

VORAUSPLANUNG

Am Ende der Vegetationsperiode ist es Zeit, das folgende Gartenjahr vorzubereiten.

Planen Sie, noch weitere Bienenfutterpflanzen – wie Borretsch, Koriander, Melisse und Bohnenkraut – anzubauen, damit viele Zier- und Nutzpflanzen bestäubt werden.

Rückschnitt

Nehmen Sie am Ende der Wachstumszeit Ihre Kräuter in Augenschein. Zur gleichen Zeit, wie die einjährigen Pflanzen entfernt werden (nachdem der Samen geerntet wurde), werden die mehrjährigen Pflanzen in Form gebracht.

Der Zitronenstrauch wird während der Wachstumsperiode beschnitten, um abgestorbene Blütenstände und geschossene oder verholzte Stengel zu entfernen.

Lavendel vor dem Rückschnitt

und danach.

Benutzen Sie für das Abschneiden abgestorbener Stiele und zu langer, ausgewachsener Triebe eine gute Heckenschere. Wachstumsfreudige und verholzte Pflanzen wie Lavendel, Raute, Salbei und Thymian werden stark zurückgeschnitten (beim Lavendel jedoch nur die neuen Triebe), damit die Pflanze wieder eine buschige Form erhält und das Wachstum angeregt wird. Die abgeschnittenen Pflanzenteile werden, abgesehen von denen der Raute, nicht auf den Kompost geworfen. Bei allen Pflanzen kommt jedoch der Zeitpunkt, an dem sie ihre ursprüngliche kompakte Form verlieren und ihre Wachstumskraft nachläßt. Dann ist es Zeit, die Pflanzen zu vermehren.

Stützen der Kräuter

Viele Kräuter sind von Natur aus kleinwüchsig, und einige wurden speziell als niedrige Polster gezüchtet. Aber auch die hochwachsenden Kräuter wie Engelwurz, Nachtkerze und Fenchel halten wacker die Köpfe oben, vor allem dann, wenn Sie diese an einen etwas geschützteren Standort gepflanzt haben.

Sollten die Pflanzen die Köpfe hängen lassen und sich zu stark ausbreiten, stützen Sie das Ensemble mit drei Bambusstangen, die um den Pflanzenbusch fest in den Boden gesteckt und mit einer grünen Schnur umwickelt werden.

Stützt man hohe Pflanzen, können die langen Stengel und Blüten unbeschadet wachsen.

Kräuter

aktiv

KRÄUTER KONSERVIEREN

Für das Konservieren und Aufbewahren von Kräutern ist der Erntezeitpunkt wesentlich. Sollten Sie Kräuter für Heilzwecke oder als Küchengewürz verwenden wollen, müssen Sie diese in der Phase ihrer Wachstumsperiode, in der die ätherischen Öle am konzentriertesten sind, in trockenem Zustand ernten. Um das Aroma und die Heilkraft der Kräuter am besten zu bewahren, muß man sie mit großer Sorgfalt behandeln, ohne Verzögerung konservieren und lichtgeschützt lagern.

Die Ernte

Die Blätter enthalten vor der Blüte die höchste Konzentration an Duft- und Aromastoffen. Blüten erntet man, sowie diese voll erblüht sind. Die Samen werden, sobald sie reif sind, gesammelt, wohingegen die Wurzeln bis zum Ende der Wachstumsperiode im Boden bleiben, da sie dann die meisten Nährstoffe enthalten.

Die oberirdischen Teile der Pflanze - Blüten, Blätter, Samen und Stengel - werden morgens an einem trockenen Tag, am besten nach Verdunsten des Morgentaus und bevor es zu heiß wird, geerntet. Um die Mittagszeit, wenn die Sonne am höchsten steht, haben sich die ätherischen Öle verflüchtigt. Benutzen Sie immer gute Hecken- oder Floristenscheren, damit die Pflanzen nicht verletzt werden. Schütteln Sie Insekten ab, knipsen verletzte oder verfärbte Blätter und Blüten ab und waschen Sie die Stengel sofort ab. Bewahren Sie die Pflanzen nicht im prallen Sonnenlicht auf, da es die ätherischen Öle entzieht. Ernten Sie reife Fruchtstände täglich und wickeln Sie diese sofort in ein kleines Stück Stoff, damit herausfallende Samen nicht verlorengehen; Plastikbeutel eignen sich dafür nicht, da die Samen im Kondenswasser verfaulen können.

Das Trocknen

Das Trocknen erfordert warme, trockene, frei zirkulierende Luft und einen lichtgeschützten Platz. Kräuter können mehrere Tage in einem kühlen Raum oder etwas rascher in einer wärmeren Umgebung, jedoch nie in feuchten Küchen oder Badezimmern, getrocknet werden. Die Blätter läßt man zum Trocknen am besten am Stiel, abgesehen von Blättern großblättriger Kräuter wie des Borretsch. Diese streift man vom Stiel ab und trocknet sie in einem Regal. Samenstände hängt man zum Trocknen in einer Papiertüte auf, damit die herausfallenden Samen in dieser eingesammelt werden können. Blüten sollte man vor dem Trocknen von den Stielen trennen. Wurzeln werden mit einer Bürste gesäubert und in 2,5 cm dicke Scheiben geschnitten.

Die Stengel werden in kleine Sträuße gebunden und so aufgehängt, daß die Luft frei um sie zirkulieren kann, also nicht nahe an eine Wand. Einzelne Blätter, Blüten und Wurzeln breitet man in flacher Lage auf einem geeigneten Trockengestell oder Backblech aus. Letzteres kann in einen kalten Backofen geschoben werden, dessen Tür immer einen Spalt geöffnet ist, damit die Feuchtigkeit entweichen kann. Wenden Sie die Kräuter regelmäßig. Blüten und Blätter sind trocken, wenn sie vernehmlich rascheln, Wurzeln dürfen nicht mehr biegsam sein.

Pfefferminze

Kamille

Mädesüß

Die Lagerung

Streifen Sie vorsichtig die Blätter von den Stielen und zerreiben diese zwischen den Fingern. Zupfen Sie die Blütenblätter der Ringelblume einzeln ab. Öffnen Sie die Tüten mit den Fruchtständen und entnehmen Sie die herausgefallenen Samen. Getrocknete Kräuter werden in aromafesten Gefäßen wie Gläsern oder Keramiktöpfen aufbewahrt und mit einem Etikett versehen. Es eignen sich am besten dunkle Gläser oder Töpfe, durch die kein Licht dringt, oder Sie verstauen durchsichtige Gläser an einem trockenen, dunklen Ort. Stellen Sie sich Ihr Kräutersortiment für die Küche in kleinen Gläsern zusammen, die Sie von Zeit zu Zeit nachfüllen.

Das Einfrieren

Kräuter können als Zweige oder nur die abgestreiften Blätter eingefroren werden. In beiden Fällen verteilen Sie die Kräuter in einer Lage auf einem Backblech, einer großen Platte oder einem Trockenblech und frieren sie diese unbedeckt ein. Sobald sie gefroren sind, füllen Sie diese in verschließbare Gefrierboxen, denn für den Kälteschlaf in Plastikbeuteln sind die Kräuter zu spröde und zerbrechlich. Kräuter können in gefrorenem Zustand auch leicht zwischen den Finger zerrieben werden und ähneln dann gehackten frischen Kräutern. Die zerriebenen Kräuter werden am besten in kleinen verschlossenen und beschrifteten Behältern aufbewahrt.

Gehackte Kräuter können auch portionsgerecht in mit Wasser gefüllten Eiswürfelbehältern eingefroren und anschließend, mit einem Etikett versehen, in Plastikbeuteln verpackt werden. Gefrorene Kräuterwürfel gibt man in Suppen oder Schmorgerichte.

Auch kleine Kräuterzweige oder eßbare Blüten können in Eiswürfelbehältern oder in mit Folie umwickelten Ausstechformen eingefroren werden. Aromatisieren Sie damit Ihre Getränke: in Limonade Zitronenstrauch, oder - sozusagen als Geschmackskontrast - Duftgeranien-Eiswürfel in eisgekühlten Kamillentee.

Gartenringelblume

Koriander

Beinwell

KRÄUTER IN DER KÜCHE

Heutzutage greifen wir vor allem wegen ihres würzigen Geschmacks zu Küchenkräutern, wogegen diese früher viel mehr wegen ihres praktischen Nutzens verwendet wurden. Viele von ihnen regen die Verdauung nach einem gehaltvollen, fetten Fleischgericht, wie Schwein oder Wildbret, an; andere wurden dazu genutzt, ein Gericht auszubalancieren und Unwohlsein vorzubeugen: Culpeper berichtet uns, daß im 17. Jahrhundert Fisch mit Fenchel zubereitet wurde, da der aus dem Meer kommende, feuchte Fisch Magenverstimmungen hervorrufen konnte, die der Fenchel als trockenes, heißes Kraut ausgleichen sollte. Kräuter mit ihrer großen Geschmacksvielfalt ersetzen sogar oft Kochsalz und auch Zucker.

Gericht	Gewürzkraut	Zubereitungsvorschläge
Suppen		
Klar/leicht	Kerbel	Verfeinert Kraftbrühen
	Estragon	Gut in Hühnerbrühen
Fisch	Dill	Samen an kräftigen Fisch; Blätter an leichtere Fischarten
	Melisse	Anstelle von geriebener Zitronenschale
	Estragon	Zu kräftig schmeckendem Fisch
Linsen	Kümmel / Dillsamen / Fenchel	Gemahlene Samen
Fett, reichhaltig	Koriandersamen	Am Anfang gemahlen hinzugeben
	Liebstöckel	Gehackte Stiele zum Andicken von Suppen und Brühen
Gemüse	Kerbel	Verfeinert den Geschmack
	Dillsamen	Gemahlene Samen
	Fenchel	Gemahlene Samen oder Streifen von Fenchelknollen
	Liebstöckel	Die Stengel anstelle von Sellerie
	Oregano	Für mediterranes Aroma
	Salbei	Sparsam verwenden, da kräftig im Geschmack
Erbsen	Koriander	Gemahlene Samen
	Kreuzkümmel/ Bockshornklee	Gemahlene Samen für würzigen Geschmack
	Ingwer	Frisch gehackte Wurzeln
	Kurkuma	Gemahlen und sparsam verwenden
Vorspeisen		
Pasteten	Lorbeer	Gut zu allen Wildgerichten
	Petersilie	Glattblättrige hat ein stärkeres Aroma
	Salbei	Gut zu Schweine- und Hasengerichten
Hauptgerichte		
Gehaltvoller, fetter Fisch	Basilikum	Zu Makrele und Schellfisch
	Dillsamen	Ideal zu Lachs
	Estragon	In Sahnesoßen
	Thymian	Zu kräftig schmeckendem Fisch

Gericht	Gewürzkraut	Zubereitungsvorschläge
Weißer Fisch	Kerbel	Zusammen mit Melisse in leichten Fischgerichten
	Dillgrün / Fenchel	Fein gehackte junge Stengel
	Melisse	Anstelle von Zitrone
Rind/Kalb	Koriander	Für orientalisches Aroma
	Dillsamen	Gut zu Kalbfleisch
	Ysop	Gut für Schmorgerichte
	Liebstöckel	Selleriegeschmack, andickend
	Majoran/ Thymian	In Schmorgerichten
Lamm	Knoblauch	Zusammen mit Lavendel an Lammbraten
	Rosmarin	Typisch für Lammbraten und Lammgeschmortes
Schwein	Kerbel/Majoran	Für Bratenfüllungen und -saucen
	Fenchel	Gut zu Schmorbraten/Pasteten
	Salbei	An Füllungen
	Sommerbohnenkraut	Gut zu Schinkengerichten
Huhn/ Geflügel	Koriander	Für orientalisches Aroma
	Melisse	Vor dem Anbraten mit Melissenblättern einreiben
	Salbei/Sommerbohnenkraut	Gut zu Geschmortem oder Gebratenem
	Estragon	Ideal zu gebackenem Hähnchen und in leichten Schmortöpfen
Käsegerichte	Kerbel	Gehackt in Omelettes und Quiches
	Dillgrün/ Majoran	Frisch gehackt zu Frischkäse
	Minze	Frisch gehackt in Frisch- oder Hüttenkäse
	Oregano	Ideal für vegetarische Gerichte
	Salbei	An gekochte Soßen oder Käse- und Kartoffelgerichte

Klassische frische Kräutermischungen

Im Ensemble kommen Küchenkräuter erst so richtig zur Geltung und heben die Geschmacksnoten der Gerichte hervor.

FINES HERBES
zu gleichen Teilen: Kerbel, Schnittlauch, Petersilie und Estragon

BOUQUET GARNI
3 Stengel Petersilie, 1 Lorbeerblatt und 1 Zweig Thymian

HERBES DE PROVENCE
Oregano, Rosmarin, Thymian, Bohnenkraut, Majoran und Französischer Lavendel

KRÄUTERMISCHUNG FÜR RIND
zu gleichen Teilen: Rosmarin, Thymian, Bohnenkraut, Orangenschale und Petersilie

KRÄUTERMISCHUNG FÜR LAMM
zu gleichen Teilen: Rosmarin, Thymian, Bohnenkraut, Minze und Petersilie

KRÄUTERMISCHUNG FÜR SCHWEIN
zu gleichen Teilen: Salbei, Thymian und Majoran

KRÄUTERMISCHUNG FÜR GEFLÜGEL
zu gleichen Teilen: Petersilie, Thymian, Majoran, Estragon und Lorbeerblätter (und Wacholderbeeren bei Jagdvögeln)

KRÄUTERMISCHUNG FÜR FISCH UND MEERESFRÜCHTE
zu gleichen Teilen: Dill, Estragon und Zitronenschale

Gericht	Gewürzkraut	Zubereitungsvorschläge
Eierspeisen	Basilikum/Kerbel/Dillgrün/Thymian	Gehackt in Omelettes und anderen Gerichten
	Rainfarn	In süße Nachspeisen
Nudelgerichte	Basilikum	Frische Blätter in Tomatensoßen
	Majoran/Oregano	Schmeckt getrocknet meist stärker
	Muskatnuß	Gerieben mit Parmesan
Salate	Basilikum	Gehackte Blätter von buntblättrigen Sorten
	Borretsch/Ringelblume	Blüten/Blütenblätter zum Garnieren von Salaten
	Schnittlauch	Fein gehackt als mildes Zwiebelaroma
	Koriander/Melisse	Zwei bis drei Blätter an grüne Salate
	Kapuzinerkresse	Blüten und Blätter verwenden
	Pimpinelle	Leicht gurkenartiges Aroma
	Sauerampfer	Wenig, verfeinert grünen Salat
Gemüse & Getreide		
Tomaten	Basilikum	Verleiht allen Tomatengerichten den klassisch italienischen Geschmack
	Oregano	Frisch zu griechischen Salaten
Reis	Fenchel	Eine Handvoll Samen mitkochen oder fein geschnittene Gewürzknollen
	Safran	Klassisch orientalisches Aroma
Hülsenfrüchte	Kerbel/Bohnenkraut	Gute Geschmacksverfeinerer
	Dillsamen	Zu dicken Bohnen/Erbsen
	Minze	Zu frischen jungen Erbsen
Kohlarten	Kümmelsamen	Gut zu allen Kohlgerichten und Sauerkraut
	Fenchelsamen	An Rosenkohl
	Majoran	Gut zu Brokkoli
	Thymian	Ein Zweig an gekochten/gedämpften Kohl

Gericht	Gewürzkraut	Zubereitungsvorschläge
Wurzelgemüse	Dillsamen	Ganz mit Möhren und Pastinaken kochen
	Bockshornklee	Gut zu Möhren
	Knoblauch	An gebackene Kartoffelgerichte
	Paprika	Verfeinert Möhren/Steckrüben
	Salbei	Einen Zweig an gekochte Möhren/Kartoffeln
Hülsenfrüchte	Kümmel/Fenchelsamen	Gemahlen verwenden
	Ingwer	Gibt der Linsenterrine Würze
	Ysop	Gut in Schnellgerichten
	Majoran	An Linsenterrine und Schmorgerichte
Zwiebeln	Kümmel	In Zwiebelkuchen
	Oregano	In Quiches und Suppen
Nachspeisen	Indianernessel	Blüten an Fruchtsalate
	Minze	Gehackt an Fruchtsalate und zu Schmorbirnen/-äpfel
	Rosenblätter	Als Aroma an Eis und Quarkspeisen oder kandieren
	Duftblattgeranien	Als Aroma an Eis, Sorbet oder als Garnierung
	Süßdolde	Anstelle von Zucker mit Rhabarber/Äpfeln kochen
	Märzveilchen	Kandiert als Dekoration
Kuchen & Brot	Kümmelsamen	Auf Brot und Kräcker streuen
	Dillsamen	Gemahlen in salziges Gebäck
	Fenchelsamen	Gemahlen als Brotgewürz
	Ingwer	An würzige Kekse und Gebäck
	Minze	Hellen Kuchen hinzufügen
	Rainfarn	Im Fruchtkuchen verwenden
Pickles & kalte Soßen	Dill	Für Pickles und zum Fisch
	Minze	Ideal zu Lamm/kaltem Fleisch
	Senfsamen	Zu gebeiztem Lachs und kräftig schmeckenden Gerichten

SUPPEN & VORSPEISEN

Ob in würziger Sauerampfer- oder cremiger Knoblauchsuppe oder gar in deftiger Wildpastete – frische grüne Kräuter und pikante Gewürze machen den Anfang eines Menüs. Zusammen mit Kräuterbrötchen oder -brot gereicht, kann jedes dieser Gerichte auch als leichte Mittagsmahlzeit serviert werden.

Hasenterrine

Sollten Sie eine weniger deftige Mischung bevorzugen, ersetzen Sie in dieser ländlichen Terrine den Hasen durch ein Kaninchen oder Hähnchen.

1 kg Hasenkeulen
450 g Schweinebauch, ohne Schwarte
1 Zwiebel, grob gehackt
2 Knoblauchzehen, grob gehackt
3 Eßl. gehackte Petersilie
2 Teel. gehackter Salbei
Salz und schwarzer Pfeffer
100 ml Rotwein
40 g Butter, geschmolzen
3 Lorbeerblätter

Das Fleisch von den Knochen lösen und in Stücke zerteilen. Den Schweinebauch in Würfel schneiden. Alle Fleischstücke zusammen mit der Zwiebel und dem Knoblauch mit dem Fleischwolf oder der Küchenmaschine zu einer feinen Pastete verarbeiten. Petersilie und Salbei zufügen, mit Salz und Pfeffer würzen und den Wein unterrühren.

Die Farce in eine große feuerfeste Form geben und glattstreichen. Mit Alufolie bedecken und in einen Bräter als Wasserbad stellen, so daß die Form bis zur Hälfte im Wasser steht. Im Backofen (170 °C/ Gas: Stufe 3) 1 1/2 Stunden backen.

Ausgetretenes Fett abgießen und die Terrine abkühlen lassen. Mit Lorbeerblättern belegen und der geschmolzenen Butter übergießen. Kühl stellen, bis die Terrine fest ist.

Für 6 bis 8 Personen

Knoblauch-Kaltschale

Diese raffinierte Suppe besitzt ein ganz feines Knoblaucharoma.

12 Mandeln, geschält
6 Knoblauchzehen, geschält
2 Eßl. Olivenöl
4 dicke Scheiben Weißbrot, entrindet und in kleine Würfel geschnitten
600 ml klare Hühnerbrühe
150 ml trockener Weißwein
Salz und weißer Peffer
2 Eßl. Schnittlauchröllchen

Mandeln und Knoblauch in einem Mixer oder mit einem Pürierstab oder Mörser fein zerkleinern. Das Öl in einem kleinen Topf erhitzen und das Mandel-Knoblauchgemisch mit den Brotwürfeln bei mittlerer Hitze andünsten, bis das Brot goldbraun ist.

Die Hühnerbrühe, den Wein und das Knoblauch-Brot-Gemisch zusammengeben, mit Salz und Pfeffer würzen, mit einem Mixer oder der Küchenmaschine pürieren, bis eine feincremige Suppe entstanden ist.

Den Schnittlauch unterrühren und mindestens eine Stunde kalt stellen. Vor dem Servieren abschmecken und, falls notwendig, nachwürzen. Mit Croutons garnieren.

Für 4 Personen

Knoblauch

Salbei

Lorbeer

Sauerampfer

Sauerampfersuppe

Diese tiefgrüne Suppe mit scharf-säuerlichem Geschmack, kann heiß oder kalt serviert werden.

450 g Sauerampfer
50 g Butter
1 Zwiebel, grob gehackt
600 ml Hühnerbrühe
Salz und schwarzer Pfeffer
1 Eßl. Zitronensaft
1 Eßl. Mehl
4 Eßl. Sahne
1 Teel. geriebene Zitronenschale, für die Garnierung

Den Sauerampfer waschen und gut abtropfen lassen, zerteilen und die Stiele entfernen. In einem großen Topf 25 g Butter erhitzen, die Zwiebel zugeben und bei mittlerer Hitze glasig dünsten. Den Sauerampfer dazutun und unter Rühren erhitzen, bis er zusammenfällt. Die Hühnerbrühe dazugeben, mit Salz und Pfeffer würzen und alles 15 Minuten köcheln lassen. Anschließend in einem Mixer oder mit dem Pürierstab pürieren. Den Topf auswaschen.

Die restliche Butter schmelzen und das Mehl für eine Mehlschwitze einrühren. Langsam das Sauerampferpüree unter ständigem Rühren untermengen. Den Zitronensaft hinzugeben, die Suppe abschmecken und, falls notwendig, nachwürzen. Die Suppe nochmals erhitzen und heiß servieren. Als Kaltschale die Suppe abkühlen lassen und danach mindestens eine Stunde in den Kühlschrank stellen.

Die Suppe in Teller füllen. Jeweils mit einem 1 Eßlöffel Sahne und der geriebenen Zitronenschale garnieren.

Für 4 Personen

Würzige Erbsensuppe

Diese goldfarbene, mit Rosinen garnierte Suppe duftet nach einem Potpourri aromatischer Gewürze.

150 g getrocknete, geschälte gelbe Erbsen, mindestens 1 Stunde eingeweicht
600 ml Hühnerbrühe
25 g Butter
1 Teel. gemahlener Kreuzkümmel
1 Teel. gemahlener Koriander
1/2 Teel. gemahlener Ingwer
1/2 Teel. gemahlene Kurkuma
1 große Prise gemahlener Bockshornklee
1 Prise Zucker
Salz
2 Eßl. kernlose Rosinen, für die Garnierung
Korianderblätter, für die Garnierung

Die Erbsen in einem großen Topf mit Wasser zugedeckt 30-45 Minuten weich kochen. Die Erbsen abgießen, das Kochwasser wegschütten. 2 Eßlöffel der gekochten Erbsen beiseite tun, die restlichen Erbsen mit der Hühnerbrühe in einem Mixer oder mit dem Pürierstab pürieren.

Die Butter in einem großen Topf schmelzen, und die gemahlenen Gewürze bei mittlerer Hitze unter ständigem Rühren andünsten. Die ganzen Erbsen, das Erbsenpüree und den Zucker hinzugeben. Das Ganze mit Salz würzen und einmal aufwallen lassen.

Vor dem Servieren die Rosinen dazugeben und mit Korianderblättern garnieren.

Für 4 Personen

VARIATION Eine noch würzigere Variante erhalten Sie, wenn Sie ungemahlenen Kreuzkümmel, Koriander und Bockshornsamen, mit einem Mörser zerstoßen, verwenden.

Kreuzkümmel

KRÄUTERSOSSEN, KRÄUTERÖL & KRÄUTERESSIG

Lachsfilets vor dem Grillen leicht mit Estragonöl bepinselt; Rindfleisch zum Braten in Oreganoöl und Essig mariniert; Frühlingsgemüse in aromatischer Kräuterbutter geschwenkt und gebratene Regenbogenforelle mit einem Löffel grüner Kräutersoße serviert – so heben Gewürzkräuter und Kräutersoßen die einfachsten Gerichte auf Gourmetniveau und lassen den frühlingshaften Duft des Kräutergartens wiedererstehen.

Aromatische Kräuterbutter

Reichen Sie diese Butter zu gegrillten Koteletts, Rindersteaks und Fisch, schwenken Sie gelbe oder grüne Nudeln darin oder geben Sie Butterflöckchen über junges Frühlingsgemüse.

100 g Butter, Raumtemperatur
1 Knoblauchzehe, fein gehackt
4 Eßl. Petersilie, gehackt
1 Eßl. Schnittlauchröllchen
Salz und schwarzer Pfeffer
1 Teel. Zitronensaft

Die Butter mit dem Knoblauch, der Petersilie und dem Schnittlauch geschmeidig rühren. Mit Salz und Pfeffer würzen und tropfenweise den Zitronensaft unterrühren. Die Butter zu einer Rolle formen, in Alu- oder Frischhaltefolie wickeln und im Kühlschrank aufbewahren. In Scheiben oder Portionen servieren.

Für 100g

VARIATIONEN Für Kräuterbutter mit Brunnenkresse, hervorragend zu gegrilltem oder pochiertem Lachs, ersetzt man die Petersilie und den Schnittlauch durch einen kleinen Strauß feingehackter Brunnenkresseblätter. Für andere Kräuterbutter-Varianten nimmt man gehackten Fenchel, Melisse, Minze, Bohnenkraut oder Oregano.

Grüne Soße

Diese pikante Soße serviert man hauptsächlich zu gebratenem oder gegrilltem Fisch. Um das volle Aroma der Kräuter zu erhalten, wird sie erst kurz vor dem Essen zubereitet.

2 Knoblauchzehen, zerdrückt
2 Eßl. Kapern, gewaschen und getrocknet
4 Sardellenfilets, fein gehackt
1 Eßl. Basilikum, gehackt
3 Eßl. glattblättrige Petersilie, gehackt
1 Teel. grobkörniger Senf
3 Eßl. Zitronensaft
3 Eßl. Olivenöl
schwarzer Pfeffer

Alle Zutaten solange miteinander verrühren, bis sie gut verbunden sind. Die Soße abschmecken und gegebenenfalls nachwürzen. Sollte die Soße zu kräftig oder zu salzig sein, rühren Sie ein oder zwei Teelöffel Sahne oder Joghurt unter.

Für 4 Personen

Französischer Estragon

Kräuteröle

Aromatische Kräuteröle zum Würzen von Salaten, Soßen und Marinaden oder zum Bepinseln von Fleisch und Fisch vor dem Grillen. Verwenden Sie diese auch bei der Zubereitung von Schmorgerichten und Suppen.

6 Eßl. gehackte Kräuter wie Basilikum, Minze, Majoran, Estragon, Thymian oder Oregano
600 ml Olivenöl
1–2 Kräuterzweige

Die Kräuter mit einem Mörser oder Mixer zu einer Paste zerkleinern. Einige Tropfen Öl dazugeben und mit dem Brei glattrühren. Das restliche Öl zufügen. Alles in ein trockenes, keimfreies Gefäß (Einmachglas) gießen, zudecken und zwei Wochen stehen lassen. Täglich ein- bis zweimal umrühren oder schütteln. Das Öl durch ein Sieb oder Mulltuch abseihen, in gut gereinigte Flaschen füllen, die Kräuterzweige dazugeben, verschließen und an einem kühlen, dunklen Ort lagern.

Ergibt 600 ml

Kräuteressig

Pikante Würze für Salate, Soßen, Marinaden und Schmorgerichte.

10 Eßl. gehackte Kräuter wie Basilikum, Minze, Majoran, Estragon, Thymian oder Oregano
600 ml Weißweinessig
1–2 Kräuterzweige

Die Kräuter zu einem Brei zerstoßen und in einen hitzebeständigen Krug geben. Den Essig in einem emaillierten Topf aufkochen und über die Kräuter gießen. Gut umrühren und abkühlen lassen. Alles in ein steriles Einmachglas füllen und zugedeckt drei Wochen stehen lassen. Täglich ein- bis zweimal umrühren oder schütteln. Den Essig durch ein Sieb oder Mulltuch abseihen, in gut gereinigte Flaschen füllen, die Kräuterzweige dazugeben, verschließen und an einem kühlen, dunklen Ort lagern.

Ergibt 600 ml

Gartenthymian

Wilder Majoran

FLEISCH- & FISCHGERICHTE

Die Nutzung von Kräutern als aromatische Beigabe zu Fleisch- und Fischgerichten reicht bis in die Antike zurück und seit alters her haben alle Kulturen ihre ganz speziellen, klassischen Kräuterkombinationen. Lamm mit Knoblauch gespickt und mit Rosmarinzweigen geschmort; roher Lachs mit Dillgrün umwickelt, bevor er in Salz und konservierenden Gewürzen gebeizt wird; Lamm-, Schweine- oder Rindfleischwürfel in Kreuzkümmel-, Fenchel- und Koriandersamen gewälzt, für die typischen malaiischen Fleischspieße. Diese Beispiele und die aufgeführten Rezepte vermitteln einen Eindruck von der reichen kulinarischen Beziehung zwischen aromatischen Pflanzen und tierischen Nahrungsmitteln.

Fleischbällchen in Dillsoße

Diese Fleischbällchen werden in mit Kräutern gewürzter Fleischbrühe gegart und zusammen mit einer traditionellen griechischen Eier-Zitronen-Dillsoße serviert.

350 g mageres Schweinefleisch, in Würfel geschnitten
1 kleine Zwiebel, grob gehackt
40 g frisch hergestellte Semmelbrösel
2 Eßl. gehackter Kerbel (oder Schnittlauch)
Salz und schwarzer Pfeffer
1 große Prise gemahlene Muskatnuß
1 Eigelb, leicht verschlagen
Mehl zum Bestäuben
900 ml Hühnerbrühe
5 oder 6 Stengel Petersilie
2 Eigelb
4 Eßl. Zitronensaft
2 Eßl. gehackter Dill
Dillgrün, für die Garnierung
Zitronenviertel, zum Anrichten

Fleisch und Zwiebel in einer Küchenmaschine oder im Fleischwolf zu einer feinen Paste verarbeiten. Semmelbrösel und Kerbel unterrühren, mit Salz, Pfeffer und Muskatnuß würzen. Das Eigelb dazugeben und alles gut vermengen. Zugedeckt für mindestens eine Stunde kalt stellen.

Mit bemehlten Händen aus der Fleischmasse walnußgroße Bällchen formen.

Hühnerbrühe in einem großen Topf mit den Petersilienstengeln erhitzen, die Fleischbällchen dazugeben und in der Brühe halb bedeckt 10–15 Minuten gar ziehen lassen. Fleischbällchen mit einem Schaumlöffel herausnehmen und auf einer vorgewärmten Servierplatte anrichten. Die Bällchen warmhalten, während die Soße zubereitet wird.

Hühnerbrühe durch ein Sieb abseihen und 300 ml in einen Topf geben. Die Brühe bei mittlerer Hitze heiß werden lassen, jedoch nicht mehr zum Kochen bringen. Eigelbe mit dem Zitronensaft verquirlen, den Dill unterrühren und mit Salz und Pfeffer würzen. Einige Löffel der warmen Brühe hinzugeben und gut verrühren (die Brühe darf nicht kochen, sonst flockt das Eigelb aus).

Die Soßenmischung in einen Topf geben und bei geringer Hitze unter ständigem Rühren erwärmen. Sobald die Soße andickt, diese vom Herd nehmen und abschmecken.

Soße über die Fleischbällchen gießen, das Gericht mit Dillgrün garnieren und mit Zitronenvierteln servieren. Dazu passen grüner Salat und in Sahne und frisch gehackten Kräutern geschwenkte Nudeln.

Für 4 Personen

Kerbel

Gebackene Goldbrasse

Der Fisch wird in einer gehaltvollen, farbenfrohen und aromatischen Soße zubereitet und kommt – nach Fischerart – gleich in der Bratform auf den Tisch.

1 Goldbrasse, ca. 1,5 kg
Saft von 1 Zitrone
Salz und scharzer Pfeffer
3 Lorbeerblätter
6 Eßl. Olivenöl
1 mittelgroße Zwiebel, in Ringe geschnitten
2 Knoblauchzehen, gehackt
150 ml Weißwein
1 Eßl. Weißweinessig
225 g Tomaten, gewürfelt
2 Eßl. Tomatenpüree
5 Eßl. glatte Petersilie, gehackt
8 Eßl. Semmelbrösel
75 g Schafskäse, zerbröckelt
12 schwarze Oliven, für die Garnierung

Goldbrasse vom Fischhändler ausnehmen und schuppen lassen. Den Fisch unter fließendem, kaltem Wasser gut waschen, innen mit Zitronensaft beträufeln und mit Salz und Pfeffer würzen. Lorbeerblätter in die Bauchhöhle legen. Öl in einer Pfanne erhitzen und die Zwiebel bei mittlerer Hitze glasig dünsten. Knoblauch hinzugeben und eine Minute mitdünsten, dann Weinessig, gewürfelte Tomaten, Tomatenpüree und Schnittlauch dazugeben. Die Soße mit Salz und Pfeffer pikant würzen. Gut umrühren und zum Kochen bringen.

Die Hälfte der Soße in eine flache Bratform – traditionellerweise aus Gußeisen – gießen und den Fisch darauf legen. Mit der restlichen Soße übergießen und die Semmelbrösel darauf verteilen. Fisch im vorgeheizten Backofen bei 190 °C (Gasherd: Stufe 5) 35–40 Minuten unbedeckt backen. Herausnehmen, wenn der Fisch fest ist. Vor dem Servieren die Käsebrocken darüber verteilen und mit den Oliven garnieren.

Für 6 Personen

Hühnchen im Kräutermantel

Würzig marinierte Hühnerbrustfilets, in köstlich knusprigem Mantel gebraten.

4 kleine Hühnerbrüste oder Hühnerbrustfilets, ohne Haut
2 Eßl. Dijonsenf
1 Eßl. scharfer Senf
2 Eigelb, leicht verschlagen
3 Eßl. Sahne
Salz und Pfeffer
100 g Semmelbrösel
3 Eßl. gehackter Französischer Estragon (oder Koriander oder glatte Petersilie)
Mehl, zum Bestäuben
Öl, zum Braten

Die Hühnerbrüste trockentupfen. Senf, Eigelb und Sahne in einer flachen Schüssel verrühren und mit Salz und Pfeffer würzen. Semmelbrösel und gehackte Kräuter auf einem großen Teller oder auf Backpapier mischen.

Hühnerbrüste von allen Seiten mit Mehl bestäuben und dann durch die Senf-Mischung ziehen. Soße abtropfen lassen und die Hühnerteile in der Semmelbrösel-Mischung wenden, bis sie gleichmäßig bedeckt sind.

Zugedeckt mindestens 4 Stunden kalt stellen, damit das Aroma das Fleisch durchziehen und die Panade sich festigen kann.

Öl in einer schweren Bratpfanne erhitzen. Die Hühnchenteile auf jeder Seite etwa 10 Minuten goldbraun braten. Garprobe: Den dicksten Teil mit einem dünnen Spieß durchstechen. Rinnt klarer Saft heraus, ist das Fleisch gar.

Dazu passen neue Kartoffeln und Sauerampfer.

Für 4 Personen

Lorbeer

Glattblättrige Petersilie

Französischer Estragon

VEGETARISCHE GERICHTE

Die vegetarische Küche ist abwechslungs- und ideenreich wie nie zuvor und wird durch die Verwendung verschiedener Kräuterensembles gekrönt. Herzhaft gefüllte Vollkornpasteten mit Kümmelaroma, überbackener Gemüseauflauf mit einem Hauch gemahlenen Ingwer, wärmender Eintopf mit würzigen Kräutersamen abgerundet: alles Gerichte, bei denen nicht nur Vegetariern das Wasser im Munde zusammenläuft.

Möhren-Bohnen-Auflauf mit Streuseln

Frisches, mit Kräutern verfeinertes Frühlingsgemüse ergibt ein köstliches Mittags- oder Abendgericht.

450 g Möhren, geschabt und in Scheiben geschnitten
225 g geschälte Puffbohnen, frisch oder tiefgefroren
15 g Butter
1 Eßl. gehackter Majoran
1 Teel. flüssiger Honig
1/2 Teel. gemahlener Ingwer
3 Eßl. Gemüsebrühe

FÜR DIE STREUSEL
25 g Weizenvollkornmehl
25 g Vollkornsemmelbrösel
1/2 Teel. gemahlener Ingwer
1 Eßl. Sonnenblumenkerne
1 Eßl. Sesam
Salz und weißer Pfeffer
5 Eßl. Pflanzenöl

Möhren und Bohnen bißfest dünsten. Die Brühe zurückbehalten. Das Gemüse in Butter schwenken, Majoran, Honig und Ingwer unterrühren. Das Ganze in eine Auflaufform füllen und mit 3 Eßlöffeln der zurückbehaltenen Gemüsebrühe begießen.

Für die Streusel das Mehl, die Semmelbrösel, gemahlenen Ingwer, Sonnenblumenkerne und Sesam mischen und alles mit Salz und Pfeffer pikant würzen. Das Öl einrühren und die Masse gleichmäßig über dem Gemüse verteilen.

Im Backofen (190 °C, Gas: Stufe 6) etwa 20–25 Minuten backen, bis die Streusel goldbraun sind.

Für 4 Personen

Zwiebelkuchen mit Kümmel

Ein Hauch Kümmel in Teig und Füllung verleiht diesem Gemüsekuchen eine aparte Würze.

150g Weizenvollkornmehl
85 g Butter, in Flöckchen
1 Teel. Kümmel, leicht zerstoßen
Salz
1 Eigelb mit 2 Eßl. Wasser verquirlt

FÜR DIE FÜLLUNG
40 g Butter
675 g Zwiebeln, in dünnen Ringen
1 Eßl. Olivenöl
2 Eier
2 Eigelb
150 ml Sahne
1 Teel. Kümmel
Salz und schwarzer Pfeffer

Für den Teig Mehl und Butterflöckchen vermischen, Kümmel und Salz dazugeben und mit dem mit 2 Eßlöffeln Wasser verquirlten Eigelb rasch zu einem geschmeidigen Teig verkneten. Diesen in ein feuchtes Tuch oder Folie wickeln und im Kühlschrank mindestens 30 Minuten ruhen lassen.

Den Boden einer gefetteten, bemehlten Springform mit dem Teig belegen, einen Rand formen und den Boden mehrmals mit einer Gabel einstechen. Teigboden mit Alufolie oder Backpapier bedecken und mit getrockneten Bohnen beschweren. Den Boden im Backofen (200 °C; Gas: Stufe 6) 10 Minuten „vorbacken". Die Bohnen und das Papier entfernen und den Teig 5 Minuten bei geringerer Hitze (180 °C; Gas: Stufe 4) weiterbacken.

Für die Füllung Butter und Öl in einer Pfanne erhitzen und die Zwiebeln darin bei geringer Hitze weich und goldbraun dünsten. Die Pfanne vom Herd nehmen.

Eier, Eigelb und Sahne mixen, den Kümmel dazugeben und alles mit Salz und Pfeffer pikant abschmecken. Das Ganze über die Zwiebeln geben und mit einem Rührlöffel umrühren. Die Zwiebelmischung in die Backform auf den vorgebackenen Boden füllen, im Backofen etwa 25 Minuten fertigbacken, bis die Masse fest ist. Kalt oder warm servieren.

Für 4–6 Personen

Tagliatelle mit Petersiliensoße

Dieses Gericht kann mit bunten Salaten, bespielsweise aus geschmorten roten und gelben Paprika oder Tomaten, bestreut mit gehacktem Basilikum und Sonnenblumenkernen serviert werden.

450 g frische grüne Tagliatelle
3 Eßl. Olivenöl
6 Frühlingszwiebeln, in feine Ringe geschnitten
4 Knoblauchzehen, fein gehackt
350 g junge Champignons, dünn geschnitten
1 Tasse gehackte Krause Petersilie
Salz und schwarzer Pfeffer
gemahlene Muskatnuß
150 ml Crème fraîche
225 g Schafskäse, zerbröckelt

Tagliatelle in kochendem, gesalzenen Wasser gar kochen. Abseihen und warm stellen.

In der Zwischenzeit das Öl in einem Topf erhitzen und darin die Zwiebeln bei mittlerer Hitze glasig dünsten. Die Champignons hinzugeben, gut umrühren und bei schwacher Hitze etwa 5 Minuten köcheln lassen. Petersilie vorsichtig unter die Champignons rühren, damit diese nicht zerbrechen, und pikant mit Salz, Pfeffer und geriebener Muskatnuß würzen. Die Crème fraîche hinzugeben und das Ganze erhitzen. Tagliatelle in eine vorgewärmte Schüssel geben, Soße darüber gießen und gut vermischen. Zerbröckelten Käse darüber streuen. Mit knusprigem Brot servieren.

Für 4 Personen

Kümmel

Knoblauch

Krause Petersilie

GEMÜSEGERICHTE & SALATE

Gemüse und Salat, die im Garten Seite an Seite mit den Kräutern stehen, gehören auch gemeinsam auf den Tisch. Legen Sie ein oder zwei Kräuterzweige zum Garen mit dem Gemüse ins Wasser. Gemüse im Ausbackteig fritiert, kann man vor dem Servieren in gehackten Kräutern wenden und ein „einfacher" grüner Salat wird pikanter, wenn er mit Kräutern garniert ist.

Apfel-Minze-Chutney

Schnell zubereitet, eiskalt serviert, paßt dieses scharfe, fruchtige Chutney gut zu gegrilltem Fleisch oder Fisch.

2 Zitronen
4 große Dessertäpfel, entkernt und dünn geschnitten
4 Eßl. gehackte Minze
Salz

Zitronen halbieren und zwei hauchdünne Scheiben abschneiden. Diese beiseite legen. Die Schalen der restlichen Zitronen abreiben und den Saft auspressen.

Die Äpfel in eine Schüssel geben und sofort, damit sie nicht braun werden, den Zitronensaft darübergießen. Die geriebene Schale dazugeben. Vor dem Servieren die Minze unterrühren und mit Salz abschmecken. Gekühlt mit einer halben Zitronenscheibe garniert servieren.

Für 4 Personen

Bockshornklee-Karotten

Eine einfache und schnelle Art, Möhren mit etwas Pfiff als Beilage zu servieren.

675 g kleine, geschabte Möhren
4 Eßl. Olivenöl
1 Zwiebel, fein gehackt
1 Knoblauchzehe, fein gehackt
1 Teel. gemahlener Bockshornkleesamen
1 Eßl. Rotweinessig
2 Eßl. Orangensaft
4 Eßl. Wasser
1 große Prise Paprikapulver
Salz und schwarzer Pfeffer
1 Eßl. Orangenschale
1 Teel. Kerbel, gehackt

Größere Möhren in etwa 7,5 cm lange Streifen schneiden, kleine ganz lassen. Öl in einem Topf erhitzen und die Zwiebel bei mittlerer Hitze glasig dünsten. Knoblauch und Bockshornkleesamen hineinrühren, Möhren dazugeben und etwa 2 Minuten kochen. Weinessig, Orangensaft und Wasser dazutun und das Ganze mit Paprika, Salz und Pfeffer pikant abschmecken. Alles bei geschlossenem Topf bei mäßiger Hitze etwa 15 Minuten behutsam dünsten, bis die Möhren zart sind. Den Topf gelegentlich schwenken und die Flüssigkeit nicht ganz verkochen lassen.

Mit der Orangenschale und dem gehackten Kerbel bestreuen und heiß servieren.

Für 4 Personen

Salat in Brunnenkresseblüten

Verwenden Sie die leuchtend roten, gelben und orangefarbenen Blüten der Brunnenkresse als „Salatschüsseln" für diesen cremigen Salat.

225 g Frischkäse
6 Eßl. Crème fraîche
40 g roten Seehasenrogen
1 Teel. geriebene Orangenschale
1 Eßl. Orangensaft
2 Eßl. gehackte Melisse
1 Eßl. Schnittlauchröllchen
12 Brunnenkresse-Blüten (waschen, trocknen und Staubgefäße entfernen)
Salatblätter, zum Anrichten

Frischkäse und Crème fraîche verrühren. Seehasenrogen, geriebene Orangenschale, Orangensaft und Kräuter untermengen. In die Blüten füllen. *Für 4 Personen*

Couscous und Koriandersalat

Die Couscouskörner nehmen den Geschmack des Kräuterdressings an und ergeben mit den anderen Zutaten ein leckeres Gericht.

150 g vorgekochter Couscous
Saft einer halben Orange
3 Eßl. Olivenöl
3 Eßl. Korianderblätter, gehackt
Salz und schwarzer Pfeffer
300 ml kochendes Wasser
2 Orangen
ca. 1/3 Salatgurke
4 Tomaten, geviertelt
3 Eier, hartgekocht und geviertelt
1 Dose Sardellenfilets, abgetropft und der Länge nach halbiert
12 schwarze Oliven
1 Eßl. Pinienkerne
Korianderzweige, für die Garnierung

FÜR DIE SOSSE

150 ml griechischer Joghurt
Saft einer halben Orange
2 Knoblauchzehen, zerdrückt
3 Eßl. Olivenöl
2 Eßl. Koriander, gehackt
1 große Prise gemahlener Koriander
Salz und Pfeffer

Couscous in ein mit einem Seihtuch ausgekleidetes Sieb gießen und kaltes Wasser darüber laufen lassen. Gut abtropfen lassen und in eine große Schüssel schütten.

Orangensaft, Olivenöl und gehacktes Koriandergrün vermischen und pikant mit Salz und Pfeffer abschmecken. Die Soße über die Körner gießen und gut verrühren. Kochendes Wasser darübergießen und die quellenden Körner gelegentlich umrühren. Wenn diese um das doppelte aufgequollen sind, häufiger umrühren. Den Couscous auf eine große Servierplatte geben.

Orangen schälen und in Scheiben schneiden. Gurke hauchfein in Scheiben schneiden und mit den Orangen auf dem Couscous verteilen. Dann Tomaten, geviertelte Eier, Sardellen und Oliven auf den Coucous legen. Mit Pinienkernen bestreuen, zudecken und kühl stellen.

Für die Soße Joghurt, Orangensaft, Knoblauch, Öl, gehacktes Koriandergrün und gemahlenen Koriander vermischen und pikant mit Salz und Pfeffer abschmecken.

Vor dem Servieren den Salat mit frischen Korianderblättern garnieren. Die Soße getrennt reichen.

Für 6–8 Personen

Kapuzinerkresse

DESSERTS UND SÜSS-SPEISEN

Sammeln Sie im Garten oder aus dem Kräuterkasten am Fensterbrett die jüngsten, frischesten Blätter, um cremige Desserts oder Sirup zu aromatisieren. Pflücken Sie im Garten die schönsten Blüten der Märzveilchen, des Majorans und des Borretschs, um daraus kandierte, delikate Dekorationen zu machen.

Rosenblüten-Pudding

Eine delikate Nachspeise, die im 18. Jahrhundert sehr beliebt war.

600 ml Vollmilch
1 Eßl. feinen Rosenblütenzucker (siehe Seite 159)
1 Packung Gelatinepulver
2 Eßl. Rosenwassser
250 ml Crème fraîche
kandierte Rosenblüten für die Dekoration (siehe Seite 156)

Milch mit dem Zucker auf 37 °C unter ein- bis zweimaligem Umrühren erhitzen. Topf vom Herd nehmen, die Gelatine und das Rosenwasser einrühren. In eine Glasschüssel geben und unbedeckt etwa 30 Minuten stehen lassen, bis die Creme erstarrt ist. Dann vorsichtig die Crème fraîche auf der Oberfläche verteilen und mit den kandierten Rosenblüten bestreuen.

Zu diesem Dessert passen hervorragend frische Himbeeren oder Erdbeeren oder leicht gekochte schwarze Johannisbeeren.

Für 4 Personen

Obstsalat mit Indianernesseln

Die aromatischen Blätter dieser vielseitigen Kräuterpflanze würzen den Sirup, und ihre leuchtend roten, zottigen Blüten garnieren das Gericht.

75 g Zucker, extra fein
150 ml Wasser
Saft von 2 Orangen
4–6 Indianernesselblätter
225 g schwarze Johannisbeeren, ohne Rispen
225 g Erdbeeren
225 g Himbeeren
2 oder 3 Blüten der Indianernessel, für die Garnierung
Duftpelargonienblätter, für die Garnierung

Zucker, Wasser, Orangensaft und Indianernesselblätter in einem Topf bei schwacher Hitze erwärmen. Gelegentlich umrühren, bis der Zucker darin aufgelöst ist, dann den Sirup etwa 5 Minuten einkochen lassen. Indianernesselblätter herausnehmen, schwarze Johannisbeeren hinzugeben und erneut aufkochen. Etwa 5 Minuten köcheln lassen. Vom Herd nehmen und abkühlen.

Erdbeeren und Himbeeren einrühren, in eine Glasschüssel füllen und mit den Indianernesselblüten und den Duftpelargonienblättern garnieren.

Für 4–6 Personen

Wilder Majoran

Märzveilchen

Indianernessel

Gefrorenes Zitronendessert

Das Zitronenaroma der Duftpelargonienblätter gibt diesem schnell zubereiteten, einfachen Dessert, das gefroren oder gekühlt serviert werden kann, einen zarten, köstlichen Geschmack und Duft.

Geriebene Schale und Saft von 2 Orangen
geriebene Schale und Saft von 1 Zitrone
3-4 Duftpelargonienblätter
150 g Butter, Raumtemperatur
150 g Zucker, extra fein
3 Eigelb
3 Eiweiß
16 Löffelbiskuits

Eine Kastenform mit Alufolie auslegen. Die geriebenen Orangen- und Zitronenschalen mit dem Orangen- und Zitronensaft und den Blättern der Duftpelargonie in einer Schüssel 30 Minuten ziehen lassen.

Butter und Zucker schaumig schlagen, ein Eigelb nach dem anderen unterrühren. Die Kräuterblätter aus dem Fruchtsaft nehmen und diesen langsam in die Eiermasse rühren. Das Eiweiß steif schlagen und den Eischnee unter die Fruchtmischung heben.

Jeweils eine Lage Löffelbiskuits und eine Lage Fruchtmischung in die Form schichten. Zuoberst kommt eine Lage Löffelbiskuits. In Folie wickeln und mindestens 3 Stunden gefrieren lassen. Das Dessert gefroren servieren oder etwa 1 Stunde in den Kühlschrank stellen und gekühlt reichen. Mit Duftpelargonienblättern garnieren.

Für 6 Personen

Duftblatt-pelargonien

Essigrose

BACKIDEEN

Gehackte frische Kräuter und würzige Samen machen aus Backwaren wie Vollkornbrot, knusprigen Brötchen oder Plätzchen aromatische Spezialitäten. Zur Abwechslung können Sie auch kandierte Rosenblüten als Teekonfekt reichen. Ein kleine Auswahl aus einer Fülle von Rezepten zeigt Ihnen, wie man mit Kräutern backen kann.

Buttergebäck mit Ingwer *(Ingwer Shortbread)*

Buttergebäck mit gehacktem kandierten Ingwer zergeht im Mund – eine köstliche Variation des traditionellen Teegebäcks.

350 g Mehl
Mehl zum Bestäuben
1 Teel. gemahlener Ingwer
Salz
175 g Butter
50 g Puderzucker
3 gehäufte Eßl. Honig
100 g kandierter, fein gehackter Ingwer
Puderzucker zum Bestäuben

Mehl mit Ingwer und Salz mischen und sieben. Butter in Flöckchen darauf verteilen, den Zucker, Honig und gehackten kandierten Ingwer daruntermischen. Rasch einen geschmeidigen Teig kneten.

Den Teig halbieren und zwei Platten von ca. 20 cm Durchmesser auf einer leicht bemehlten Arbeitsfläche ausrollen. Die Teigplatten auf runde Backbleche setzen und auf dem Teigboden je 8 Stücke markieren Die Teigböden mit einer Gabel mehrmals einstechen.

Im Backofen (160 °C; Gas: Stufe 3) etwa 15–20 Minuten goldbraun und knusprig backen. Mit Puderzucker bestreuen und in der Form leicht abkühlen lassen. Zum völligen Auskühlen auf ein Kuchengitter setzen.

Ergibt 16 Stücke

Kandierte Blüten, Blütenblätter und Blätter

Wählen Sie nur genießbare Blüten – wie die von Borretsch, Gartenringelblume, Majoran, Thymian, Süßdolde, Holunder und Rosen – und dekorative Blätter, wie die von Melisse, Minze, Zitronenstrauch und Süßdolde.

Blütenbüschel wie die des Majorans werden zu kleinen Sträußen gebunden, Rosenblütenblätter einzeln abgezupft und größere Einzelblüten von den Stengeln geschnitten. Die Kräuter werden in kleine Zweige geschnitten oder einzelne Blätter abgezupft.

Mit Hilfe eines Pinsels überzieht man diese mit fast festem Eiweiß, so daß sie luftdicht abgeschlossen sind. Anschließend werden die Blüten, die Blütenblätter und Blätter rundherum mit feinem Zucker völlig bestreut und auf Alufolie oder Pergamentpapier gelegt. An einem warmen, trocknen Ort mindestens zwei Stunden trocknen lassen. Die kandierten Kräuter auf Pergamentpapier in luftdichten Behältern aufbewahren.

Plätzchen mit Dillsamen

Diese herzhaften Plätzchen werden pikanter, wenn man die milden Dillsamen durch würzigere Kreuzkümmel- oder Kümmelsamen ersetzt.

50 g Mehl
Mehl zum Bestäuben
25 g Butter
Butter für das Backblech
Salz
1 Prise Cayennepfeffer
1 Teel. Dillsamen
75 g Cheddarkäse, gerieben
1 leicht verschlagenes Eigelb
1 Eßl. eiskaltes Wasser

Mehl in eine Schüssel sieben und die Butter in Flöckchen darauf verteilen. Salz, Cayennepfeffer, Dillsamen und geriebenen Käse daruntermischen. Eigelb und Wasser hinzugeben und einen geschmeidigen Teig kneten. In Frischhalte- oder Alufolie gewickelt, mindestens 1 Stunde im Kühlschrank ruhen lassen.

Teig auf einer bemehlten Arbeitsfläche etwa 3 mm dick ausrollen und mit einer Form Kreise von etwa 4 cm Durchmesser ausstechen. Teigreste rasch zusammenkneten, erneut ausrollen und weitere Kreise ausstechen. Die Plätzchen auf ein gut gefettetes Backblech legen und im Backofen (200 °C; Gas: Stufe 6) etwa 7 Minuten goldbraun backen. Auf dem Backblech leicht und anschließend auf einem Kuchengitter völlig abkühlen lassen.

Ergibt etwa 20 Stück

Fenchelbrot

Der Duft ofenfrischen Brotes wird nur vom herzhaften Duft frischen Kräuterbrotes übertroffen.

1 l lauwarmes Wasser
1 Eßl. Trockenhefe
1,5 kg Weizenvollkornmehl
Mehl zum Bestäuben
3 Eßl. Salz
40 g Butter
Butter für das Backblech
3 Eßl. gehackter Fenchel
Milch zum Bestreichen
3 Eßl. Fenchelsamen zum Bestreuen

300 ml Wasser in eine Schüssel gießen und die Hefe hineinstreuen. An einem warmen Platz etwa 10 Minuten gehen lassen, bis die Oberfläche schaumig geworden ist.

Mehl und Salz in eine große Rührschüssel sieben und die im Sieb zurückgebliebenen Kleiereste hinzugeben. Butterflöckchen hineinarbeiten bis die Mischung feinen Brotkrümmeln ähnelt, dann den gehackten Fenchel untermischen. Langsam, unter ständigem Rühren die Hefebrühe und das restliche warme Wasser zugeben und den Teig rühren, bis er sich vom Schüsselrand löst. Teig auf eine bemehlte Arbeitsfläche geben und mit den Händen – oder in einer Schüssel mit den Knethaken des elektrischen Rührgeräts – zu einem geschmeidigen Teig verkneten.

Teig in drei gleiche Portionen teilen. Jede Portion in eine gebutterte Brotform (für 1 kg) geben und mit gebuttertem Pergamentpapier oder Folie abdecken. An einem warmen Ort 60 bis 90 Minuten gehen lassen, bis der aufgegangene Teig die Ränder der Form erreicht hat.

Die Oberflächen mit Milch bepinseln und mit Fenchelsamen bestreuen. Im Backofen (220 °C; Gas: Stufe 7) etwa 40 Minuten goldbraun backen. Die Formen sollten hohl klingen, wenn man an deren Boden klopft.

Die Brote aus den Formen nehmen und auf einem Kuchengitter abkühlen lassen.

Ergibt 3 Brotlaibe von je 1kg

Dill

Borretsch

AROMATISCHES EINGEMACHTES

Es gibt vielfältige Möglichkeiten, Marmeladen und Gelees, Sirups und Fruchtsaftkonzentrate, Pickles und anderes mit süßen wie auch würzig-scharfen Kräutern zu aromatisieren. Auch aromatisierten Zucker nebst dem in früheren Zeiten so beliebten Veilchenhonig können Sie selbst herstellen.

Dillhappen

Servieren Sie diese süß-sauren Gurken-Pickles zu gegrilltem Fisch wie Hering oder Makrele, zu Brot und Käse oder einer deftigen Fleischpastete.

2 Landgurken
300 ml Apfelessig
75 g Zucker
1/2 Teel. Salz
6 schwarze Pfefferkörner
4 Knoblauchzehen
1/2 Teel. Senfsamen
1 Teel. Dillsamen
2 Stengel Dillgrün

Für den Kräuteressig gibt man Essig, Zucker, Salz, Pfefferkörner, Knoblauchzehen, Senf- und Dillsamen in einen feuerfesten Glas- oder emaillierten Topf, erhitzt das Ganze langsam und läßt es 2 bis 3 Minuten kochen. Verschlossen für ca. 2 Stunden wegstellen.

Gurken schälen und in 6mm dicke Scheiben schneiden. In gekühlte, sterile Einmachgläser oder -töpfe geben.

Essig erneut kurz aufkochen, leicht abkühlen lassen und über die Gurken gießen. Einen Stengel Dill in jedes Gefäß geben. Die Gläser mit säurebeständigen Verschlüssen verschließen, mit einem Etikett versehen und an einem kühlen Ort lagern. Die Essiggurken sind nach etwa 7 Tagen fertig.

Etwa 900 g

Veilchenhonig

Aromatisierter Honig war im 19. Jahrhhundert sehr beliebt. Man kann ihn als Brotaufstrich, zum Verfeinern von Soßen oder zum Süßen von Joghurt verwenden.

225 g flüssiger Honig
1/2 Tasse Märzveilchenblüten

Honig in einem „Simmertopf" oder im Wasserbad erwärmen. Die Märzveilchenblüten hinzugeben, umrühren und zugedeckt 30 Minuten im heißen Wasserbad lassen. Vom Herd nehmen und 7 Tage ziehen lassen. Den aromatisierten Honig erneut leicht erwärmen – er kann dann leichter umgegossen werden – und in das Glas zurückgießen.

Ergibt 225 g

VARIATION Rosmarinhonig wird genauso hergestellt: Lassen Sie 3 oder 4 Rosmarinzweige im Honig ziehen, und Sie haben einen delikaten Brotaufstrich.

Rosmarin

Apfelweingelee mit Salbei

Streichen Sie dies süß-saure Kräutergelee vor dem Zubereiten auf Schinken, Schweinefleisch oder Ente, oder reichen Sie es zu gebratenem oder gegrilltem Fleisch.

1 kg Kochäpfel, in Scheiben geschnitten
Saft von 1 Zitrone
750 ml Wasser
750 Apfelwein
6 Salbeizweige
775 g Zucker (siehe Rezept)
5 Eßl. Salbei, gehackt

Äpfel, Zitronensaft, Wasser und Apfelwein in einen großen Topf geben, die Salbeizweige hinzufügen und langsam erhitzen. Gelegentlich umrühren, bis der Zucker sich aufgelöst hat. 25 Minuten, bzw. bis die Äpfel gar sind, kochen. Flüssigkeit und Früchte durch ein Tuch seihen und mehrere Stunden abtropfen lassen. Auf keinen Fall durch das Seihtuch drücken, da das Gelee sonst trüb werden kann.

Den gewonnenen Fruchtsaft abmessen und 800 g Zucker auf je 1 Liter Flüssigkeit geben. Fruchtsaft zurück in den Topf gießen, Zucker hinzugeben und bei schwacher Hitze unter gelegentlichem Rühren erhitzen, bis der Zucker sich aufgelöst hat. Die Kochtemperatur erhöhen und 10 Minuten kochen lassen. Schaum von der Oberfläche abschöpfen.

Geliertest: Etwas Saft auf eine kalte Untertasse geben und abkühlen lassen. Mit dem Finger angetippt, sollten sich Runzeln bilden. Hat der Test ergeben, daß das Gelee fertig ist, Topf vom Herd nehmen, den gehackten Salbei einrühren und etwa 5 Minuten ruhen lassen. Das Gelee erneut umrühren und in vorgewärmte, sterile Marmeladengläser füllen. Mit Einmachhaut, einem Schraubdeckel oder Klippverschluß verschließen, mit Etiketten versehen und an einem kühlen, trockenen Ort lagern.

Ergibt ca. 1,5 kg

VARIATIONEN Dem Apfelgelee als Grundsubstanz können anstelle des Salbeis auch andere Kräuter zugefügt werden. Es kann auch weniger Apfelwein und dafür mehr Wasser verwendet werden.

Aromatisierter Zucker

Stellen Sie in kleinen verschließbaren Gläsern eine Sammlung verschiedenartig duftender Zucker zusammen: Kristall- und Puderzucker oder feiner Streuzucker, aromatisiert mit Rosenblättern, Rosmarinzweigen, Lorbeerblättern, Lavendelblüten, Duftblattpelargonienblättern und Thymianzweigen. Die Mengenanteile der Kräuter sind von der Zuckermenge und von der gewünschten Geschmacksintensität abhängig. Erkunden und Erpoben Sie Ihre eigene Geschmacksnote! Vor Gebrauch den Zucker sieben, da er beispielsweise abgefallene Lavendelblüten enthalten kann.

Lavendel 'Munstead'

Salbei

SCHÖNHEITSPFLEGE

Im 17. und 18. Jahrhundert hatte jeder große Haushalt einen Raum neben der Küche zur Herstellung von Duftwässern und Heiltränken, parfümierten Seifen und Gesichtswässern. Viele dieser Rezepturen wurden auf der ganzen Welt bekannt – wie das berühmte Ungarische Wasser zum Bleichen und Reinigen der Haut. Es ist einfach, Kosmetik, die genauso wirksam und preiswerter als die angebotenen kosmetischen Präparate ist, aus Kräutern selbst zu Hause herzustellen.

Ein Ringelblumen-Aufguß als Haarspülung kann blondes Haar aufhellen.

Verwendung	Pflanze	Pflanzenteil	Anwendung / Wirkung
Badezusätze	Eukalyptus	Öl	Einige Tropfen bei Muskelschmerzen
	Hafer	Mehl	Leinensäckchen mit Hafermehl
	Jasmin	Öl	Einige Tropfen – anregendes Bad
	Kamille	Blüten	Aufguß – entspannendes Bad
		Öl	Einige Tropfen
	Lavendel	Öl	Einige Tropfen – entspannendes Bad
	Löwenzahn	Blätter	Aufguß – reinigend
	Majoran	Blüten	Als Tinktur in Bademilch
	Pfefferminze	Blätter	Aufguß – anregendes Bad
	Ringelblume	Blütenblätter	Reinigender und adstringierender Aufguß
	Rosmarin	Öl	Einge Tropfen – anregendes Bad
		Blätter	Aufguß ins Badewasser
	Zitronenmelisse	Blätter	Aufguß – entspannendes Bad
Duftwässer	Orange	Schale	Als Aufguß
		Blütenwasser	Unverdünnt oder mit anderen Duftölen gemischt
	Rose	Blütenblätter	Als Aufguß
		Blütenwasser	Unverdünnt oder mit anderen Duftölen gemischt
		Öl	Einige Tropfen in Wasser oder Alkohol
	Rosmarin	Blätter	Als Aufguß
		Öl	In Wasser oder Alkohol
	Zitronenmelisse	Blätter	Als Tinktur oder Aufguß
Fettige Haut	Fenchel	Samen	Aufguß als Gesichtswasser mit Hamamelis
	Frauenmantel	Blätter	Aufguß als Gesichtswasser mit Hamamelis
	Odermennig	Blätter	Aufguß als Gesichtswasser
	Ringelblume	Blütenblätter	Aufguß als Gesichtswasser
Feuchtigkeits-cremes	Kamille	Blüten	Aufguß mit Mandelöl als Emulsion vermischt
		Öl	Einge Tropfen in Mandelöl und Kakaobutter als Basis
	Rosen	Blütenblätter	In Cremes
		Blütenwasser	Vermischt mit Mandelöl oder Glyzerin
Gegen Falten	Beinwell	Blätter	In Cremes oder Ölauszüge
Gesichts-lotionen	Fenchel	Samen	Aufguß als Gesichtsreinigung
		ätherisches Öl	Einige Tropfen in das Gesichtswasser
	Frauenmantel	oberirdische Teile	Aufguß als Gesichtsreinigung
	Hamamelis	destillierter Extrakt	Mit Rosen- oder Lavendelwasser mischen

Bewahren Sie Kräuterkosmetik in dunklen Gefäßen oder an lichtgeschützten Orten auf.

Verwendung	Pflanze	Pflanzenteil	Anwendung / Wirkung
Gesichts-lotionen	Lavendel	Blütenwasser	Mit Hamamelis mischen
	Minze	Blätter	In Essig/Aufguß als Gesichtsreinigung
	Odermennig	Blätter	Aufguß als Gesichtsreinigung
	Pfefferminze	Öl	Einige Tropfen in die Gesichtsreinigung
	Ringelblume	Blütenblätter	Aufguß als Gesichtsreinigung
	Schafgarbe	Blüten	Aufguß mit Hamamelisextrakt mischen
Haarausfall	Eberraute	Blätter	Aufguß als Spülung
Haarkur	Birke	Blätter	Aufguß
	Eibisch	Blätter	Aufguß für trockenes Haar
	Holunder	Beeren	Abgeseihte Abkochung
	Majoran	Kraut	Aufguß
		Öl	Einige Tropfen in Wasser oder süßes Mandelöl, Haare gut ausspülen
	Nesseln	Kraut/ Wurzeln	Aufguß oder Abkochung, gut einmassieren
	Rosmarin	Blätter	Aufguß
		Öl	Einige Tropfen ins Wasser oder in süßes Mandelöl; Haare gut ausspülen
	Thymian	Blätter	Aufguß
		Öl	Einige Tropfen ins Wasser oder in süßes Mandelöl; Haare gut ausspülen
Haarspülung	Kamille	Blüten	Aufguß für blondes Haar
	Lavendel	Blüten	Aufguß gegen fettiges Haar
	Nesseln	Blätter/Kraut	Aufguß gegen Schuppen
	Pfefferminze	Blätter	Aufguß oder Abkochung mit Essig gegen fettiges Haar
	Rosmarin/ Salbei	Blätter	Aufguß für dunkles Haar und gegen Schuppen
	Zitronen	Saft	Aufguß für blondes Haar
Handcreme	Holunder/ Kamille/ Lavendel	Blüten	Für Cremes und Lotionen
Reinigung	Hafer	Mehl	Als Gesichtspeeling
	Kamille	Blüten	In Gesichtswasser oder -dampfbäder
		Öl	Einige Tropfen in Hafermehl-Gesichtsmasken
	Lavendel	Blüten	In Gesichtsdampfbäder
		Blütenwasser	Als Gesichtswasser
	Liebstöckel	Samen	Aufguß zum Waschen und als Deodorant
	Märzveilchen	Blüten/Blätter	In Gesichtsdampfbäder oder Aufguß zum Waschen
	Pfefferminze	Blätter	In Gesichtsdampfbäder
	Schafgarbe	Blüten	In Cremes und Gesichtswässern
	Thymian	Blätter	In Gesichtsdampfbäder
		ätherisches Öl	Einige Tropfen in Gesichtswasser oder in Dampfbäder
Shampoo	Nesseln	Blätter	In alle Shampoos mischen, gegen Schuppen
	Rosmarin	Blätter	In alle Shampoos mischen
	Seifenkraut	Blätter	Gegen trockenes Haar oder als Basis für Seifenmischungen
Trockene Haut	Beinwell	Blätter	Für Cremes und Ölauszüge
	Kamille	Blüten	Für Cremes
		Öl	Für Cremes
	Ringelblume	Blütenblätter	Für Cremes und Ölauszüge

Achtung

Bevor Sie eines der Gesichtspräparate verwenden, reiben Sie ein wenig davon auf eine empfindliche Hautstelle (Handgelenk, Unterarm) und warten Sie ab, wie Ihre Haut reagiert. Sollten Sie gegen eine Pflanzensubstanz allergisch sein, könnnen Sie dies so rasch und problemlos feststellen.

Gurkenscheiben erfrischen müde Augen.

Ein Mörser mit Stößel ist für die Kosmetikherstellung genauso nützlich wie in der Küche.

BADEZUSÄTZE

Anregend, entspannend oder pflegend – Sie haben die Wahl. Ob Sie sich morgens unter der Dusche für die Herausforderungen des Tages rüsten oder in der Badewanne abends von denselben entspannen möchten, für beides gibt es die entsprechenden Kräuter.
Und nicht nur das, ein Schönheitsbad macht die Haut weich und fördert die natürliche Rückfettung. Wenn Sie Ihre Pflegeprodukte selbst herstellen, enthalten diese nur naturreine, für Ihre Ansprüche kombinierte Zutaten. Legen Sie sich eine Sammlung an Badezusätzen und Gels, Seifen und Duftsäckchen zu, aus denen Sie jeden Tag aufs neue wählen können.

Kräuterbademilch

Nicht Badeöl und auch nicht Seife – dieses Körpershampoo ist eine Mischung aus einem Kräuteraufguß und geraspelter reiner Kastilischer Seife.

1 Handvoll Brombeer- oder Eukalyptusblätter
1 Liter weiches Wasser, möglichst Regenwasser
5 Eßl. Kastilische Seife, fein geraspelt

Blätter in einen Topf geben, Wasser darübergießen und alles zum Kochen bringen. Zugedeckt 15 Minuten köcheln lassen. Topf vom Herd nehmen und den Aufguß 2 Stunden durchziehen lassen.

Aufguß abseihen, Blätter entfernen und Flüssigkeit zurück in den Topf gießen. Zum Kochen bringen und die geraspelte Seife einrühren. Unter ständigem Rühren die Seife schmelzen, dann den Topf vom Herd nehmen und abkühlen lassen.

In Flaschen füllen, verschließen und beschriftet in den Kühlschrank stellen. Als sanfte Seife verwenden.

Ergibt etwa 1 Liter

Blüten-Badegel

Diese Badegels werden aus frischen oder getrockneten, zu einer Paste oder Pulver zerriebenen Blüten – z. B. von Lavendel, Thymian oder Kamille – hergestellt.

3 Eßl. frische oder getrocknete Blüten, ohne Stiele
150 ml Wasser
12 Eßl. Kastilische Seife, fein geraspelt
3–4 Tropfen Lavendel- oder Thymianöl

Blüten mit einem Mörser zu einer Paste oder einem Pulver zerstoßen. Wasser in einen kleinen Topf geben, zum Kochen bringen und die geraspelte Seife unter ständigem Rühren darin schmelzen. Dann den Topf vom Herd nehmen. Blüten, wenn Sie wollen auch das Öl, unterrühren.

Abkühlen lassen, in Flaschen füllen, verschließen und beschriftet in den Kühlschrank stellen. Als sanfte Seife verwenden.

Ergibt etwa 250 ml

Schopflavendel

Lavendel 'Twickel Purple'

Gartenthymian

Schäumendes Badeöl

Dies ist der perfekte Badezusatz für ein Schönheitsbad, das trockene und empfindliche Haut entspannt und pflegt.

2 Eier
250 ml Olivenöl
150 ml Maisöl
150 ml Mandelöl
2 Eßl. flüssiger Honig
250 ml Milch
100 ml Wodka
1 Eßl. milde Seifenflocken
3 Tropfen ätherisches Öl, nach Wahl

Eier, Pflanzenöle und Honig verquirlen. Milch, Wodka und ätherisches Öl unter ständigem Rühren hinzugeben. In Flaschen füllen, verschließen und beschriftet im Kühlschrank lagern.

Einen Eßlöffel in das fließende warme Badewasser geben.

Ergibt etwa 1 Liter

BADEÖLE UND BADEESSIG

Kräuteröle und Kräuteressig (siehe Seite 147) können sowohl in der Küche wie auch im Bad verwendet werden. Geben Sie einen Eßlöffel Öl oder bis zu einer halben Tasse Kräuteressig, beispielsweise mit Minze, Thymian oder wildem Majoran aromatisiert, in das warme Badewasser – und genießen Sie die wohlige Wärme und die belebende Wirkung.

Bowles-Minze

Buntblättrige Apfelminze

Wilder Majoran

Honig- und Kräuterseifen

Wenn Sie wegen der aufwendigen Prozedur Seife nicht selbst sieden wollen, parfümieren Sie reine Kastilische Seife mit ätherischen Ölen Ihrer Wahl.

10 Eßl. Kastilische Seife, fein geraspelt
1/2 Teel. Olivenöl
2 Teel. flüssiger Honig
2–3 Tropfen ätherisches Öl, z. B. Rosmarinöl

Geraspelte Seife in einem „Simmertopf", im Wasserbad oder in einer Schüssel in der Mikrowelle bei geringer Hitze schmelzen lassen. Olivenöl tropfenweise zugeben. Honig und ätherisches Öl unterrühren, dann vom Herd nehmen. Ständig weiterrühren, bis alles gut vermischt ist.

In Formen, beispielsweise Kuchenförmchen mit gewachstem Papier, gießen, bedecken und, während die Masse fest wird, nicht mehr bewegen. Dies kann bis zu zwei Wochen dauern. Aus der Form nehmen und in Wachspapier eingewickelt lagern.

Ergibt ein Stück Seife

Elisabethanische Seifenkugeln

Eine duftende Erinnerung an vergangene Zeiten sind diese mit Rosenduft parfümierten Seifen.

150 g reine Kastilische Seife, geraspelt
150 ml Rosenwasser
Rosenwasser zum Bestreichen

Seife im siedenden Wasser (siehe Honig- und Kräuterseifen) schmelzen und Rosenwasser einrühren. Rühren, bis alles gut vermischt ist.

Vom Herd nehmen, leicht abkühlen lassen und mit einem Teelöffel in kleine Kugeln formen.

Auf Wachspapier an einem warmen Ort trocknen.

Ein Wattebällchen mit Rosenwasser befeuchten und die gehärteten Kugeln damit abreiben.

Ergibt etwa 250 g

Rosmarin

Essigrose

Löwenzahn

Kräuter für das Badewasser

Eine Handvoll Blätter oder Blüten in 1 Liter kochendheißem Wasser ziehen lassen, dann in das warme Badewasser geben.

Pflanze	Pflanzenteile	Wirkung
Beinwell	Aufguß aus Blättern oder Abkochung aus Wurzeln	Heilend
Brennessel	Aufguß aus Blättern	Reinigend
Brombeere	Aufguß aus Blättern	Beruhigt die Haut
Eukalyptus	Aufguß aus Blättern	Reinigend und beruhigend
Frauenmantel	Aufguß aus Blättern	Beruhigend
Holunder	Aufguß aus Blättern	Heilend und anregend
Kamille	Aufguß aus Blättern und Blüten	Beruhigend
Lavendel	Aufguß aus Blüten	Reinigend und desodorierend
Liebstöckel	Aufguß aus Blättern	Reinigend und desodorierend
Löwenzahn	Aufguß aus Blättern	Reinigend
Minze	Aufguß aus Blättern	Heilend und reinigend
Ringelblume	Aufguß aus Blättern	Heilend, speziell bei Verengung der Venen und Krampfadern
Rosmarin	Aufguß aus Blättern	Anregend
Schachtelhalm	Aufguß aus Blättern	Heilend
Schafgarbe	Aufguß aus Blättern	Adstringierend und reinigend
Thymian	Aufguß aus Blättern und Blüten	Anregend und reinigend
Zitronenstrauch	Aufguß aus Blättern	Anregend

Bade-Säckchen

Widerstehen Sie besser der Versuchung, einfach eine Handvoll aromatischer Kräuter ins Badewasser zu werfen, die feinen Kräuterteile würden auf der Haut kleben bleiben.

Sollten Sie Kräuter eher frisch oder getrocknet statt als Aufguß verwenden wollen, füllen Sie diese in ein Leinensäckchen. Dieses hängen Sie so in die Badewanne, daß das heiße Wasser beim Füllen der Wanne direkt über das Säckchen läuft. Oder - sozusagen eine Weiterentwicklung des mittelalterlichen Duftkugelprinzips - Sie geben die Kräuter in einem Tee-Ei unter den heißen Wasserstrahl.

Frauenmantel

Liebstöckel

HAUTPFLEGEMITTEL

Die Zubereitung von Kräuterkosmetik selbst ist bereits ein angenehmer Zeitvertreib. Eine Handvoll Ringelblumen in eine Schüssel mit kochendem Wasser zu rühren wirkt zugleich anregend wie auch entspannend – fast eine Art Aromatherapie. Um Ihre Haut zu verwöhnen und zu beruhigen, können Sie Reinigungsmilch, Feuchtigkeits- und Aufbaucremes mit Kräuteraufgüssen oder -ölen anreichern. In diesem Kapitel werden Ihnen Kosmetika und Kräuterpräparate für die Hautpflege oder einfach nur zum Verwöhnen vorgestellt.

Lavendel-Reinigungsmilch

Lavendel erfrischt und nährt die Haut. Geeignet für trockene Haut, hilft diese reichhaltige Reinigungsmilch der Haut bei der natürlichen Rückfettung.

6 Eßl. Mandelöl
10 Eßl. weißes Wachs, geraspelt
3 Eßl. Lavendelwasser
1/2 Teel. Apfelessig
1 Tropfen Lavendelöl (wahlweise)

Öl und Wachs in einem „Simmertopf“ oder im Wasserbad schmelzen. Vom Herd nehmen und leicht abkühlen lassen. Dann das Lavendelwasser, den Obstessig und, wenn Sie möchten, das Lavendelöl einrühren. Creme in ein verschließbares Glas geben. Nicht in den Kühlschrank stellen.

Tragen Sie die aromatische Milch auf Ihr Gesicht und Ihren Hals auf, wobei Sie die Augenpartie aussparen. Anschließend die Milch mit einem Wattebausch wieder abnehmen.

Ergibt etwa 250 ml

Kamillen-Reinigungsmilch

Durch den Zusatz von Zitronensaft eignet sich diese Zubereitung besonders für normale und fettige Haut.

150 ml Buttermilch
2 Eßl. Zitronensaft
3 Eßl. Kamillenaufguß

Alle Zutaten gut verrühren. In Gläser gießen und im Kühlschrank aufbewahren.

Wattebausch mit der Reinigungsmilch tränken und das Gesicht und Hals, die Augenpartie aussparend, sanft damit abreiben.

Ergibt 225 ml

Kamille

Schopflavendel

Rosenblüten-Cold-Creme

Dies ist eine feuchtigkeitsspendende Nachtcreme für alle Hauttypen.

Etwa 1 1/2 Tassen Damaszener – oder andere Duftrosenblätter
6 Eßl. Olivenöl
1 1/2 Eßl. gereinigtes Bienenwachs
etwa 1 Teel. destilliertes Wasser

Sehen Sie die Rosenblätter durch und entfernen Sie minderwertige Blätter. Olivenöl in einem „Simmertopf", einer Schüssel oder einem Topf im Wasserbad behutsam erwärmen. So viele Rosenblütenblätter einrühren, wie das Öl aufnehmen kann. Vom Herd nehmen. Bedeckt mehrere Tage stehen lassen.

Das Öl durch ein Sieb seihen und die Rosenblätter im Sieb auspressen, um soviel Öl wie möglich zu erhalten.

Bienenwachs im Wasserbad erwärmen und langsam das aromatisierte Öl unterrühren. Vom Herd nehmen und Wasser tropfenweise zugeben, bis die Creme die gewünschte Konsistenz hat. Creme in einen Tiegel gießen, verschließen und beschriften.

Ergibt 120 ml

Blüten-Handcreme

Lavendel- und Kamillenblüten enthalten ähnliche pflegende Eigenschaften, die die Haut reinigen, besänftigen und entspannen. Verwenden Sie diese Handcreme sparsam. Gut in die Haut einmassieren.

300 ml Vaseline
2 Eßl. Lavendelblüten, ohne Stiele
Etwa 1 Tasse Kamillenblüten

Vaseline in einem „Simmertopf", einer Schüssel oder einem Topf im Wasserbad erhitzen. So viele Blüten einrühren, wie die Vaseline aufnehmen kann. Bedeckt etwa eine Stunde köcheln lassen, gelegentlich umrühren. Vom Herd nehmen und abkühlen lassen. Das Ganze durch ein Nylonsieb seihen und die Blüten im Sieb auspressen, um soviel ätherisches Öl wie möglich zu erhalten.

Die duftende Vaseline in Tiegel füllen, verschließen und beschriften.

Ergibt 300 ml

Massageöle

Kreieren Sie mit diesen Pflanzenölen und verschiedenen Kräuterprodukten Ihre eigenen duftenden Körperöle.

Aprikosenkernöl
Avocadoöl
Bienenwachs, gereinigt
Distelöl
Erdnußöl
Glyzerin
Kakaobutter, geschmolzen
Kokosöl (gesättigtes Öl, wird fest)
Lanolin
Maisöl
Mandelöl
Pfirsichkernöl
Sojaöl
Sonnenblumenöl
Weizenkeimöl

Lavendelblüten-Gesichtswasser

Diese sanfte, tonisierende Lotion strafft und erfrischt die Haut.

5 Eßl. Lavendelwasser
5 Eßl. Hamameliswasser
5 Eßl. Zitronensaft, durch ein Tuch gepreßt
2–3 Tropfen Lavendelöl

Alle Zutaten in eine Flasche geben, mit einem Deckel oder Korken verschließen und kräftig schütteln. Vor jedem Gebrauch gut schütteln. *Ergibt etwa 225 ml*

Minzen-Lotion

Dieses besänftigende Gesichtswasser mit adstringierender Wirkung verleiht Ihrer Haut wieder Frische.

2 Eßl. Minze, gehackt
4 Eßl. Apfelessig
600 ml destilliertes Wasser

Minze und Essig in ein verschließbares Gefäß geben, zudecken und sieben Tage ziehen lassen. Abseihen und destilliertes Wasser hinzugeben. Gut vermischen. Gesichtswasser in eine Flasche füllen, verschließen und beschriften. Vor Gebrauch gut schütteln. *Ergibt 600 ml*

Löwenzahn-Öl

Dieses alte Hausrezept nutzt die leicht flüchtigen Öle der Löwenzahnblätter, die Sommersprossen und braune Pigmentflecken mildern. Nicht öfter als zweimal täglich verwenden.

6 junge Löwenzahnblätter, gehackt
6 Eßl. Rizinusöl

Zerkleinerte Blätter und Öl in einem Glas- oder Emailletopf bei schwacher Hitze erwärmen, zum Sieden bringen und 15 Minuten köcheln lassen. Vom Herd nehmen, zudecken und 4–5 Stunden ziehen lassen. Durch ein Nylonsieb seihen und Blüten im Sieb auspressen, um soviel Öl wie möglich zu erhalten.

In eine Flasche füllen, verschließen und beschriften.

Ergibt 6 Eßl.

Kräuter für die Haut

Diese Tabelle hilft Ihnen bei der Auswahl Ihrer Kräuter für Aufgüsse und Gesichtswässer.

Pflanze	Wirkung
Beinwell	Geschmeidig machend
Echter Eibisch	Geschmeidig machend
Fenchel	Adstringierend
Frauenmantel	Adstringierend
Hamamelis	Adstringierend, heilend
Kamille	Reinigend, kühlend, beruhigend
Lavendel	Antiseptisch, anregend, erfrischend
Löwenzahn	Bleichend, austrocknend
Märzveilchen	Reinigend, geschmeidig machend

Pflanze	Wirkung
Meerrettich	Bleichend, austrocknend
Minze	Adstringierend, reinigend, beruhigend
Petersilie	Aufhellend
Ringelblume	Adstringierend, reinigend, erfrischend, heilend
Rosmarin	Reinigend, anregend
Schachtelhalm	Adstringierend
Schafgarbe	Reinigend, erfrischend
Thymian	Reinigend, antiseptisch, erfrischend

Gesichtsdampfbad

*Wählen Sie die für Ihren Hauttyp geeignete Pflanze aus.
Der duftende Dampf wirkt sowohl bei trockener als auch fettiger Haut reinigend.*

*2 Tassen frische Kräuter oder
1 Tasse getrocknete Kräuter
wie Lavendel, Pfefferminze
oder Thymian
heißes Wasser (nicht kochend)*

Kräuter in eine Schüssel geben, heißes Wasser darübergießen und gut umrühren. Bedecken Sie Ihren Kopf mit einem Handtuch und halten Sie ihr Gesicht 5 Minuten lang über den aufsteigenden Dampf.

Sollte Ihre Haut trocken sein, massieren Sie nach dem Dampfbad etwas Feuchtigkeitscreme ein.

Ergibt ein Gesichtsdampfbad

Kräuter-Gesichtsmaske

*Diese besänftigende Maske auf Gesicht und Hals auftragen, dabei die Augen- und Mundpartie aussparen.
Die Augen jeweils mit einer Gurkenscheibe bedecken und zehn Minuten entspannen.
Mit lauwarmem Wasser oder einem Kräuteraufguß abwaschen.*

*2 Eßl. Joghurt natur, ohne Zusätze
2 Eßl. fein gehackte Kräuterblätter
oder -blüten, entsprechend Ihrem Hauttyp
1–2 Eßl. feines Hafermehl*

Joghurt und Kräuter gut vermischen. Hafermehl unterrühren, so daß ein cremiger Brei entsteht.

Sollten Sie die Maske aufbewahren wollen, füllen Sie diese in einen verschließbaren, beschrifteten Tiegel. Im Kühlschrank aufbewahren.

Ergibt etwa 5 Eßl.

Lavendel 'Twickel Purple'

Bowles-Minze

Pfefferminze

Löwenzahn

BLÜTENWÄSSER & PARFÜMS

In unseren modernen Küchen fehlen zwar die speziellen Apparaturen, mit denen in früheren Zeiten exotische und verführerische Düfte selbst destilliert wurden, doch unsere Gärten sind eine Quelle an wohlduftenden Blättern und Blüten, und die zur Intensivierung des Duftes benötigten ätherischen Öle stehen in Apotheken, Reformhäusern und Naturkostläden bereit.

Lavendelwasser

Dieses vitalisierende Duftwasser kann als Körperabreibung nach dem Baden genutzt oder – wie im 19. Jahrhundert – ein Taschentuch damit getränkt und inhaliert werden.

2 Tassen Lavendelblüten
1 Liter destilliertes Wasser, kochend
2 Eßl. Wodka

Lavendelblüten in ein hitzebeständiges Gefäß geben, mit dem kochenden Wasser übergießen und gut umrühren. Verschlossen etwa 48 Stunden unter gelegentlichem Rühren durchziehen lassen.

Flüssigkeit durch ein Nylonsieb seihen und Blüten im Sieb auspressen, um soviel Extrakt wie möglich zu erhalten. Alkohol unterrühren, das Ganze in Flaschen füllen, verschließen und beschriften.

Ergibt etwa 1 Liter

Blütenwasser

Dieses „Wasser" besitzt eine würzige, schwere Note. Die Duftmischung kann mit anderen ätherischen Ölen variiert werden.

4 Tropfen Rosmarinöl
4 Tropfen Bergamotteöl
2 Eßl. Rosenwasser
300 ml Wodka

Alle Zutaten verrühren, in eine Flasche füllen, verschließen und mindestens 6 Wochen durchziehen lassen. Dabei möglichst täglich einmal schütteln.

Ergibt etwa 300 ml

Lavendel 'Hidcote'

Rosmarin

Blumiges Eau de Toilette

*Kreieren Sie Ihre persönliche Duftnote,
indem Sie eine einzige Blütenart oder eine Blütenmischung wählen.*

4 Tassen aromatische Blüten oder Blütenblätter, z. B. Kamille, Lavendel, Ringelblume, Rose, Märzveilchen
600 ml Weißweinessig
300 ml destilliertes Wasser

Blüten oder Blütenblätter in ein feuerfestes Gefäß geben. Essig und Wasser zum Kochen bringen, über die Blüten gießen und gut umrühren. Verschließen und drei Wochen an einen warmen Ort stellen. Möglichst einmal täglich umrühren.

Das Ganze durch ein Nylonsieb seihen und Blüten im Sieb auspressen, um so viel Duftstoffe wie möglich zu erhalten. In Flaschen gießen, verschließen, beschriften und lagern.

Ergibt etwa 900 ml

Zitronenmelisse- und Rosmarin-Eau-de-Cologne

Frische Kräuter als Kontrast zu Rosenwasser geben diesem belebenden Eau de Cologne eine fruchtig-würzige Note.

3 Eßl. Zitronenmelisse
3 Eßl. Rosmarin
Streifen dünngeschnittener Orangenschale
300 ml Rosenwasser
6 Eßl. Wodka

Alle Zutaten in ein verschraubbares Gefäß geben, verschließen und kräftig schütteln. Zwei Wochen zum Ziehen stehenlassen, mindestens einmal pro Tag schütteln.

Das Ganze durch ein Nylonsieb abseihen und Blüten im Sieb auspressen, um einen möglichst intensiven Duft zu erhalten. In eine Flasche füllen und verschließen. An einem kühlen, dunklen Platz lagern.

Ergibt etwa 400 ml

Rosenwasser

Echtes Rosenwasser ist das herrlich duftende Nebenprodukt bei der Destillation von Rosen – ein Verfahren, bei dem das Rosenöl oder 'Attar' gewonnen wird.

10 Tassen aromatische Rosenblütenblätter, üblicherweise von der Damaszener Rose
600 ml destilliertes Wasser
1 Eßl. flüssiger Styrax
1 Eßl. Benzoetinktur

Rosenblütenblätter und Wasser in einen fest verschließbaren Topf geben oder einen Topf mit Folie fest verschließen. Wasser langsam zum Kochen bringen, Hitze verringern und zwei Stunden leicht köcheln lassen. Vom Herd nehmen und 48 Stunden durchziehen lassen.

Wasser mit Blütenblättern erneut erhitzen, eine weitere Stunde köcheln, dann abkühlen lassen. Das Ganze durch ein Nylonsieb seihen und Blüten im Sieb auspressen, um einen möglichst intensiven Extrakt zu erhalten. Styrax und Benzoetinktur unterrühren. In Flaschen füllen, verschließen und beschriften.

Ergibt etwa 450 ml

Kamille

Gartenringelblume

Märzveilchen

HAARPFLEGE

Ein Blick ins Regal mit Haarpflegeprodukten zeigt, daß heute wie einst Kräuter zur Herstellung von Shampoos, Haarspülungen und Haarwässern verwendet werden. Hausgemachte Kräutermittel zur Auffrischung oder Intensivierung der Haarfarbe sowie für pflegende Aufbaukuren haben eine lange Tradition: Kamille wird seit alters her als Spülung für helles und Rosmarin für dunkles bis schwarzes Haar empfohlen, um nur die bekanntesten Hausmittel zu nennen. Die hier aufgeführten Rezepturen enthalten verschiedene Kräuter für die unterschiedlichen Haartypen und -strukturen.

Schachtelhalm-Shampoo

Bei dieser Rezeptur werden die reinigenden Eigenschaften von Seifenkraut mit den aufbauenden von Schachtelhalm zu einer Shampoo-Haarspülung kombiniert.

7 Eßl. geschnittene Schachtelhalmstiele
7 Eßl. geraspelte Seifenkrautwurzel, über Nacht eingeweicht und ausgepreßt
2 Liter weiches Wasser

Schachtelhalm und Seifenkraut in einen Topf geben, mit dem Wasser übergießen und gut umrühren. Aufkochen lassen. Bedeckt 15 Minuten kochen. Vom Herd nehmen und das Ganze eine Stunde ziehen lassen.

Die Flüssigkeit in Flaschen abseihen, verschließen und beschriften. Verwenden Sie pro Haarwäsche etwa 300 ml.

Ergibt 2 Liter

Kräuter für das Haar

Haartyp	Pflanze
Trocken	Beinwell, Echter Eibisch
Fettig	Lavendel, Pfefferminze
Glanzlos, matt	Brennesselspitzen, Fenchel, Knoblauch, Petersilie, Rosmarin
Blond	Kamillenblüten
Dunkel	Beinwell, Rosmarin, Salbei, Thymian
Kastanienbraun	Ringelblumen-Blütenblätter
Gegen Schuppen	Eau-de-Cologne-Minze, Eberraute, Holunderblüten, Petersilie, Salbei, Thymian
Für jeden Haartyp	Birkenblätter, Brennesselspitzen, Majoran, Rosmarin, Thymian, Schachtelhalmstiele

Kräuter-Haarwasser

Dieses Haarwasser ist möglicherweise die Lösung für all diejenigen, die meinen, mit Ihrem Haar nichts anfangen zu können.

10 Eßl. Kräuteraufguß
(entsprechend dem Haartyp)
1 Eßl. Eau de Cologne
1 Eßl. Glyzerin

Kräuteraufguß und Eau de Cologne in eine Schüssel gießen und unter ständigem Rühren tropfenweise das Glyzerin zugeben. Die Lösung in eine Flasche füllen, verschließen und beschriften. Ein wenig in die Kopfhaut reiben oder durch das Haar kämmen.

Ergibt 180 ml

Knoblauch-Haarkur

Die stark antiseptischen Eigenschaften des Knoblauchs lindern Kopfhautprobleme und verleihen stumpfem und kraftlosem Haar wieder Glanz. Waschen Sie Ihr Haar nach dieser Behandlung mit Ihrem Lieblingsduft!

10 große Knoblauchzehen, zerquetscht
150 ml Rizinusöl, heiß

Knoblauch und Rizinusöl gut verrühren, bedecken und zwei Tage durchziehen lassen. In eine Flasche abseihen, verschließen und beschriften.

Öl in die Kopfhaut massieren, ein Handtuch um den Kopf wickeln und etwa eine Stunde einwirken lassen. Danach gut auswaschen.

Ergibt etwa 150 ml

Pfefferminz-Spülung

Diese wohlriechende Haarspülung ist besonders bei fettigem Haar geeignet.

10 Eßl. gehackte Pfefferminzblätter
1 Liter weiches Wasser
1 Liter Apfelessig

Pfefferminzblätter in einen Topf geben, mit Wasser übergießen und langsam erhitzen. 15 Minuten köcheln lassen, vom Herd nehmen und eine Stunde durchziehen lassen. Aufguß abseihen und Essig unterrühren. In Flaschen gießen, verschließen und beschriften.

Nach der Haarwäsche ungefähr 300 ml als Spülung verwenden.

Ergibt etwa 2 Liter

Knoblauch

Pfefferminze

HEILMITTEL

Für viele Menschen sind auch heute Heilpflanzen - von Heilkundigen nach jahrhundertealten Rezepten zubereitet - die einzig zugänglichen Heilmittel. In der westlichen Welt nehmen wir häufig pflanzliche Arzneimittel in chemisch-synthetisierter Form ein, wie beispielsweise Aspirin, das ursprünglich aus der Rinde der Weide gewonnen wurde, oder Ephedrin, das in der chinesischen Pflanze *Ma-huang* enthalten ist. Die reinen Pflanzen können jedoch genauso wirksam sein wie die patentierten Extrakte und sind oft sanfter und haben weniger Nebenwirkungen. Dennoch müssen auch Pflanzen immer vorsichtig angewandt werden.

Echter Eibisch wird seit dem Altertum als Heilmittel verwendet.

Beschwerden	Kräuter	Anwendung
Abszesse & Furunkel	Beinwell	Wickel aus der Wurzel und aus Beinwelltee
	Bockshornklee	Wickel aus zerstoßenem Samen
	Echter Eibisch	Wickel aus der Wurzel - oder kombiniert mit Ulme
	Ulme	Wickel aus der Rinde
Akne	Hamamelis	Gesichtswasser aus destilliertem Extrakt
	Kamille	Blütenaufguß/Tinktur zur Gesichtsreinigung
	Knoblauch	Frische Zehen zum Abreiben
	Ringelblume	Blütenblätteraufguß/Tinktur zur Gesichtsreinigung
	Rose	Rosenwasserlösung auftragen
	Salbei	Gesichtswasser aus Blättern
Augen, müde/gereizt	Augentrost	Aufguß der ganzen Pflanze in steriles Augenbad
	Fenchel	Kompresse aus Samen/kalte Teebeutel
	Gurke	Roh, in Scheiben auflegen
	Kamille	Kompresse aus Blüten/kalte Teebeutel auf die Augen
Bluterguß	Beinwell	Blätteraufguß als Kompresse
	Hamamelis	Destillierter Extrakt als Kompresse

Beschwerden	Kräuter	Anwendung
Depressionen	Jasmin/Johanniskraut/Melisse/Neroli/Rose	Ätherische Öle verdünnt als Massageöl oder zur Inhalation. Aufguß/Tinktur aus den oberirdischen Teilen
Ekzeme	Brennessel	Aufguß der grünen Teile als Blutreinigungsmittel
	Kamille/Holunder	Aufguß aus Blüten zum Waschen oder in Cremes
	Nachtkerze	Samenöl in Dragees oder Salbe
	Ringelblume	Aufguß aus Blütenblättern als Spülung/Heiltrank, Cremes und Salben
Erkältung/Grippe	Eukalyptus/Thymian/Ysop	Ätherisches Öl in Brustbalsam/Gesichtsdampfbad
	Ingwer	Abkochung frischer Wurzeln
	Pfefferminze	Inhalation einiger Tropfen ätherischen Öles
	Schafgarbe	Aufguß aus Blättern/Blüten
Heiserkeit	Augentrost	Aufguß aus der ganzen Pflanze zum Gurgeln/als Mundwasser
	Salbei/Thymian	Blätteraufguß zum Gurgeln
Husten	Echter Eibisch	Blätter und Blüten als Sirup oder Aufguß
	Engelwurz	Aufguß/Tinktur aus Blättern
	Knoblauch	Sirup, Gesichtsdampfbad
	Oregano	Gesichtsdampfbad aus ätherischem Öl
	Süßholz	Abkochung der Wurzeln/Sirup
	Ysop	Verdünntes ätherisches Öl in Brustbalsam
	Zwiebel	Sirup aus frischen Zwiebeln
Insektenbisse & -stiche	Eukalyptus/Lavendel	Ätherisches Öl verdünnt auf den Stich
	Hamamelis	Verdünnten Extrakt als Lösung auftragen
	Melisse/Salbei	Frische Blätter auf den Stich
	Mutterkraut	Blätteraufguß als Waschung
	Zwiebel	Zwiebelringe auf den Stich
Kopfschmerzen/Migräne	Lavendel/Pfefferminze/Rosmarin	Verdünntes ätherisches Öl für Massage der Schläfen
	Mutterkraut	Frische Blätter auf Brot oder als Aufguß/Tinktur

Beschwerden	Kräuter	Anwendung
Mitesser	Beinwell	Wickel aus der Wurzel kombiniert mit Ringelblumenaufguß; Aufguß der Blätter zur Gesichtsreinigung
	Ringelblume	Verdünnte Tinktur aus den Blütenblättern als Kompresse
Mundgeruch	Bockshornklee/ Fenchel/Kumin/Kümmel/ Liebstöckel	Frische oder getrocknete Samen zum Kauen
	Minze/Petersilie	Frische Blätter zum Kauen
Mund- & Zahnfleischentzündungen	Rosmarin/Salbei/Thymian	Aufguß aus Blättern als Mundwasser
	Süßdolde	Verdünnte Tinktur als Mundwasser
Nervosität	Eisenkraut/ Katzenminze/ Melisse	Aufguß oder Tinktur aus dem Kraut
	Kamille/ Lavendel	Aufguß oder Tinktur aus den Blüten
Ohrenschmerzen	Johanniskraut	Öliger Kräuterauszug auf Watte als Ohrstöpsel
	Lavendel	Verdünntes ätherisches Öl für die äußerliche Ohrmassage
Schmerzen	Birke	Öl/Saft für Massage
	Lavendel	Blüten oder ätherisches Öl für Massageöl
	Sellerie	Aufguß aus Samen gegen Rheumatismus/Arthritis
	Rosmarin/ Thymian/ Wintergrün	Blätter oder ätherisches Öl für Massageöl
Schnittwunden & Abschürfungen	Johanniskraut	Salbe oder öliger Kräuterauszug der Blütenstände
	Knoblauch	Wickel aus den Zehen
	Ringelblume	Aufguß aus Blütenblättern/verdünnte Tinktur für Kompressen

Beschwerden	Kräuter	Anwendung
Verbrennungen	Johanniskraut	Tinktur aus den blühenden Teilen verdünnt als Kompresse; öligen Kräuterauszug direkt auftragen
	Lavendel	Ätherisches Öl verdünnt als Kompresse oder als Zusatz zu öligem Kräuterauszug des Johanniskrauts
	Ringelblume	Verdünnnte Tinktur aus Blütenblättern als Kompresse
Verdauungsprobleme	Bockshornklee	Aufguß aus Samen gegen Magenkrämpfe und -verstimmungen
	Dill/Fenchel	Aufguß aus Samen gegen Blähungen/Verdauungsstörungen
	Kamille	Aufguß aus Blüten gegen Blähungen
	Katzenminze	Aufguß aus den grünen Teilen – besonders für Kinder
	Melisse	Aufguß aus Blättern gegen nervöse Magenverstimmungen
	Pfefferminze	Aufguß aus Blättern gegen Blähungen
	Petersilie/ Salbei	Aufguß aus Blättern als Digestivum
	Rosmarin	Aufguß aus Blättern als bitteres Digestivum
	Süßholz	Abkochung der Wurzel gegen Geschwüre/Entzündungen
	Thymian	Aufguß aus Blättern/ Tinktur gegen Durchfall
Verstauchung	Rosmarin	Blätteraufguß in Kompressen
	Thymian	Verdünntes ätherisches Öl zur Massage oder in Kompressen
Zahnschmerzen	Gewürznelken	Ätherisches Öl auf das Zahnfleisch auftragen

Für aromatische Kräutertees benutzt man am besten eine nur dafür reservierte Kanne.

KRÄUTERTEES

Kräutertees und Aufgüsse gehören zu den verbreitetsten und den am einfachsten zuzubereitenden Hausmitteln. Man läßt frische oder getrocknete Blätter oder Blütenblätter in kochendheißem Wasser so lange ziehen, bis sich die aktiven Bestandteile der ätherischen Öle aus den Pflanzenteilen gelöst haben. Der Aufguß kann dann wohltuend heiß und, je nach Geschmack, mit Honig gesüßt oder erfrischend kalt, mit einer Zitronen- oder Limonenscheibe abgerundet, getrunken werden. Ist der Tee für einen Fieberkranken gedacht, sollte er lauwarm gereicht werden.

ZUBEREITUNG VON TEES

Kräutertees besitzen ein feines und manchmal ziemlich flüchtiges Aroma und sollten in einer speziell für diesen Zweck vorgesehenen Glas- oder Porzellankanne zubereitet werden. Die in einer für schwarzen Tee verwendeten Kanne zurückgebliebenen Gerbstoffe können nicht nur den Duft sondern auch den wohltuenden Genuß von Kräuteraufgüssen schmälern.

Nehmen Sie pro Tasse einen Teelöffel getrocknete oder einen Eßlöffel frische Kräuter. Geben Sie die Kräuter in die vorgewärmte Kanne, überbrühen diese mit der entsprechenden Menge kochendheißen Wassers und bedecken das Ganze. Den Aufguß läßt man 10-15 Minuten - nicht länger - ziehen, bevor man ihn durch ein Teesieb abseiht. Zieht der Aufguß länger, wird der Geschmack keineswegs intensiver, eher im Gegenteil: Bei längerem Heißwerden verdampfen die ätherischen Öle.

Kräuteraufgüsse haben im Gegensatz zu Tinkturen, die mit Alkohol angesetzt werden, eine relativ kurze Haltbarkeitsdauer. Sollten Sie einen Tee eiskalt servieren oder in größeren Mengen herstellen wollen, lassen Sie die abgeseihte Flüssigkeit abkühlen und stellen diese in einem bedeckten Gefäß für 24 Stunden in den Kühlschrank. Der Kräuteraufguß kann in einem Glas- oder Emailletopf wieder erwärmt werden, darf jedoch nicht aufkochen.

Sollten Sie Geschmack an Kräutertees gefunden haben, probieren Sie ruhig Ihre eigenen Teemischungen aus. Wenn man zwei oder mehr Sorten aromatischer Blätter oder Blüten mischt, können unzählige Geschmacksvarianten entstehen und gleichzeitig die heilkräftigen Eigenschaften mehrerer Pflanzen genutzt

werden: Ein Aufguß aus Zitronenmelisse und Rosmarin mit Weißdornblüten hilft bei Streß und Nervosität; eine Mischung aus Schafgarbe, Holunderblüten und Pfefferminze ergibt die klassische Teemischung gegen Fieber, und ohne Pfefferminze kann die Mischung aus Schafgarbe und Holunderblüten den Katzenjammer nach einer durchzechten Nacht lindern.

ANWENDUNG VON KRÄUTERTEES

Kräuteraufgüsse, die auf die beschriebene Art zubereitet werden, sind sanfte pflanzliche Heilmittel vornehmlich gegen Befindlichkeitsstörungen und sollten kurmäßig über vier bis acht Wochen eingenommen werden. Treten in dieser Zeit weitere Krankheitssymptome auf oder verschlimmern sich Ihre Beschwerden, müssen Sie einen Arzt aufsuchen.

Kräutertees als Kur werden in der Regel zwei- bis dreimal am Tag nach dem Essen getrunken; sie eignen sich nicht als medizinische Aperitifs vor dem Essen, da sie die Verdauungssäfte verdünnen und Verdauungsbeschwerden hervorrufen können.

Einige pflanzliche Heilmittel wirken rasch, zum Beispiel die gegen Kopfschmerzen, während andere, wie die zur Stärkung der körpereigenen Abwehrkräfte, erst nach und nach ihre Wirkung voll entfalten. Bei chronischen Krankheiten, wie beispielsweise bei Rheuma, braucht man viel Geduld.

Kräutertees und ihre Eigenschaften

Pflanze	**Anwendungsbereich**
Basilikum	Blähungen, Übelkeit
Frauenmantel	Menstruationsbeschwerden
Holunderblüten	Frösteln, Fieber
Kamillenblüten	Schlaflosigkeit
Katzenminze	Fiebrigkeit, Schlaflosigkeit
Kümmel	Blähungen
Lavendelblüten	Kopfschmerzen, Nervosität
Mädesüß	Magenübersäuerung
Majoran	Blähungen, Übelkeit, asthmatische Beschwerden
Minze	Verdauungsstörungen
Petersilie	Magenverstimmung
Pfefferminze	Blähungen, Übelkeit, Kolik
Ringelblumenblüten	Magenverstimmung, Gallenblasenprobleme
Rosmarin	Magenverstimmung, schwacher Kreislauf, Nervosität
Salbei	Husten, Halsschmerzen, Magenverstimmung
Schafgarbe	Blähungen, Magenverstimmung
Thymian	Erkältung, Magenverstimmung, asthmatische Beschwerden
Wermut	Magenverstimmung
Ysop	Verschleimte Bronchien
Zitronenmelisse	Kopfschmerzen, Schlaflosigkeit, Depression

ABKOCHUNGEN, KOMPRESSEN UND TINKTUREN

Auf kleiner Flamme in Wasser abgekocht, werden vor allem Wurzeln, Rhizome oder hölzerne Pflanzenteile, um die Bitterstoffe und Mineralsalze zu extrahieren. Die abgeseihte Flüssigkeit wird entweder getrunken oder als Kräuterkompresse, deren Wirkstoffe rasch in die Haut eindringen, verwendet. Für Tinkturen läßt man die Pflanzenteile in Alkohol ziehen.

KOMPRESSEN UND WICKEL

Bei Kompressen und Wickeln, die vor allem bei der Behandlung von Prellungen, Zerrungen und Entzündungen wirkungsvoll sind, werden die lindernden Kräuterbestandteile über die Haut aufgenommen.

Für eine Kompresse wird ein Stück Stoff, wie Verbandsmull, Leinen, Baumwolle oder Frottee, in eine Abkochung oder einen Aufguß getaucht, ausgewrungen und so heiß, wie sie vertragen wird, auf die Haut gelegt. Die abgekühlte Kompresse kann immer wieder eingetaucht und aufgelegt werden, bis die Schmerzen oder Verspannungen gelindert sind.

Wickel oder Umschläge, seit Jahrhunderten in der Selbstbehandlung bewährt, enthalten die Pflanzenteile selbst, dazu manchmal Abkochungen und Aufgüsse, Pflanzenteile, die entweder direkt oder zu einem Brei verrührt auf die Haut aufgetragen und mit einem sterilen Mulltuch abgedeckt werden.

Zu den am häufigsten angewendeten Wickeln, besonders wirkungsvoll gegen Abszesse und Furunkel, gehören die aus pulverisierter Eibisch- oder Beinwellwurzel oder aus Ulmenrinde – Kräuter, die Sie in einer Kräuterhandlung oder Apotheke kaufen können. Für diesen Wickel wird zunächst ein Eßlöffel (15 ml) des Kräuterpulvers mit heißem Kamillen- oder Beinwell-Tee, heißem Apfelessig oder heißem Wasser zu einer dicken Paste verrührt. Der Brei wird messerrückendick zwischen zwei Gazetücher gestrichen und so heiß wie verträglich auf den betreffenden Körperteil gelegt. Eine gegen den Wickel gepreßte Wärmflasche hält diesen solange wie möglich warm. Sobald der Wickel kalt geworden ist, sollte er durch einen frischen, heißen ersetzt werden.

Wickel können auch mit frischen Kräutern gemacht werden. Frische Petersilienblätter oder Ringelblumenblüten werden zur Behandlung eines Gerstenkorns, einer akuten, eitrigen Talgdrüsenentzündung am unteren oder oberen Augenlid, mit etwas heißem Wasser angefeuchtet, auf die Augen gelegt.

Allseits bekannt ist die Methode, gekühlte Gurkenscheiben auf müde und angespannte Augen zu legen. Geriebene rohe Kartoffeln helfen bei geschwollenen Augenlidern. In beiden Fällen ist es sinnvoll, sich mit geschlossenen Augen in ein ruhiges Zimmer zu legen, um die wohltuende Wirkung der Auflage zu verstärken.

Beinwell

Culpeper schreibt...

Nicholas Culpeper, der Kräuterspezialist des 17. Jahrhunderts, schreibt dem Duftkraut Eberraute (Artemisia abrotanum) große Heilkräfte und stärkende Eigenschaften zu. Er behauptet, daß es „gekocht mit Gerstenmehl Pickel und Pusteln im Gesicht und an anderen Körperteilen entfernt... Die Asche, vermischt mit altem Salatöl, verhilft denen, die kahl sind, zu neuem Haarwuchs". Der volkstümliche französische Name garde-robe verweist auf seine Verwendung als Mottenmittel, der englische „Jungfernruin" auf die als Aphrodisiakum.

Abkochungen

Diese Baldrian-Abkochung ist ein gutes Beispiel der klassischen Kräutermedizin. Gegen Nervosität angewandt, sollte sie jedoch nicht über einen längeren Zeitraum hinweg eingenommen werden.

25 g Wurzeln oder holzige Pflanzenteile
600 ml Wasser

Die Pflanzenteile in einem Glas- oder Emailletopf mit kaltem Wasser übergießen. Zum Kochen bringen, dann bei geringerer Hitze 15–20 Minuten am Sieden halten. Die Abkochung durch ein Nylonsieb seihen, die festen Bestandteile mit einem Löffel gut im Sieb ausdrücken. Abkühlen lassen. Der Abguß kann im Kühlschrank in einem verschlossenen Gefäß 24 Stunden aufbewahrt werden.

Langsam wieder erhitzen, wenn er heiß getrunken oder angewendet werden soll.

Tinkturen

Tinkturen, die meist gekauft werden, können unverdünnt oder in heißen Getränken eingenommen oder für Auflagen verwendet werden.

100 g Kräuter
600 ml Alkohol, z. B. Wodka

Kräuter in ein verschließbares Gefäß geben, mit dem Alkohol übergießen. Das Gefäß fest verschließen, gut schütteln und für 14 Tage an einen warmen, dunklen Ort stellen. Ein- bis zweimal am Tag schütteln. In eine dunkle Flasche filtern und an einem kühlen, dunklen Ort lagern. Getränken die unverdünnte Tinktur tropfenweise zufügen. Tinkturen können auch in Kompressen und Salben verwendet oder in das Badewasser gegeben werden.

Krause Petersilie

Echter Eibisch

Gartenringelblume

HAUTPROBLEME

Hautprobleme wie Akne, Ekzeme, Abszesse und Furunkel sollten sowohl kurz- als auch langfristig behandelt werden: Kurzfristig, indem man Hautirritationen und -entzündungen lindert, und langfristig, indem man das körpereigene Immunsystem und die Selbstheilungskräfte mobilisiert.

Falsche oder unausgewogene Ernährung kann eine Ursache für Hautprobleme sein. Eine langsame Umstellung weg von tierischen und anderen gesättigten Fetten, Zucker und kohlehydratreichen Lebensmitteln wird das Allgemeinbefinden merklich verbessern.

Frisches Obst und Gemüse gehören unbedingt zu einem gesunden Ernährungsplan, der durch die Verwendung von Kräutern beim Kochen und in Salaten wertvoll ergänzt wird. Denn aromatische Kräuter machen Essen abwechslungsreicher und geschmackvoller. Einige Gemüsesorten und Salate enthalten besonders viel lebenswichtige Mineralstoffe und Spurenelemente, Eisen und Schwefel. Zu diesen gehören Möhren, Sellerie, Radieschen, Frühlingszwiebeln, Spinat und grüner Paprika sowie Kräuter, z. B. Löwenzahnblätter, Petersilie und Brunnenkresse. Wenn Sie speziell diese täglich zu sich nehmen, werden sich Ihre Hautprobleme sicherlich bessern.

Ekzeme

Ekzeme, oft durch Erschöpfung, Streß oder eine Allergie, meist gegen Milchprodukte, hervorgerufen, können durch Nachtkerzenöl gelindert werden.

Gamma-Linolensäure (GLS) – der konstitutionelle Bestandteil des Nachtkerzenöls – hat sich bei der Behandlung von Ekzemen als sehr erfolgreich erwiesen. Nachtkerzenölkapseln und -salben sind im Reformhaus, in Drogerien oder Apotheken erhältlich.

BLÜTENAUFGÜSSE
Auch ein Aufguß aus Ringelblumen kann helfen. Für den Aufguß einen Teelöffel getrocknete oder einen Eßlöffel frische Blüten in einer Tasse mit kochendheißem Wasser 10 Minuten ziehen lassen. Der Aufguß sollte dreimal täglich heiß getrunken werden.

DER GRIFF IN DIE NESSELN
Tragen Sie Gummihandschuhe oder dicke Gartenhandschuhe, wenn Sie dort, wo sie möglichst wenig Schadstoffen ausgesetzt waren, die jungen Brennesselblätter einsammeln. Für einen hautreinigenden Tee nehmen Sie eine Handvoll Blätter auf 600 ml kochendes Wasser.

KRÄUTER-WASCHUNGEN
Äußerlich kann trockene, schuppige Haut mit einem Aufguß aus Beinwellblättern oder Kamillen- oder Holunderblüten, auf die übliche Weise hergestellt und als erfrischend kühle Waschung angewendet, behandelt werden.

Gartenringelblume

Schafgarbe

Löwenzahn

Akne

Akne, eine entzündliche Verstopfung der Hauttalgdrüsen im Gesicht und am Hals, ist für Jugendliche in der Pubertät häufig ein großes Problem.

Gesicht und Hals sollten gründlich und konsequent mit naturbelassenen Kräuterseifen und Waschcremes gereinigt werden; synthetische, parfümierte Produkte sind eher zu meiden. Gesichtswässer, Hautreinigungsmittel, Kompressen und Tinkturen z. B. mit Ringelblume (Calendula), Kamille, Salbeiblättern und Hamamelis wirken entzündungshemmend.

KRÄUTER-GESICHTSWASSER

Zu gleichen Teilen Hamamelis- und Rosenwasser mischen und in einer verschlossenen Flasche an einem kühlen Platz lagern. Betupfen Sie damit nach dem Waschen oder Reinigen Ihr Gesicht.

KRÄUTER-GESICHTSREINIGUNG

Frische oder getrocknete Blüten in heißem Wasser aufgebrüht, können als besänftigende und reinigende Gesichtswaschung angewandt werden. Holunder-, Kamillen-, Lavendel- und Schafgarbeblüten eignen sich dafür besonders. Eine Handvoll Blüten in 600 ml Wasser 10 Minuten aufbrühen, abkühlen lassen, abseihen und in einer verschlossenen Flasche im Kühlschrank lagern. Direkt die betroffenen Hautstellen damit abwaschen.

BEINWELL-GESICHTSPACKUNG

Für eine talgentziehende Packung mischt man einen Teelöffel pulverisierte Beinwellwurzel mit heißem Beinwelltee oder heißem Wasser zu einem Brei, der auf die betroffenen Hautstellen aufgetragen wird. Sorgfältig mit kaltem Beinwelltee, aus den dunkelgrünen Blättern gebrüht, abnehmen. Die Pflanze enthält Allantoin, das die Wundheilung fördert.

RINGELBLUMEN-KOMPRESSE

Die wundheilenden und beruhigenden Eigenschaften der Ringelblume kann man nutzen, indem man einen Teelöffel Calendula-Tinktur (nur in Apotheken erhältlich) mit 200 ml destilliertem Wasser mischt. Auf die betroffenen Hautstellen auftragen oder als Gesichtswaschung anwenden. In einer verschlossenen Flasche lagern.

Furunkel und Abszesse

Die Neigung zu Furunkeln und Abszessen ist ein Zeichen, daß das Immunsystem geschwächt ist. Es ist hier ratsam, einen Arzt aufzusuchen.

Menschen, die chronisch geschwächt oder schlecht ernährt sind, bekommen häufig eitrige Hautentzündungen. Entzündungshemmende und die Abheilung fördernde Hausmittel sollten durch ausreichend Bewegung und eine gesundheitsbewußte Ernährung ergänzt werden.

ZITRONEN UND ZWIEBELN

Bei der Behandlung von Furunkeln kommen Zitronen ins Spiel. Tränken Sie ein steriles Leinentuch mit dem Saft einer Zitrone und pressen Sie dieses, am besten mit einem Wickel, gegen die Entzündung. Anstelle des Saftes kann auch direkt eine Zitronenscheibe auf die befallene Stelle gebunden werden.

Ein bewährtes Hausmittel sind gedünstete oder gekochte Zwiebeln. Eine Zwiebel wird weich gekocht, enthäutet und so heiß, wie verträglich, auf die befallene Hautstelle gebunden.

TEA TIME

Bockshornklee kann innerlich und äußerlich angewandt werden. Zerstoßen Sie einen Teelöffel getrockneten Bockshornkleesamen und kochen diesen 10 Minuten in einer Tasse voll Wasser. Nach dem Abseihen den Aufguß so heiß wie möglich trinken. Die zurückgebliebenen Samen in ein sauberes Leinentuch geben und als Wickel verwenden.

Kamille

Bockshornklee

Gartensalbei

NERVÖSE BESCHWERDEN

Nervosität, Angst und Depressionen können die unterschiedlichsten seelischen wie auch organischen Ursachen haben und eine Reihe körperlicher Beschwerden auslösen. Typische Begleiterscheinungen sind Lustlosigkeit, andauernde Müdigkeit, Abgeschlagenheit oder starke körperliche Schmerzen.

Gute Gründe für Hopfen

John Gerard, im 16. Jahrhundert Apotheker und Hofarzt des englischen Königs Jakob I., plädierte überzeugend für Hopfen als Beruhigungsmittel, als er in seine Heilkräuterkunde schrieb, daß Bier eigentlich ein medizinisches Getränk sei. Um in anderer Form die Wohltaten des Hopfens zu nutzen, läßt man drei frische oder getrocknete Fruchtzapfen in einer Tasse heißen Wassers 10 Minuten ziehen und trinkt diesen Tee warm. Um die Wirkung zu verstärken, kann man auch ein heißes Bad mit starkem Hopfenaufguß nehmen und fürs Bett ein Kopfkissen mit getrocknetem Hopfen füllen.

Depressive Verstimmungen sind die am meisten verbreitete Form nervöser Beschwerden und haben vielfältige Ursachen, keineswegs nur psychisch bedingte. Allergien, die durch Nahrungs- und Genußmittel, Konservierungsstoffe, Öle oder andere Lösungsmittel hervorgerufen werden, können Depressionen auslösen. Diese können nach Krankheiten wie Grippe oder Leberleiden auftreten und die Genesung verzögern, oder sie sind Anzeichen für Vitaminmangel. Frauen leiden oft an Depressionen, die durch hormonelle Umstellungen verursacht sind: vor und während der Menstruation, nach Geburten, in den Wechseljahren. In anhaltenden und ernsthaften Fällen sollten Sie unbedingt einen Arzt aufsuchen.

Einige Arzneimittel, insbesondere in höheren Dosierungen, können depressive Nebenwirkungen haben. Dazu zählen auch einige Antibiotika, Schmerz- und Beruhigungsmittel, die möglicherweise sogar gegen nervöse Beschwerden verschrieben werden. Leichte nervöse Verstimmungen können bedenkenlos mit Kräutern, die auf das Ner-

Borretsch

Katzenminze

Echter Baldrian

vensystem harmonisierend, stärkend sowie stimmungsaufhellend wirken und die täglichen Belastungen und Anspannungen mildern, behandelt werden. Seit Jahrhunderten werden Aufgüsse aus Borretsch, Katzenminze, Kamille, Zitronenmelisse, Rosmarin, Baldrian und Eisenkraut als milde Beruhigungsmittel getrunken. So haben jüngste wissenschaftliche Experimente bewiesen, was Verfechter der Naturmedizin seit langem wissen: Kamille, eines der mildesten Kräuter, enthält entspannende und schlaffördernde Wirkstoffe.

Aufgüsse aus frischen oder getrockneten Kräutern werden wie auf den Seiten 184 und 185 beschrieben hergestellt.

Getrocknete Kamillenblüten können in Naturkostläden, Reformhäusern und Apotheken gekauft werden. Darüber hinaus sind sie, wie nur wenige Kräuter, auch in Pulverform und als Teebeutel, der modernen Form der Heilkräuterzubereitung, erhältlich.

Eisenkraut

Schnelle Tips

- *Profitieren Sie von der doppelten Wirkung zweier Entspannungskräuter, indem Sie einen frischen Zweig Katzenminze zum Kamillenaufguß geben.*

- *Melissentee, ein weiteres bewährtes heilendes Hausmittel, wird normalerweise kalt getrunken. Als Schlaftrunk wirkt er besonders gut gegen Depressionen.*

- *Für Kamillentee nimmt man einen gehäuften Teelöffel getrocknete Blüten, läßt sie 10 Minuten in einer Tasse mit kochendheißem Wasser ziehen und trinkt diesen heiß.*

- *Einige Lavendelblüten in Kamillentee, oder einen anderen beruhigenden Tee, gegeben, verstärken dessen Wirkungen.*

- *Baldrian ist ein Beispiel für den überlieferten Glauben, daß schlecht schmeckende Medizin Schlechtes – also Krankheiten vertreibt. Die pulverisierte Wurzel für Abkochungen ist in Apotheken erhältlich. Kurmäßig dreimal täglich getrunken, kann der Geschmack mit einigen Melissen- oder Pfefferminzblätter verbessert und der Tee mit Honig gesüßt werden.*

- *Rosmarin hilft Ihnen, nach einer Erkrankung die schönen Seiten des Lebens wieder zu erkennen. Sein hoher Kalziumgehalt lindert Depressionen, die als Folge von Krankheiten auftreten können. Trinken Sie den Tee heiß und je nach Geschmack mit Honig gesüßt.*

- *Einige ätherische Öle, in Reformhäusern, Naturkostläden und Apotheken erhältlich, können mit Pflanzenölen verdünnt als entspannende Massageöle gegen Depressionen verwendet werden. Zu den wirkungsvollsten gehören Bergamotte-, Jasmin-, Neroli-, Orangen- und Rosenöl.*

ERKRANKUNGEN DER ATEMWEGE

Erkrankungen der Atemwege, von der gewöhnlichen Erkältung bis zur Kehlkopfentzündung, sind immer unangenehm und zeitweilig äußerst kräftezehrend. Weniger schlimme Formen, bei denen man keinen Arzt aufsuchen möchte, können selbst mit Naturmedizin gelindert werden. Andere dagegen, einschließlich Mandelentzündung, Bronchitis und Asthma, müssen sofort von einem Arzt behandelt werden.

Erkältungen

Die ersten Anzeichen einer Erkältung – wie tränende Augen, Nasenjucken und Heiserkeit – werden in der Naturmedizin mit schweißtreibenden Aufgüssen, also Schwitzkuren, behandelt.

Entzündungshemmende Kräuter, wie der Echte Eibisch, lindern Atemwegserkrankungen. Andere Kräuter helfen auf ihre Weise. So enthalten beispielsweise Eukalyptus, Ysop, Lavendel, Rosmarin und Thymian antiseptisch wirkende ätherische Öle; Odermennig, Augentrost und Holunderblüten wirken schleimlösend.

HOLUNDERBLÜTEN- UND SCHAFGARBETEE

Je einen Teelöffel Holunder- und Schafgarbeblüten in einer Tasse heißen Wassers 15 Minuten aufbrühen. Abseihen, mit Honig süßen und alle zwei bis drei Stunden, auf jeden Fall vor dem Schlafengehen, heiß trinken.

AROMATISCHER AUFGUSS

25 g frische Ingwerwurzel in Scheiben schneiden, mit einer in Stücke gebrochenen Zimtstange, sechs Gewürznelken, einem Teelöffel Koriandersamen und einer halben, in Scheiben geschnittenen Zitrone in einen Glas- oder Emailletopf geben. 600 ml kochendes Wasser darauf gießen, zudecken und zum Kochen bringen. 15 Minuten sieden lassen, abseihen und mit Honig süßen. Alle zwei bis drei Stunden, auf jeden Fall vor dem Schlafengehen, heiß trinken.

GESICHTSDAMPFBAD

Acht bis zehn Tropfen Lavendel-, Thymian- oder Eukalyptusöl – eines dieser Öle oder eine Mischung – in eine Schüssel geben und mit 600 ml heißem Wasser übergießen. Kopf mit einem Handtuch bedecken und den Dampf inhalieren.

SCHNUPFEN-MISCHUNGEN

Die Reizung der Schleimhäute und die Lösung der Schleimbeläge kann durch einen langsam in die Nase eingesogenen warmen Aufguß gelindert bzw. befördert werden. Dafür eignen sich besonders der Saft einer halben Zitrone in einer Tasse warmen Wassers und Bockshornkleetee.

BOCKSHORNKLEETEE

Einen Teelöffel Bockshornklee-Samen leicht zerstoßen und in einer Tasse Wasser 15 Minuten sieden lassen. Abseihen, abkühlen lassen und langsam in die Nase ziehen. Den restlichen Tee, mit Honig gesüßt, heiß trinken.

BRUSTBALSAM

Ein altes Hausmittel, das wegen seiner antiseptischen und schleimlösenden Eigenschaften geschätzt wird, ist ein Brustbalsam aus zerquetschten Knoblauchzehen und Vaseline, der vor dem Schlafengehen aufgetragen wird. Sechs große Knoblauchzehen zerquetschen, in einen Glas- oder Emailletopf geben, einen Eßlöffel Vaseline hinzufügen und das Ganze erhitzen, bis die Vaseline geschmolzen ist. In einen sterilen Tiegel füllen und abkühlen lassen. Auf die Brust und den Rücken auftragen.

Ysop

Anis

Bockshornklee

Halsentzündungen

Salbei, Thymian, Essig, Zitrone und Honig sollte man bei Halsentzündungen zur Hand haben. Gurgellösungen, Aufgüsse und Halswickel helfen die Symptome bei Mandelentzündungen zu lindern.

GURGELLÖSUNG

Wählen Sie zwischen einer Mischung aus Salbei und Essig oder Thymian und Zitronensaft, um eine lindernde Gurgellösung, die auch gegen Kehlkopfentzündungen hilft, herzustellen. Brühen Sie einen Teelöffel frische Kräuterblätter in einer Tasse kochendheißen Wassers 10 Minuten auf. Je nach Kraut einen Teelöffel Essig oder Zitronensaft hinzufügen. Gurgeln Sie mit einem Teil des Aufgusses und trinken Sie den Rest als Tee.

Mandelentzündungen müssen von einem Arzt behandelt werden. Gurgeln mit einem Kräuteraufguß kann aber den brennenden Schmerz lindern. Salbei oder Thymianaufgüsse können auch als Halswickel angewandt werden.

Husten

Husten ist ein Reflex, um den schleimigen Auswurf zu lösen, der sich bildet, wenn die Schleimhäute im Rachen gereizt oder entzündet sind (wie bei einer Bronchitis). Aufgüsse aus gemischten Kräutern wirken lindernd und heilend.

HUSTEN-MISCHUNGEN

Diese Kombination aus Abkochung und Aufguß ergibt eine besonders wirksame Hustenmedizin. Einen Teelöffel leicht zerstoßene Anissamen und einen Eßlöffel pulverisierte Süßholzwurzel (in einer Kräuterhandlung oder Apotheke erhältlich) in 600 ml Wasser 20 Minuten sieden lassen. Die Abkochung über je einen Teelöffel getrocknete Huflattichblüten und getrocknete Thymianblätter gießen, zudecken und 10 Minuten durchziehen lassen. Durch ein Tuch pressen und drei- bis viermal täglich eine Tasse heiß trinken.

HAUSMITTEL AUS DER KÜCHE

Eine große Zwiebel schälen, in Ringe schneiden und in eine Schüssel geben. Drei Eßlöffel flüssigen naturreinen Honig darübergeben – Honig wirkt stark antiseptisch und schleimlösend. Zudecken und über Nacht stehenlassen. Abseihen und viermal täglich einen Teelöffel einnehmen.

KNOBLAUCH-ELIXIER

Die antiseptische Wirkung sowohl des Knoblauchs als auch des Honigs ist in diesem bewährten Hausmittel gegen Husten enthalten. Acht Knoblauchzehen hacken, in ein Gefäß geben und mit vier Eßlöffeln flüssigem naturreinen Honig bedecken. Alle zwei Stunden einen Teelöffel dieses Elixiers einnehmen.

EUKALYPTUSTEE

Die harten Blätter dieser Arzneipflanze müssen vor dem Ziehen kurz aufgekocht werden. 25 g getrocknete Blätter in einen Glas- oder Emailletopf geben, 600 ml Wasser zufügen und aufkochen lassen. Zudecken und 15 Minuten ziehen lassen. Abseihen und alle drei Stunden heiß trinken.

INHALATIONEN

Die ätherischen Öle von Kräutern wie Lavendel, Oregano und Thymian sind als Inhalationen wirkungsvoll. Ein oder zwei Tropfen auf ein Taschentuch – wie es Damen im 19. Jahrhundert zu tun pflegten – geben oder sechs bis acht Tropfen eines der Öle in eine Schüssel mit 600 ml kochendheißem Wasser. Den Kopf mit einem Handtuch bedecken und tief einatmen. Oder, was weniger angenehm riecht, drei große Knoblauchzehen zerdrücken und in das dampfende Wasser geben.

Knoblauch

Süßholz

Gartenthymian

SCHMERZEN

Schmerzen können im täglichen Leben zu einer starken Belastung werden, wie z. B. rheumatische, von Muskelentzündungen hervorgerufene Schmerzen oder lähmende Kopfschmerzen und Migräneanfälle, die durch nervliche Anspannung oder eine Lebensmittelallergie ausgelöst wurden.

Kopfschmerzen und Migräne

Bei Kopfschmerzen ist als erstes zu klären, wodurch sie verursacht werden. Sie können vielfältige Ursachen haben wie beispielsweise Verdauungsstörungen, zu hoher Blutdruck, Anspannung, Erschöpfung, zu niedriger Blutzucker oder Menstruationsbeschwerden.

Dauerhafte oder immer wiederkehrende Kopfschmerzen sollten immer von einem Arzt untersucht werden. Spannungsbedingte Kopfschmerzen können mit Hilfe von Aufgüssen, wie auf Seite 183 beschrieben, gelindert werden.

EINREIBEN MIT KRÄUTERN
Massieren Sie die Schläfen mit ein paar Tropfen Pfefferminz- oder Rosmarinöl, verdünnt mit einem Pflanzenöl. Oder geben Sie ein oder zwei Tropfen Öl auf ein Taschentuch, legen sich entspannt in einen verdunkelten Raum und inhalieren das Aroma.

MUTTERKRAUTTEE
Brühen Sie einen Teelöffel getrocknete Blätter oder einen gehäuften Eßlöffel frische Blätter in einer Tasse mit kochendheißem Wasser auf und trinken Sie den Tee heiß, aber nicht mehr als zwei Tassen täglich. Der Aufguß schmeckt besser, wenn er mit Honig gesüßt ist.

LAVENDEL
Lavendel eignet sich besonders gut zur Linderung von nervös bedingten Kopfschmerzen. Geben Sie zwei oder drei Tropfen Lavendel-Tinktur auf einen Zuckerwürfel und lassen diesen langsam im Mund zergehen, oder massieren Sie Ihre Schläfen mit dem Öl. Sie können auch eine Tasse gesüßten Lavendel-Tee, aus den Blüten zubereitet, trinken.

MIGRÄNE
Die gegen Spannungskopfschmerzen vorgeschlagenen Mittel können auch gegen die pulsierenden, halbseitig auftretenden Kopfschmerzattacken der Migräne eingesetzt werden. Jüngste Forschungen haben ergeben, daß Migräne mit Mutterkraut behandelt werden kann, einem Heilkraut, von dem wir heute wissen, daß es ähnlich wie Aspirin wirkt. Die bitteren Blätter sind schmackhafter, wenn man sie - zwei oder drei auf einmal - in einem Honigbrötchen verzehrt.

Gute Gründe für Mutterkraut

Bereits in John Gerards Herball *aus dem 16. Jahrhundert steht, daß „Mutterkraut gut ist für alle, die schwindelig im Kopf sind oder an Schwindelgefühlen leiden". Wissenschaftliche Forschungen haben diese Aussage bestätigt. Man fand heraus, daß Mutterkraut-Extrakte im Körper die Entstehung von Prostaglandinen hemmen, das sind Substanzen, die an der Entstehung von Entzündungen und Schmerzen beteiligt sind. Heutzutage wird die Pflanze bei der Behandlung von Migräne, Rheuma und Arthritis eingesetzt.*

Pfefferminze

Rosmarin

Verstauchungen

Schwere Verstauchungen und womöglich Brüche müssen ärztlich versorgt werden, doch kleinere Überdehnungen sprechen gut auf Kräuterkompressen und -salben an.

Behandeln Sie Verstauchungen mit einer Kompresse aus einem sauberen, in heißen Beinwelltee getauchten Leinentuch oder mit einem Umschlag aus geriebener Beinwellwurzel.

Mischen Sie dafür zwei Eßlöffel getrocknete, pulverisierte Beinwellwurzel (erhältlich in der Apotheke) mit heißem Wasser zu einem dicken Brei, den Sie bei schwacher Hitze 15 Minuten köcheln lassen. Den Brei feucht halten, indem Sie, falls notwendig, etwas Wasser zugeben.

In seinem Buch über Hausmittel, *Primitive Physick*, verschreibt John Wesley Beinwell bei überdehnten Sehnen: „Beinwellwurzeln zu einer dicken, klebrigen Masse oder einem Gelee kochen und als Wickel anwenden. Der Wickel wird zweimal täglich gewechselt.“ Eine moderne Version des „Gelees“ kann man herstellen, indem man drei Eßlöffel getrocknete, pulverisierte Beinwellwurzel mit 250 g Vaseline kocht. Abkühlen lassen und durch ein Tuch in einen Topf seihen. Auf die betroffenen Stellen auftragen.

Muskel- und Gelenkschmerzen

Kleinere Muskelzerrungen oder -verspannungen, die durch eine Überlastung hervorgerufen wurden, können mit einer sanften Kräuteröl-Massage gelindert werden. Wird die betroffene Körperstelle zuvor durch ein heißes Bad entspannt, ist die Massage noch effektiver.

Es ist ratsam, einen Arzt oder Heilpraktiker aufzusuchen, der die Ursachen für Rheuma, es könnte streß- oder ernährungsbedingt sein, und für Arthritis, möglicherweise durch eine Verletzung hervorgerufen, herausfinden kann.

Für ein linderndes Öl 300 ml Olivenöl in einen kleinen Topf geben, zwei Eßlöffel Lavendelbüten, getrocknete Rosmarin- oder Thymianblätter oder frische Zweige dieser Kräuter hinzugeben. Das Öl langsam erwärmen, vom Herd nehmen und 10 Minuten ziehen lassen. Abseihen und warm auf die schmerzenden Muskeln auftragen.

BRENNESSELN

Die jungen Kopftriebe der Brennessel, die im Frühjahr und Sommer in der Natur gesammelt werden können, sind reich an Vitaminen, Mineralien – und stark alkalisch, wodurch sie übermäßige Säure neutralisieren und rheumatische Schmerzen lindern können. Brennesseln sind auch getrocknet oder bereits als Teebeutel erhältlich.

SELLERIEMILCH

Ein bewährtes Hausmittel zur Behandlung von Rheumatismus und Arthritis ist Selleriemilch. Drei lange Selleriestangen werden in kleine Stücke geschnitten und in 300 ml Milch 20 Minuten geköchelt. Die so entstandene Mischung warm als Suppe genießen.

Auch Selleriesamen sind reich an alkalischen Stoffen und können für einen Aufguß verwendet werden. Einen Teelöffel Samen leicht zerstoßen und in einer Tasse Wasser 5 Minuten sieden lassen. Zudecken, 10 Minuten ruhen lassen, abseihen und warm trinken.

EIN ALTES INDIANISCHES MITTEL

Indianer nutzten das Öl der Gaultherie (Wintergrünöl) zur Behandlung von Rheumatismus. Ein ähnliches Öl, auch süßes Birkenöl genannt, wird heutzutage aus der Birke gewonnen und wirkt lindernd, wenn man die betroffenen Stellen damit einreibt.

Manche Kräuterkundige empfehlen, den Extrakt aus Birkenblättern als Badezusatz zu verwenden, um rheumatische Erkrankungen und die Schmerzen steifer Gelenke zu lindern.

Lavendel 'Twickel Purple'

Lavendel 'Munstead'

Beinwell

SCHNITTWUNDEN & PRELLUNGEN, BISSE & STICHE

Kleinere Verletzungen, die man sich zu Hause, im Garten oder auf dem Spielplatz zuzieht, wie Schnittwunden, Hautabschürfungen, Prellungen, Verbrennungen, Bisse und Stiche, können selbst behandelt werden. Schwerwiegendere Verletzungen müssen sofort von einem Arzt versorgt werden. Bei Kindern wirkt ein sanftes Hausmittel und liebevolles Trösten meist Wunder.

Schnitt- und Schürfwunden

Schnitt- oder Schürfwunden müssen zunächst gründlich gereinigt werden. Dies kann in einem Wundbad mit 2,5 ml (1/2 Teelöffel) Calendulatinktur, in 300 ml heißem Wasser gelöst, geschehen.

Culpeper schreibt...

Nicholas Culpeper, der im 17. Jahrhundert in seinem Complete Herbal *die medizinische Wirkungsweise und den Gebrauch der Heilpflanzen festhielt, äußerte sich auch über die Behandlung von Wunden, Schnitten und Bissen. Er nannte Mutterkraut „ein einzigartiges Wundkraut". Und über Minze schreibt er, daß sie „mit Salz aufgetragen, bei Bissen von tollen Hunden hilft... und es ist gut, den Kopf kleiner Kinder damit zu waschen, da sie gegen allerlei Ausschläge, Wunden und Schorf wirkt...".*

Eine sterile Gaze-Kompresse, die in die frisch angesetzte Lösung getaucht, auf die betroffene Stelle gelegt und mit einem Verband fixiert wird, befördert den Heilungsprozeß. Kleinere Wunden können mit 1-2 Tropfen Calendulatinktur beträufelt und mit einem Gaze-Pflaster abgedeckt werden.

KNOBLAUCHWICKEL
Knoblauch ist ein altbewährtes Heilmittel. Die Chinesen verwendeten in Scheiben geschnittenen rohen Knoblauch zur Behandlung von Wunden, und im 1. Weltkrieg wurden Kriegsverletzte mit Knoblauchumschlägen behandelt.

Sie können sich seiner desinfizierenden Wirkung bedienen, indem Sie einen Wickel aus in feine Scheiben geschnittenen Knoblauch, in sterilen Verbandsmull eingeschlagen, herstellen. Die keimtötenden Eigenschaften des Knoblauchs lassen sich gut mit einer anderen antiseptisch wirkenden Substanz kombinieren, mit naturreinem Honig. Das auf Seite 185 empfohlene Knoblauchelixier gegen Bronchialbeschwerden können Sie auch dick auf Schnittwunden und Hautabschürfungen auftragen und mit einer Binde fixieren. Sollte Sie der Geruch des rohen Knoblauchs stören, tragen Sie nur Honig auf die Wunde auf.

Grüne Minze

Mutterkraut

Kamille

Prellungen

Beinwell (Comfrey) ist ein Heilkraut mit vielseitigen medizinischen Eigenschaften, und neue Untersuchungen bestätigen seine seit langem in der Volksheilkunde bekannte Wirksamkeit bei Prellungen.

Baden Sie die betroffene Stelle in Beinwelltee, oder tragen Sie eine Kompresse mit Beinwellaufguß zur Linderung der Schmerzen und zur Abschwächung des Blutergusses auf. Beinwellsalben, die man in der Apotheke kaufen kann, nutzen die Eigenschaften der Pflanze in einer anderen Form.

Beinwell, dessen volkstümlicher Name bereits auf die ihm zugeschriebene Wirkung hinweist, wurde im Altertum bei Knochenbrüchen verwendet. Sein botanischer Name *Symphytum* ist vom griechischen *symphyein* (zusammenwachsen) abgeleitet und verweist auf seine Eigenschaft, schlecht heilende Wunden zu schließen.

Die ersten Siedler Neu-Englands lernten vieles von dem Wissen der Indianer um die Heilkraft der Kräuter. Die Indianer wandten bei ernsthaften Prellungen Hamamelisextrakt an. Bewahren Sie eine Flasche davon im Medizinschrank auf, um mit durchtränkten Wattebäuschen schmerzhafte Schwellungen zu lindern.

Verbrennungen

Schwere Verbrennungen und Verbrühungen müssen sofort von einem Arzt behandelt werden, aber zuerst muß die verbrannte Hautstelle gekühlt werden.

Kühlen Sie die verbrannte Stelle sofort mit kaltem Wasser, damit das Gewebe nicht noch mehr geschädigt wird.

Kaltwasserlösungen mit einigen Tropfen Calendula- oder Johanniskrauttinktur können bei kleineren Verbrennungen und Verbrühungen helfen. Eine dieser Lösungen als Kompresse aus sterilem Mull auflegen oder mit Watte auftupfen. Sollten Sie keine Tinktur zur Hand haben, kann statt dessen auch kalter Kamillen- oder Beinwelltee angewandt werden.

Auf offenen Hautstellen kann eine Paste aus naturreinem Honig und einem dieser Kräuteraufgüsse besänftigend und heilend wirken.

Bisse und Stiche

Bienen- und Wespenstacheln müssen sofort aus der Haut entfernt werden. Direkt danach kann man die Stelle in einer Lauge aus Wasser und Backpulver (doppelt kohlensaures Natron) baden – eine sehr wirkungsvolle Sofortbehandlung.

Schnelle Tips

- *Ameisenbisse können rasch mit einer Wasser-Backpulver-Lösung (doppelt kohlensaures Natron) gelindert werden.*
- *Betupfen Sie Bisse und Stiche mit Hamamelis, je kälter, desto besser. Es zahlt sich aus, eine Flasche davon im Kühlschrank zu haben.*
- *Das vielleicht bekannteste Gegenmittel gegen Brennesselquaddeln ist ein Sauerampferblatt – eine denkbar einfache, sofort anzuwendende und am Wegesrand wachsende Auflage.*
- *Eukalyptusöl oder Lavendel-Essenz, mit sauberem Finger auf einen Insektenstich oder -biß getupft, kühlen sofort die Stelle.*
- *Ein bewährtes Hausmittel zur Linderung schmerzhafter Bisse und Stiche ist eine Zwiebel. Eine dicke Scheibe kann mit einem Pflaster oder Verband als Auflage festgehalten werden. Oder man macht eine Kompresse aus zerriebener oder in Ringe geschnittener Zwiebel in sterilem Mull.*
- *Mutterkrauttee ist ein altes volkstümliches Heilmittel bei Stichen und Bissen. Dazu läßt man 30 ml (2 Eßl.) Blütenköpfe in einer Tasse kochendheißem Wasser ziehen. Großzügig auf den entzündeten Bereich auftragen und antrocknen lassen.*
- *Der gleiche Aufguß wurde früher auf dem Land zur Insektenabwehr benutzt. Mutterkraut enthält Kampfer, den Bienen und andere Insekten nicht mögen.*

VERDAUUNGSBESCHWERDEN

Viele Verdauungsbeschwerden lassen sich auf falsche Ernährung oder ungeregeltes Eßverhalten zurückführen. Zu viele eiweiß- und kohlehydratreiche, aber ballaststoffarme Nahrungsmittel, wie Fleisch, Zucker und Weißmehl, koffein- und alkoholhaltige Getränke und schnelles, hektisches Essen können Verstopfung, Sodbrennen, Blähungen und Koliken, eine Übersäuerung des Magens und Verstimmungen des Verdauungstraktes hervorrufen.

Es muß darauf hingewiesen werden, daß ernsthafte, länger andauernde Verstopfungen, z. B. mit starken kolikartigen Magen- und Darmschmerzen, unbedingt sofort von einem Arzt behandelt werden müssen. Kleinere Verstimmungen können erfolgreich mit Hausmitteln kuriert werden, wobei diese nicht nur eingesetzt werden sollten, um die Symptome einer schwereren Erkrankung abzuschwächen.

Aufgüsse und Abkochungen eignen sich, um das Unwohlsein bei verdauungsbedingten Problemen zu lindern. Auf der gegenüberliegenden Seite sind die zehn wichtigsten Teezubereitungen aufgeführt.

LÖWENZAHN

Löwenzahn ist eine vielseitig verwendbare Pflanze mit breitem medizinischem Wirkungsbereich. Eine Abkochung aus der Wurzel kann bei Dyspepsie (Verdauungsstörungen) und als mildes, jedoch bitteres Abführmittel verwendet werden. Der in Löwenzahn enthaltene Wirkstoff Taraxacin verbessert die Leber- und Gallenfunktion und regt die Gallensekretion an.

Die Blätter haben eine harntreibende Wirkung, worauf auch seine volkstümlichen Namen „Bettpisser" oder, in Französisch, *pis-en-lit* anspielen. Sie können leicht gedünstet mit Zitronensaft und Pfeffer wie Spinat oder in gemischten Salaten serviert werden. Die leuchtend hellgrünen, frischen Blätter, die man im Frühjahr sammelt, schmecken besonders gut zusammen mit Brunnenkresse. (Auch Brunnenkresse ist eine entwässernde Pflanze. Sie wirkt entgiftend, blutreinigend und verdauungsfördernd.)

SÜSSHOLZWURZEL

Kindern wurde früher oft ein Stück Süßholzwurzel zum Kauen gegeben, damit „der Magen in Ordnung bleibt". Die Pflanze wurde lange als Hausmittel bei Verdauungsbeschwerden gebraucht. Es kann auch gegen Sodbrennen verwendet werden, da die Pflanze in einem übersäuerten Magen die Säurebildung herabsetzt. Daneben wirkt es krampflindernd auf den Dickdarm und begünstigt die Abheilung von Magengeschwüren. Eine Abkochung kann aus Süßholzwurzel in Pulverform, das in Apotheken erhältlich ist, hergestellt werden.

ACHTUNG Menschen mit Bluthochdruck sollten Süßholz nicht verwenden.

Löwenzahn

Brunnenkresse

Dill

Die 10 wichtigsten Magen-Darm-Tees

PFEFFERMINZE
Pfefferminze und Verdauungsbeschwerden bilden ein engverbundenes Begriffspaar, und eine Packung starke Pfefferminze gehört in jede Hausapotheke. Die ganze Pflanze enthält flavonhaltige Substanzen, die die Leber- und Gallenfunktionen sowie den Gallenfluß anregen. Man wendet sie erfolgreich bei Koliken und Blähungen an, und sie wirkt krampflösend bei Magen-Darm-Katarrh.

PETERSILIE
Petersilie ist eine stark harntreibende Pflanze, die sowohl gegen Harnwegserkrankungen wie auch Flüssigkeitsstauungen verwendet wird. Sie enthält daneben reichlich Vitamin C und Eisen und wirkt verdauungsfördernd.

SALBEI
Das ätherische Öl wirkt als Mittel gegen Blähungen und hat verdauungsanregende Eigenschaften. Salbeitee hemmt übermäßige Schweißabsonderung und lindert Unwohlsein.

MAJORAN
Majoran, ein weitverbreitetes Gewürzkraut für Eier- und Fleischgerichte, wurde vermutlich wegen seiner verdauungsfördernden Eigenschaften in unseren Küchen so beliebt. Das Aroma des Majorantees wird verstärkt, wenn man einen Löffel der lila Blüten hinzugibt.

THYMIAN
Eine der vielen wohltuenden Eigenschaften des Thymiantees ist seine Fähigkeit, den Verdauungstrakt zu beruhigen und gegen Blähungen zu helfen, da sein ätherisches Öl krampflösend wirkt.

ROSMARIN
Ein oder zwei Tassen Rosmarintee können Blähungen lindern und die Verdauung, die Leberfunktionen und die Gallensekretion anregen. Die medizinischen Eigenschaften des Rosmarins beruhen auf seinem hohen Gehalt an ätherischen Ölen, die die Gallenblase und den Verdauungstrakt anregen.

DILL
Der Name Dill leitet sich von dilla ab, einem isländischen Wort, das „beruhigen" bedeutet. Aus der Pflanze gewonnenes Dillwasser gilt seit Generationen als verdauungsfördernd und appetitanregend. Die Pflanze ist noch heute in für Kinder geeigneter Medizin gegen Bauchschmerzen enthalten und wird wegen ihrer krampflösenden und blähungslindernden Eigenschaften geschätzt. Der Aufguß wird aus einem Teelöffel leicht zerstoßener Samen in einer Tasse kochendheißen Wassers hergestellt.

FENCHEL
Sowohl die Samen als auch die Wurzel dieser Pflanze können Verdauungsbeschwerden und körperliches Unbehagen lindern, wobei der Fencheltee, hergestellt aus einem Aufguß leicht zerstoßener Samen, häufiger angewandt wird. Für eine Fenchelabkochung kann man die Fenchelwurzel in Pulverform in der Apotheke oder im Kräuterladen kaufen. Der Aufguß eignet sich gut gegen Koliken bei Babys sowie gegen Sodbrennen und Magenverstimmungen bei Erwachsenen.

ZITRONENMELISSE
Das wertvolle ätherische Öl der Blätter kann sich während des Trocknens verflüchtigen, so daß es am sinnvollsten ist, frische oder gefrorene Blätter zu verwenden. Eine Tasse heißen Zitronenmelissetee, in kleinen Schlucken nach dem Essen getrunken, ist verdauungsfördernd und lindert sowohl kolikartige Magen- und Darmschmerzen wie auch Blähungen. Dies liegt an der krampflösenden Wirkung der ätherischen Öle, vor allem des Eugenol.

ENGELWURZ
Der Aufguß aus leicht zerstoßenen Engelwurzsamen mit seinem scharfen, bitteren Geschmack regt die Verdauung an und kann kolikartige Magen- und Darmschmerzen sowie Blähungen lindern. Die harntreibenden Eigenschaften werden erfolgreich bei Infektionen der Harnwege angewandt.

AUGEN-, OHREN- UND MUNDERKRANKUNGEN

Geschwollene Augen wie auch Ohrenschmerzen können, laut Nicholas Culpeper, mit einer einzigen Pflanze geheilt werden. In seinem Kräuterbuch verzeichnet er unter Petersilie, daß „die auf geschwollene oder entzündete Augen gelegten Blätter der Petersilie diesen helfen... und ihr Saft, mit etwas Wein in die Ohren getropft, die Schmerzen lindert". Auch ein Heilmittel gegen Mundleiden befand sich in seinem Kräuterfundus. Dafür empfahl er Minze: „Die Abkochung, im Mund gegurgelt, heilt den entzündeten Rachen und Gaumen und hilft gegen schlechten Atem".

Augenprobleme

Die Ursachen für gereizte, entzündete oder brennende Augen können Schlafmangel, Streß oder Zigarettenrauch sein. Ein bewährtes Heilmittel sind kalte Kompressen, die man sich in einem dunklen Raum auf die Augen legt.

Kompressen aus Wattebäuschen, entweder mit eiskaltem Wasser oder besser noch mit kaltem Kräutertee getränkt, auf die Augen legen. Fencheltee, ein Aufguß aus den Samen, ist ein altbewährtes Hausmittel. Heutzutage verwendet man eher fertige, kalte Fenchel- oder Kamillenteebeutel.

BERUHIGENDE AUGENBÄDER
Entzündete und rote Augen können zu Hause mit einem der zahlreichen beruhigenden Augenbäder behandelt werden. Bindehautentzündungen und andere schwerwiegende Augenentzündungen müssen ärztlich versorgt werden. Auf Hygiene und Sauberkeit muß genauestens geachtet werden. Sterilisieren Sie zunächst ein geeignetes Gefäß in heißem Wasser oder in Wasserdampf über einem Topf. Verwenden Sie dann eine der aufgeführten Aufgüsse oder Teemischungen, um die Augen damit zu baden. Die Lösung vor der Anwendung kühlen, in einer verschlossenen Flasche bis zu 24 Stunden im Kühlschrank aufbewahren und die gebrauchte Lösung jedesmal wegschütten.
Kamillentee, aus den Blüten gebrüht.
Holunderblütentee.
Fencheltee, aus den Samen gebrüht.
Calendula-Augenbadlösung 2 Tropfen Calendulatinktur, gemischt mit 15 ml destilliertem Wasser, für jedes Bad (für jedes Auge).
Ringelblumenblüten-Kompresse Besänftigt müde Augen und hilft gegen Gerstenkörner ebenso wie auch zerkleinerte Petersilienblätter in einem heißen, sterilen Mulltuch.

Augentrost

Culpeper lobt die hervorragenden Heilwirkungen der Euphrasia officinalis: *„Würde das Kraut so häufig angewendet wie mißachtet, würde es den Umsatz der Brillenmacher um die Hälfte verringern." Für eine Augentrostlösung mischt man für jedes Augenbad jeweils 5 Tropfen Augentrosttinktur mit einem Eßlöffel Rosenwasser. Für jedes Auge und für jede Anwendung eine neue Lösung mischen. Ein Aufguß der Blätter kann als Heiltee getrunken oder gekühlt als Augenbad oder Kompresse genutzt werden. Bei Mund- oder Rachenentzündungen wird der Aufguß als Mundwasser oder Gurgellösung verwendet.*

Ringelblume

Fenchel

Myrrhe

Ohrenerkrankungen

Ohrenschmerzen können als Nachwirkung einer Erkältung auftreten oder die Symptome einer Infektion sein. Auf jeden Fall sollten Sie sofort einen Arzt aufsuchen.

Weniger schlimme Fälle von Ohrenschmerzen können mit warmem Kräuteröl gelindert werden. Ein solches kann aus 20 Tropfen Myrrhe- oder Eukalyptustinktur und einem Eßlöffel Mandelöl bestehen. Bewahren Sie die Mischung in einer verschlossenen Flasche auf. Vor Gebrauch schütten Sie etwas Tinktur in einen in heißem Wasser vorgewärmten Teelöffel. Tränken Sie Watte in der Mischung und plazieren diese vorsichtig im vorderen Gehörgang.

Ein weiteres einfaches Hausmittel ist Knoblauchöl. Es kann in Kapseln gekauft werden. Stechen Sie eine Kapsel an und leeren Sie das Öl auf einen vorgewärmten Löffel, bevor Sie es, wie bereits beschrieben, anwenden.

Lavendelöl, mit Mandel- oder Olivenöl verdünnt, kann in die Ohrmuschel als Schutz vor Infektionen einmassiert werden.

Munderkrankungen

Zahnschmerzen und Zahnfleischentzündungen sind Krankheitssymptome, die von einem Zahnarzt untersucht werden müssen.

Mundwässer aus Kräutern können Entzündungen lindern und antibakteriell wirken, und Vitaminergänzungen, besonders Vitamin C und die Vitamin B-Präparate, sind hilfreich.

KRÄUTERMUNDWASSER

Aufgüsse können als besänftigendes Mundwasser bei Zahnfleischentzündungen und Zahnschmerzen eingesetzt werden, wobei es wichtig ist, die Lösung so lange wie möglich im Mund zu behalten.

Folgende Lösungen sind hilfreich:
Rosmarintee Frische oder getrocknete Blätter verwenden.
Salbeitee Frische oder getrocknete Blätter verwenden.
Thymiantee Frische oder getrocknete Blätter und, falls möglich, einige Blüten verwenden.
Lavendeltee Blüten verwenden.
Myrrhetinktur Tinktur mit warmem, gekochtem Wasser verdünnen. Im Verhältnis 8 Tropfen zu 150 ml Wasser verwenden.
Nelkenöl Als lokales Betäubungsmittel bei zermürbenden Zahnschmerzen. Ein paar Tropfen auf einen Wattebausch tröpfeln und damit das Zahnfleisch um den betroffenen Zahn massieren. Alle zwei bis drei Stunden wiederholen.

GEGEN SCHLECHTEN ATEM

Alle oben erwähnten Aufgüsse und Lösungen helfen auch gegen Mundgeruch. Die Ursache für Mundgeruch muß jedoch geklärt werden. Frischen Atem erhält man auch durch Kauen von Kümmel-, Kumin- oder Fenchelsamen oder Petersilien- oder Minzeblättern.

Kamille

AROMATHERAPIE

Bereits in den frühen Hochkulturen wurde die Aromatherapie praktiziert, d. h. die Wirkung ätherischer Pflanzenöle auf das seelische und körperliche Wohlbefinden der Menschen angewendet. Der Umgang mit Heilpflanzen war ein wesentlicher Bestandteil der Medizin in China und Ägypten, wo die therapeutischen Kräfte der Öle wohlbekannt waren.

Die Aromatherapie nutzt die therapeutischen Eigenschaften der ätherischen Öle zur Heilung köperlicher und seelischer Krankheiten und zur Steigerung des Wohlbefindens. Die Öle können auf die Haut durch Massagen aufgetragen, eingeatmet (inhaliert) oder als Aufguß über den Verdauungstrakt innerlich aufgenommen werden.

Über diese drei Wege erreichen die ätherischen Stoffe das Gehirn. Die Nervenzellen in den Nasenschleimhäuten leiten die Informationen schnell in die unterschiedlichen Gehirnzentren. Kyphi, eine in der Antike von den Griechen hergestellte exzellente Duftölmischung, besitzt wohldokumentierte stimmungsverändernde Eigenschaften.

Die Verwendung von Ölen bei der Körpermassage ist eine äußerst wohltuende, altbewährte Form der Aromatherapie. Die Haut, unser größtes Organ, absorbiert ätherische Öle, die selektiv in die verschiedenen Körpergewebe aufgenommen werden. Ätherische Massageöle befördern auch Selbstheilungsprozesse im Körper. Gleichzeitig wirkt eine Massage entspannend und beruhigend.

So komplex wie die ätherischen Öle selbst sind auch deren Wirkungsweisen, die man nur durch intensive Studien erfassen kann. Ätherische Öle können beispielsweise auch innerlich angewendet werden. Dabei werden dem Körper die Wirkstoffe in hochkonzentrierter Form zugeführt, was wegen der unterschiedlichen Wirkungseigenschaften nur von erfahrenen Ärzten oder Aromatherapeuten durchgeführt werden sollte.

Einer der faszinierendsten Aspekte der Aromatherapie ist die Zusammenstellung zweier oder mehrerer Öle zu einem synergetischen Wirkungsspektrum, wobei sich jede Mischung durch

Purpurroter Salbei

Essigrose

Koriander

ihre einzigartigen Eigenschaften und therapeutischen Wirkungsweisen auszeichnet. Auch hier empfiehlt es sich, einen Experten zu konsultieren.

DAS PRINZIP DER AROMATHERAPIE
Ätherische Öle sind sehr stark konzentriert und werden deshalb immer verdünnt angewendet: maximal 5 Tropfen ätherisches Öl auf 5 ml Trägersubstanz oder Basisöl. Dieses können zum Beispiel ein einzelnes oder eine Mischung aus mehreren Ölen sein, wie Traubenkern-, Erdnuß-, Haselnuß-, Walnuß-, Mandel- oder Sojaöl. In der Regel reicht ein Teelöffel Öl für eine Ganzkörpermassage aus.

Auch über den Geruchssinn, also durch Inhalieren, können ätherische Öle wirksam werden. Beispielsweise entwickelt ein Tropfen Lavendelöl, auf ein Taschentuch geträufelt, bereits ausreichend Aroma, um beruhigend wie auch entspannend zu wirken, und 2-3 Tropfen Aromaöl in einer Schüssel heißem Wasser verbreiten einen intensiven Duft. Die beste Wirkung entwickelt der aromatische Dampf, wenn Sie Ihren Kopf etwa 25 cm über die Schüssel halten, ihn mit einem Handtuch bedecken und die aufsteigenden Dämpfe etwa eine Minute lang durch die Nase inhalieren. Das tiefe Durchatmen steigert die Wirkung des altbewährten Hausmittels.

ACHTUNG Ätherische Öle dürfen nicht während der Schwangerschaft angewendet werden. Viele sind leicht toxisch und könnten eine Fehlgeburt einleiten.

Lavendel 'Twickel Purple'

Die Wahl des Aromaöls

Das ist eine Auswahl an Ölen, die für Massagen, zur Inhalation oder, zwei bis drei Tropfen pro Bad, als Badezusatz geeignet sind.

BERGAMOTTE
Dieses Öl wird genutzt, um Depressionen zu lösen und die Stimmung aufzuhellen.

GERANIUM
Gelegentlich als Bourbon-la-Réunion-Öl verkauft, da die Pflanze ursprünglich auf dieser Insel wuchs, wirkt dieses ätherische Öl beruhigend und entspannend.

GRAPEFRUIT
Diese Öl hilft, wenn das Selbstvertrauen einer Stärkung bedarf. Es ist wärmend und beruhigend.

JASMIN
Aus acht Millionen handgepflückten Jasimblüten erhält man 1 kg des Grundstoffes, aus dem das Öl gewonnen wird. Es wirkt beruhigend, angstlösend und fördert den Schlaf.

KAMILLE
Dieses gelbe Öl wirkt angstlösend und harmonisierend. Auch als Inhalation, zwei bis drei Tropfen pro Anwendung, ist es sehr wirkungsvoll.

KORIANDER
Zur Gewinnung des Öls wird der Koriander geerntet, wenn die Früchte voll ausgereift sind. Seine anregende Wirkung hilft gegen Müdigkeit und Lethargie.

LAVENDEL
Das Öl wird zur Nervenstärkung und zur Beruhigung eingesetzt. Es wird sowohl als Massageöl wie auch zur Inhalation verwendet - zwei bis drei Tropfen pro Anwendung sind bereits sehr wirksam.

MELISSE
Aus den Blättern der Zitronenmelisse destilliert, wirkt dieses Öl antidepressiv und fördert das Wohlbefinden.

NEROLI
Dieses entspannende und zugleich anregende Öl, das aus der Bitterorange oder Pomeranze gewonnen wird, kann nervöse Spannungen und Ängste abbauen und den Schlaf fördern.

ROSE
Das Rosenöl, auch 'Attar' genannt, wird aus den Zentifolienarten, der Damaszener- und der Essigrose (Rosa gallica) destilliert und wirkt beruhigend, angstlösend und hilft besonders bei postnatalen Depressionen. Aus etwa 5 Tonnen Rosenblüten erhält man 1 kg des Öls.

ROSMARIN
Das ätherische Öl wirkt gegen Erschöpfung, ist allgemein stimulierend und fördert die Konzentration.

SANDELHOLZ
Der Sandelholzbaum, der ursprünglich aus der indischen Provinz Mysore stammt, enthält erst nach 30 Jahren das voll entwickelte ätherische Öl. Das Luxusöl wirkt angstlösend und harmonisierend.

WEIHRAUCH
Aus dem Harz des Weihrauchbaumes Boswellia thurifera *gewonnen, besitzt dieses Öl eine beruhigende Wirkung. Mit Hilfe eines Zerstäubers kann es besonders wirkungsvoll als entspannender Raumduft genutzt werden.*

YLANG-YLANG
Das intensiv duftende, süßlich-exotische Öl, aus den Blüten des Ylang-Ylang-Baumes in Madagaskar gewonnen, wirkt beruhigend und antidepressiv. Wegen seines intensiven Duftes sollte es sparsam dosiert werden.

KRÄUTERSCHMUCK

Kräuter waren früher sowohl als Färbemittel wie auch als Schmuck ein wichtiger Bestandteil des häuslichen Kunsthandwerks. Der Kräuterschmuck hat seinen Ursprung oft in mythischen oder religiösen Traditionen. So wurden beispielsweise in Sträuße gebundenes Johanniskraut gegen böse Geister am Fenster befestigt und Mistelzweige als Glücks- und Fruchtbarkeitsbringer aufgehängt. Heute kann man einige dieser symbolischen Bedeutungen in Büchern über die „Sprache der Blumen" aus dem 19. Jahrhundert nachlesen, wenn auch unsere jahreszeitlich bedingten Kräuterdekorationen meist rein ornamentale Funktion haben. Jedoch das Färben mit Naturmaterialien, wie Kräutern, ist keineswegs in Vergessenheit geraten. Viele kunstgewerbliche Weber und Spinner bevorzugen die zarten und abwechslungsreichen Schattierungen der Naturfarben anstelle der normierten chemischen Farben.

Rainfarn ist leicht zu trocknen und attraktiv in Kräuterarrangements.

Kränze sind nicht nur zu festlichen Anlässen ein reizvoller Schmuck.

Kräuter für Trockenblumenarrangements und Kränze

Die Farben in getrockneten Blumenarrangements können durchaus intensiver und abwechslungsreicher sein als die allseits bekannten Braun- und Grünschattierungen. Die unten angeführte Liste enthält Kräuter, die auch in getrocknetem Zustand ihre Farbe behalten und deshalb für Kräuterschmuck besonders geeignet sind. Will man Kräuter trocknen, pflückt man diese sofort, nachdem sich die Blüten geöffnet haben. Die Farben sind dann so im getrockneten Zustand intensiver, als wenn die Blüten zum Zeitpunkt der Ernte bereits am Verblühen sind.

Pflanze	Verwendete Teile	Farbe im getrockneten Zustand
Dill	Fruchtstände	grün und braun
Eberraute	Stiele und Blätter	grün
Eukalyptus	Blätter	silbergrau
Fenchel	Fruchtstände	leicht graubraun schirmartige Fruchtstände
Frauenmantel	Blütenstände	gelbgrün
Gartenkerbel	Fruchtstände	grün und braun
Indianernessel	Blütenstände	scharlachrot
Kamille	Blüten	gelbgrau
Kümmel	Fruchtstände	hellbraun und braun
Lavendel	Blütenstände	Schattierungen zwischen violett und dunkelblau
Lorbeer	Blätter und Stiele	dunkelgrün
Poleiminze	Blütenstände und Blätter	violett
Rainfarn	Blütenstände	strahlend gelb
Rosmarin	Stiele und Blätter	dunkelgrün
Sauerampfer	Fruchtstände	Grünschattierungen
Schafgarbe	Blütendolden	rosa, weiß, dunkelgelb

Die Sprache der Kräuter

Diese Tabelle zeigt Ihnen die symbolischen Bedeutungen einiger Kräuter. Sie können sich daran orientieren, wenn Sie zu einem speziellen Anlaß ein Kräuterensemble zusammenstellen.

Pflanze	Symbolische Bedeutung
Basilikum	beste Wünsche, innige Freundschaft
Borretsch	Mut
Brunnenkresse	Eroberung
Duftpelargonie	Ermutigung, Trost
Eberraute	Beständigkeit
Fenchel	Stärke, Schmeichelei
Gartenkerbel	Ernsthaftigkeit, innige Gefühle
Holunderblüten	Leidenschaft, Sympathie
Kamille	Geduld, Sanftmut, Bescheidenheit, Resignation
Koriander	verborgene Werte, versteckte Gefühle
Lavendel	verschwiegene Anerkennung und Akzeptanz entgegengebrachter Liebe
Lorbeer	Ehre, Loyalität und dauerhafte Zuneigung, Ehrlichkeit
Majoran	Glück, Freude
Minze	Weisheit
Myrthe	Liebe, erste Liebeserklärung
Nachtkerze	Unbeständigkeit, Unsicherheit
Petersilie	Feierlich-, Festlichkeit
Raute	Reue
Rose	Verschwiegenheit
Rosmarin	Erinnerung
Rote Rose	wahre Liebe
Safran	Hochzeit
Salbei	Achtung, Freundschaft
Thymian	Aktivität

Kräuter zum Färben

Mit Kräutern kann man eine Vielzahl natürlicher Farben in sanfteren und zarteren Farbtönen, als dies mit synthetischen Farben möglich ist, erzielen. Mit Beizen, bestimmten Chemikalien, präpariert man den Stoff voher, damit die Farbe besser in den Fasern haftet, also gleichmäßig und intensiv wird: die unten aufgeführten Beizmittel sind für das Färben von Wolle geeignet. Wenn Sie es zu Hause versuchen wollen, färben Sie zunächst eine kleine Menge naturbelassenen Baumwollstoffs oder Wolle – ein Wollschal ist dafür gut geeignet. Beizen sind in einem Hobbygeschäft erhältlich; verfahren Sie damit, wie auf der Packung angegeben. Für das Färben mit Kräutern kommen nur diejenigen Kräuter in die engere Wahl, von denen Sie einen großen Vorrat zur Hand haben. Da die Färbekraft viel schwächer als die von käuflichen Farben ist, brauchen Sie eine große Menge Kräuter, um einen tiefen Farbton zu erzielen. Die hier aufgeführten Kräuter führen zu einem guten Ergebnis; die vorgestellten Beizen sind für Wolle geeignet.

Pflanze	Verwendete Teile	Farbe	Beizmittel
Färberwaid	Blätter	blau/lila	Ammoniak
Holunder	Blätter	grün	Alaun
	Beeren	blau/lila	Alaun/Salz
	Beeren	violett	Alaun
	Rinde	schwarz	Eisen
Johanniskraut	Blüten	rot	Zinn/Essigsäure
Petersilie	Blätter und Stiele	cremefarben	Alaun
Rainfarn	Blütenköpfe	dunkelgelb	Alaun
Ringelblume	Blütenblätter	blaßgelb	Alaun

Girlanden aus frischen Kräutern überspielen harte Kanten und wirken sehr natürlich.

KRÄNZE & GIRLANDEN

In der Vergangenheit war es üblich, Kränze und Girlanden auf einen Kern aus Gras oder anderen biegsamen Stielen zu binden und Gleiches mit Gleichem zu kombinieren. So werden auch heute noch im Mai zur Feier des heiligen Stephanus in Griechenland Kränze aus Gras in Türöffnungen gehängt, in die - oft von Kindern - kleine Sträuße duftender Blumen gebunden werden.

Weitaus solidere Kränze aus biegsamer Klematis, Weinreben, Weiden- oder anderen für einen Kranzkern ineinander gewundenen Zweigen können entweder selbst hergestellt oder in einem Blumengeschäft gekauft werden. Diese runden Formen, ebenso wie die langen, dicken Zöpfe aus Bast oder Weinreben, bieten Kräutersträußen Halt, jedoch keine Feuchtigkeit. Sie eignen sich nur für kurzlebige festliche Dekorationen sowie für immergrüne Kräuter wie Lorbeer, Rosmarin und Salbei oder für solche Blüten, die beim Trocknen in warmer Luft Gestalt und Farbe behalten. Dazu gehören Monarde, Kümmel, Kamille, Schnittlauch, Mutterkraut, Frauenmantel, Lavendel, Rainfarn und Oregano. Die Fruchtstände von Kräutern wie Gartenkerbel, Dill, Fenchel und Sauerampfer können auf die gleiche Art getrocknet und verwendet werden. Ein Kranz oder eine Girlande aus einem - oder einer duftenden Mischung - der genannten Kräuter bleibt während des Trocknens schön anzusehen, bis er dann im getrockneten Zustand zu einem dauerhaften Schmuck wird, der seine ursprüngliche Pracht und seinen Duft behält.

Ein Kern aus natürlichem Material gibt einem Gebinde nicht nur die Form, sondern ist gleichzeitig ein Bestandteil der Dekoration. So bildet zum Beispiel ein Grasreif zu Büscheln von Majoranblüten in jeder Hinsicht, Struktur und Farbe, einen attraktiven Kontrast.

Draht, Seil, Plastik oder andere Basismaterialien können mit getrocknetem Bleichmoos oder Heu kaschiert werden. Dies wird mit einer grünen Schnur, später unsichtbar im Grün der Zweige, befestigt. Dauerhafte Kräuterkränze werden mit dieser Technik gebunden.

Lorbeer

Ringelblume

Kerbel

Frische Kräuterkränze

Erfreuen Sie Ihre Sinne mit einem Kranz aus frischen Kräutern, der während des Trocknens ein süßes Aroma verströmt.

Auswahl an Kräuterblättern wie Heiligenkraut, Lavendel, Lorbeer, Rosmarin und Salbei
Auswahl an Kräuterblüten wie Kamille, Schnittlauch, Mutterkraut, Frauenmantel, Lavendel und Oregano
grüne Schnur
trockenes Heu
Stützring aus doppeltem Kupferdraht, 25 cm Durchmesser
Silberdraht
mitteldicker Steckdraht, halbierte Länge

Faden mit einem Ende am Stützring befestigen. Jeweils eine Handvoll Heu an die Form pressen und mit dem Faden festbinden. Kräuterblätter und -blüten in kleine Sträuße, entweder nur ein Kraut oder gemischt, zusammenfassen. Die Stiele gleich lang abschneiden und mit Silberdraht zusammenbinden. Die kleinen Sträuße bis zu ihrer Verarbeitung ins Wasser stellen. Den Steckdraht zu U-förmigen Ösen biegen. Die kleinen Sträuße flach gegen den mit Heu bedeckten Ring halten und die Stiele mit den Ösen befestigen. Die aufeinanderfolgenden Sträuße so positionieren, daß die Köpfe des einen jeweils die Stiele des anderen Straußes abdecken. Die Sträuße auf dem ganzen Ring in dieser Art befestigen. Sie können, je nach Geschmack, das Heu an einigen Stellen unbedeckt lassen.

Den Kräuterkranz in einem trockenen Raum, jedoch nicht der Sonne ausgesetzt, aufhängen. Die Kräuter trocknen sozusagen „vor Ort".

Tischgirlande

Eine kurzlebige Girlande aus frischen Kräuterblättern und -blüten ist eine schöne sommerliche Tischdekoration für ein Gartenfest oder eine Hochzeitstafel.

Lange Zweige mit beispielsweise buntblättrigen Minze- und goldenen Majoranblättern
Blumen wie Damaszener Rose oder Ringelblume
dicke Kordel oder spiralförmiges Papierband, passend zu den Farben der Blüten
Silberdraht
Heißleim oder Sekundenkleber

Stellen Sie die Dekoration möglichst kurz vor der Feier her und lassen Sie das Pflanzenmaterial bis zu Beginn der Arbeit im Wasser stehen.

Messen Sie den Rand oder die Außenkante des Tisches und geben Sie, je nach Geschmack, für Girlandenbögen Länge dazu. Die Kordel oder das andere Kernmaterial auf die Länge zuschneiden. Je nachdem, wie breit oder wie dicht das Blattwerk der Girlande werden soll, zwei, drei oder mehrere Kräuterzweige mit Silberdraht am Girlandenkern befestigen. Die Blütenstiele abschneiden und die Blütenköpfe über die Zweigenden stecken. Die Girlande mit kühlem Wasser einsprühen, um die Blumen und Blätter frisch zu halten.

Buntblättrige Apfelminze

STRÄUSSE & BUKETTS

Die Zusammenstellung von duftenden Pflanzen und Kräutern in Sträußen, Buketts und aller Art Gebinden hat ländlich volkstümliche und auch ganz praktische Wurzeln. Im 16. Jahrhundert trug man diese lieblich oder würzig riechenden Duftsträußchen als natürliche Luftverbesserer und als Schutz gegen die Pest oder andere ansteckende Krankheiten bei sich; Kräuter mit desinfizierenden Eigenschaften wie Lavendel, Rosmarin und Raute wurden zu diesem Zweck bevorzugt verwendet.

Im 19. Jahrhundert tauschten heimlich Liebende kleine Sträuße aus, deren Blumen geheime Botschaften überbrachten. Gemäß der tradierten „Sprache der Blumen“ konnten diese beispielsweise Rosmarinzweige enthalten, die, wie Ophelia in Shakespeares *Hamlet* sagt, „zur Erinnerung“ dienen; Basilikum steht für gute Wünsche; Koriander für verborgene Werte (auf wessen Seite, wird nicht gesagt); Holunderblüten als Symbol der Leidenschaft; Fenchel als Zeichen für Stärke und Petersilie für Festlichkeiten. Ein Liebesstrauß ohne eine rote Rose, dem Symbol wahrer Liebe, ist unvorstellbar.

Kräutersträußchen können frei oder im Stil des 19. Jahrhunderts in konzentrischen Ringen um einen Mittelpunkt, traditionellerweise eine Rosenblüte, zusammengestellt werden. Ein einfaches Sträußchen kann als Erinnerung an ein geselliges Abendessen neben jedem Gedeck liegen.

FESTLICHE BUKETTS

Ein mit Bändern geschmücktes Kräutersträußchen für die Braut oder die Brautjungfern macht sich gut auf einer ländlichen Hochzeit. Die Blüten im Knopfloch oder an der Taille befestigte kleine Sträuße können in Art und Farbe mit diesen Buketts korrespondieren, wobei die Stiele der kurzlebigen Pflanzen am besten mit Hilfe einer Orchideenphiole feucht gehalten werden.

Farblich abgestimmte Sträußchen können Teil einer festlichen Tafeldekoration sein. Vorbereitete und bis zuletzt im Wasser stehende kleine Kräutersträußchen werden an einer Tischgirlande aus Blüten befestigt, um Zeltstangen gewickelt oder an einer an der schmalen Tischseite herabhängenden Tischdecke angebracht. Genauso bezaubernd wirkt es, wenn diese an der Frontseite der Tafel entweder in Reihen oder beliebig angebracht werden.

Kleiner Duftstrauß

Stellen Sie einen kleinen duftenden Kräuterstrauß einfach nach Ihrem Geschmack, ähnlich wie einen von einem Kind gepflückten Blumenstrauß, zusammen.

Auswahl von Kräutern und Blumen wie Mutterkraut, Gartennelken, rosa Kornblumen, violetter Salbei und buntblättrige Minze

Stellen Sie den Strauß in Ihrer Hand oder auf einer glatten Oberfläche zusammen, wobei Sie die langstieligen Pflanzen - womöglich Minze oder Salbei - nach hinten und die anderen Kräuter entsprechend der Größe davor legen. In einer kleinen Vase kommen so alle Kräuter angemessen zur Geltung. Umwickeln Sie die Stiele locker mit Bast oder Faden, so daß das Sträußchen seine Form - die jedoch völlig natürlich aussehen soll - behält.

Frauenmantel

Gemeiner Baldrian

Wollziest

Kerzenschmuck

Kerzen in zylindrischen, quadratischen oder kegelartigen Formen können mit gepreßten Blättern oder Blütenköpfen verziert werden. Gepreßte Rosenblütenblätter, in Form einer Blüte arrangiert, eignen sich für Rosen-Duftkerzen. Eine farbliche Verknüpfung wird durch die Verzierung einer gelben Kerze mit den gepreßten orangefarbigen Blütenblättern der Ringelblume oder der Brunnenkresse hergestellt. Duftkerzen, die nach Zitronen riechen, können mit kleinen Zweigen eines zitronenaromatischen Krautes und Kerzen mit Lavendelduft mit gepreßten violettfarbigen Salbeiblättern und -blüten akzentuiert werden. Benutzen Sie, um die Kräuter anzubringen, einen durchsichtigen Papierklebestoff, oder streichen Sie klares, flüssiges Wachs über die Kräuter und die sie umgebenden Stellen.
Sie können auch spezielle Hohlformen für Kerzen kaufen, die auf das Aroma hinweisen. Kerzen in Zitronen- oder Orangenform werden mit dem entsprechenden ätherischen Öl parfümiert und kegelförmige Kerzen mit Sandelholzöl, um den Geruch von Räucherwerk hervorzurufen.

Biedermeierstrauß

Es bedarf einiger Geduld, einen Biedermeierstrauß mit in konzentrischen Kreisen angeordneten Blüten und Blättern zusammenzustellen. Um eine aparte Wirkung zu erzielen, sollten die Blüten und Blätter auf gleiche Länge gestutzt werden.

Wählen Sie blühende Kräuter wie Rosen, Mutterkraut, Kamille, Heiligenkraut, Majoran
feine Schnur oder Silberdraht
farbige Bänder

Die Dornen von den Rosenstengeln abschneiden. Wählen Sie eine Rose als Mittelpunkt und halten Sie diese in der Hand. Ordnen Sie etwas unterhalb der Rosenblüte ringförmig farblich passende Blüten wie die des Mutterkrauts an. Diese werden, wiederum leicht unterhalb, von ringförmig angeordneten Blätterzweigen bekränzt.

Richten Sie jeden Stengel aus, so daß die Blütenringe gleich lang und konzentrisch angeordnet sind, und binden die Stiele mit Faden oder Silberdraht zusammen. Ordnen Sie auf diese Art weitere Kreise um den Mittelpunkt an und binden jeweils die Stiele zusammen.

Verzieren Sie den Strauß auf herkömmliche Art, mit einem Ring großer, abschließender Blätter wie die des Frauenmantels. Binden Sie das Band um die Stiele und schneiden Sie die Enden in Form. Stellen Sie den Strauß in Wasser und besprühen Sie ihn mit Wasser.

Heiligenkraut

Mutterkraut

Majoran

KRÄUTER IM HAUSHALT

In früheren Zeiten, als es keine Reinigungs- und Pflegemittel fertig abgepackt zu kaufen gab, waren Kräuter für Hausfrauen wichtige Hilfsmittel, die bei der Herstellung von Desinfektions- und Reinigungsmitteln verwendet wurden. In einer weitaus unhygienischeren Zeit als der unseren streute man täglich duftende Pflanzen auf den Fußboden, damit diese den Schmutz aufnahmen und die Raumluft verbesserten. So brachte man Pflanzen wie Labkraut, Mädesüß und Honigklee wegen ihres Wohlgeruchs ins Haus. Auch Duftpotpourris haben ihren Ursprung im Mittelalter, einer Zeit, in der wohlhabende Menschen Duftkugeln (Pommander) nicht nur wegen des angenehmen Geruchs, sondern auch als Schutz vor der Pest und anderen Seuchen bei sich trugen.

Basilikum muß auf einer sonnigen Fensterbank regelmäßig gegossen werden.

Verwendung	Pflanze	Verwendeter Teil	Anwendungsweise
Duftkugeln	Gewürznelke	Blütenknospe	In getrocknete Orange stecken
	Rose	Blüten	Zur Dekoration getrockneter Orangen
		pulverisierte Blütenblätter	Als Duft in Bienenwachs-Duftkugeln
		Öl	Als Duft in Bienenwachs-Duftkugeln
Duftspülung für Stoffe	Balsamkraut	Blätter	Abgeseihter Aufguß als Spülung für Bettwäsche etc.
	Eau-de-Cologne-Minze	Blätter	Abgeseihter Aufguß als Spülung für Bettwäsche etc.
	Lavendel	Blüten	Abgeseihter Aufguß als Spülung für Bettwäsche etc.
	Rosmarin	Blätter	Abgeseihter Aufguß als Spülung für Bettwäsche etc.
	Zitronenmelisse	Blätter	Abgeseihter Aufguß als Spülung für Bettwäsche etc.
Haushaltsreiniger	Lavendel	Blüten	In Bienenwachs und Terpentinöl als Möbelpolitur
	Seifenkraut	Blätter	Abkochung zum Waschen von Stoffen und Bezügen
		Wurzel	Aufguß zum Waschen von Stoffen und Bezügen
	Zeder	Öl	In Bienenwachs- und Terpentinöl-Polituren und -Pasten
	Zitronenstrauch	Blätter	Traditionell in Möbelpolitur; auch in Lein und Terpentinöl
Insektenschutz	Basilikum	ganze Pflanze	Auf dem Fensterbrett ziehen
	Eberraute	Blätter	Gegen Motten in Kleiderschränke hängen
	Heiligenkraut	Blätter	Gegen Motten in Kleiderschränke hängen oder mit Eberraute und anderen Mottenkräutern in Duftkissen
	Lavendel	Blüten und Stiele	Gegen Motten in Kleiderschränke hängen
	Poleiminze	ganze Pflanze	Um Blumenrabatten gegen Ameisen pflanzen
	Rainfarn	Blätter/Stiele	Hält Fliegen und Wespen fern

Lavendel ist vielseitig im Haushalt verwendbar – von Kerzen bis zum Insektenschutz.

Verwendung	Pflanze	Verwendeter Teil	Anwendungsweise
	Raute	Blätter / Stiele	Hält Fliegen und Wespen fern
	Rosmarin	Blätter	Mit Eberraute und anderen Mottenkräutern in Duftkissen
Kerzen	Balsamkraut	Blätter	Zerstoßen in flüssiges Wachs
	Lavendel	Öl	Als Duft in flüssiges Wachs
		Blüten	Zerstoßen in flüssiges Wachs
	Minze	Blätter	Zerstoßen in flüssiges Wachs
	Monarde	Blüten	Zerstoßen in flüssiges Wachs
	Neroli / Orange	Öl	Als Duft in flüssiges Wachs
	Rose	Öl	Als Duft in flüssiges Wachs
	Rosmarin	Öl	Als Duft in flüssiges Wachs
		Blätter	Zerstoßen in flüssiges Wachs
	Sandelholz	Öl	Als Duft in flüssiges Wachs
Kissenfüllungen	Hopfen	Fruchtzapfen	Als Schlafhilfe
	Kamille	Blüten	Als Schlafhilfe
	Lavendel	Blüten	Duftkissen zwischen die Bett- und Unterwäsche
	Rose	Blütenblätter	Duftkissen zwischen die Bett- und Unterwäsche
Mäuseschutz	Minze	Blätter	Im betroffenen Gebiet ausstreuen
	Pfeffer	gemahlene Samen	Im betroffenen Gebiet ausstreuen
Raumdüfte	Borretsch	Blüten	In Potpourris
	Fenchel	Samen	In Potpourris
	Kardamon	Samen	In Räucherpulver
	Koriander	gemahlene Samen	Potpourri; in Räucherkegel und -pulver
	Lavendel	Blüten	In Potpourris oder mit Schreibpapier aufbewahren; in Räucherkegel
		Stiele	In Lavendel„körbchen" zum Parfümieren von Schubladen etc.
		Öl	In Räucherkegel
	Liebstöckel	Samen	In Potpourris
	Lorbeer	Blätter	In Räucherkegel
	Majoran	Blüten	In Potpourris und Duftsäckchen
	Monarde	Blüten	In Potpourris und Duftsäckchen
	Myrrhe	Harz	In Räucherpulver
	Ringelblume	Blütenblätter	In Potpourris und Duftsäckchen
	Rose	Blütenblätter	In Potpourris und Duftsäckchen
	Rosmarin	Blätter	In Potpourris
		Blüten	In Potpourris und Duftsäckchen
	Sandelholz	Puder	In Räucherkegel und -pulver
		Öl	In Räucherkegel
	Schwertlilie	Wurzel	Fixiermittel für Potpourris
	Zitronengras	Blätter	In Potpourris und Duftsäckchen

Im 19. Jahrhundert war es Mode, Duftkugeln zu tragen. Heute verströmen die Kugeln ihren Duft in Zimmern und Schränken.

Kerzen können mit Kräutern parfümiert und verziert werden.

REINIGUNGSMITTEL

Kräuter und andere aromatische Pflanzen helfen, das Haus oder die Wohnung frisch und sauber, wohlriechend und gemütlich zu halten. Die Herstellung von Kräuterpolituren und Haushaltsseifen ist nicht nur eine befriedigende Tätigkeit, sondern stellt darüber hinaus eine Verbindung zur Vergangenheit her, die käuflichen Produkten fehlt.

Lavendel-Möbel-Wachs

Das süßlich duftende Wachs sparsam auftragen und mit einem weichen, trockenen Tuch polieren.

50 g Bienenwachs
300 ml reines Terpentin
50 g reine Seifenflocken
200 ml Lavendelaufguß

Das Bienenwachs mit dem Terpentin in den oberen Teil eines „Simmertopfes“ oder ins Wasserbad geben und rühren, bis die Bestandteile gut vermischt sind. Vom Herd nehmen und leicht abkühlen lassen.

Seifenflocken mit demLavendelaufguß in einen kleinen Topf geben und langsam erhitzen. Die Mischung kräftig schaumig rühren, vom Herd nehmen und leicht abkühlen lassen.

Die Lavendelmischung in das Bienenwachs mischen; es sollte eine dicke, cremige Konsistenz entstehen. In ein luftdichtes Gefäß oder einen Topf mit Schraubverschluß füllen, verschließen und beschriften.

Ergibt etwa 600 ml

Haushaltsshampoo

Dieses milde Seifenshampoo eignet sich zum Reinigen von alten Tapeten und wertvollen Teppichen.

25 g getrocknete Seifenkrautwurzel, über Nacht eingeweicht, oder
3 Handvoll frische Seifenkrautstiele
1 l Wasser

Eingeweichte Wurzel auspressen, in kleine Stücke schneiden und mit einem Nudelholz ausquetschen. Frische Stiele in kurze Stücke schneiden. Seifenkraut in einen Topf mit dem Wasser geben und zum Kochen bringen. Bedeckt 30 Minuten unter gelegentlichem Rühren köcheln lassen. Vom Herd nehmen und abkühlen lassen. In Flaschen gießen, verschließen und beschriften.

Ergibt 1 Liter

Seifenkraut

Schädlingsbekämpfung

Zur Schädlingsbekämpfung gibt es seit alters her unzählige praktische Ratschläge. Das Verbrennen von Lavendelbeschnitt sollte beispielsweise zweierlei bewirken: zum einen Insekten fernhalten und zum anderen den Duft im Raum verbessern. Im Mittelalter streute man Minzezweige auf den Boden, um die Raumluft zu verbessern und Mäuse, denen der Geruch angeblich zuwider ist, fernzuhalten. Weitere Kräuter, mit denen der Fußboden bestreut wurde, waren Raute, Eberraute und Rainfarn. Fisch und Fleisch wurden zur Konservierung zunächst ebenfalls mit Rainfarn eingerieben und anschließend mit frischen Kräuterzweigen bedeckt.

Basilikum, seit alters her im mediterranen Raum angebaut, wird eher wegen seiner Fliegen abschreckenden Wirkung denn als Beilage für Tomaten auf der Fensterbank gezogen. Wenn Sie Töpfe mit Kräutern wie Eau-de-Cologne-Minze, Pfefferminze, Basilikum und Thymian, auf die Fensterbank stellen, Kräutersträuße zum Trocknen in warmen, luftigen Räumen aufhängen und Krüge mit Kamille, Poleiminze, Heiligenkraut und Eberraute im Haus verteilen, gelingt es Ihnen sicherlich, Insekten fernzuhalten.

MOTTENSCHUTZ

Eberraute, Heiligenkraut, Lavendel und Rosmarin schützen alles Wollene vor Motten. Wenn Sie diesen Kräutermottenschutz ausprobieren wollen, wickeln Sie die Kräuterzweige in dünnen Leinen- oder Baumwollstoff und legen ihn zwischen Seidenpapier in den Schrank, damit Sie später keine Blätter oder winzige Samen entfernen müssen.

MOTTENSCHUTZ-SÄCKCHEN

Für angenehm duftende, Motten abschreckende Duftkissen mischt man 6 Eßlöffel getrockneter Eberrautenblätter mit jeweils 2 Eßlöffeln getrockneter Kamillenblüten und zerbröckelter Rosmarinblätter, 1 Eßlöffel getrockneter, zerbröckelter Lorbeerblätter, 2 zerdrückten Zimtstangen, jeweils 1 Teelöffel gemahlener Gewürznelken und Iriswurzelpulver und 1 Eßlöffel Salz. In einem luftdichten Gefäß zwei Wochen lagern, dabei jeden Tag ein- bis zweimal schütteln. Die fertige Mischung in kleine Säckchen füllen, zunähen und in Schränke und Schubladen legen.

Haushaltsseife

Putzt man mit dieser Seife, verbreitet sich im ganzen Haus ein angenehmer Duft. Die Seife ist besonders gut für lackierte Flächen geeignet.

225 g reine Seifenflocken
2 Eßl. Maisöl;
zusätzlich Öl zum Einfetten
5 Eßl. flüssiger Honig
1 Teel. Nelkenöl

Seifenflocken, Maisöl und flüssigen Honig in den oberen Teil eines „Simmertopfes" oder ins Wasserbad geben und, bis die Zutaten gut vermischt sind, gelegentlich umrühren. Nelkenöl dazu mischen und kontinuierlich rühren, bis die Mischung so verdickt ist, daß man diese nicht mehr durchrühren kann.

In gefettete Formen wie kleine Dessertschalen füllen und an einem warmen, trockenen Platz fest werden lassen. Dies kann, je nach Größe der Form, bis zu zwei Wochen dauern. Die Seife aus der Form nehmen und mit einem weichen Tuch polieren.

Ergibt 325 g

Poleiminze

Rosmarin

WOHLDUFTENDER LAVENDEL

Kein anderes Gartenkraut wird wie der Lavendel mit Gelassenheit und Ruhe, mit frischem, sauberem Geruch und einer Aura von Luxus in Verbindung gebracht. Das Sprichwort, daß Sauberkeit alles ist, muß von jemandem geprägt worden sein, dessen Lieblingstante alle ihre Zimmer mit Lavendel parfümierte.

Mit Lavendel assoziiert man vergangene Zeiten, Salons des letzten Jahrhunderts, getränkt von Lavendelduft, erzeugt von Duftkissen, die zwischen die Polster gesteckt oder unter Sofaschonern an Sofarücken gehängt waren. Duftsäckchen wurden sogar in Schreibmappen gelegt, um wohlriechendes Schreibpapier herzustellen. Diese Duftideen haben keineswegs ihren Reiz verloren und verbessern auch heute unser Wohnklima. Sollte der süße Duft des Lavendels nicht für Ihre persönliche Duftatmosphäre ausreichen, würzen Sie ihn mit zerstoßenem Koriandersamen, zerbrochenen Zimtstangen, einigen Gewürznelken und getrockneten Rainfarnblüten.

Duftfüllungen

Mit Kräutern oder anderen aromatischen Pflanzen kann man alltägliche Haushaltsgegenstände in duftenden Schmuck verwandeln.

UNTERSETZER

Kräftige Baumwolle in Kreise, Quadrate, Rechtecke oder phantasievolle Formen wie die einer Erdbeere oder eines Kürbisses schneiden. Zwei passende Formen zusammennähen und die „Tasche" mit einer lieblichen oder würzigen Mischung füllen. Jedesmal, wenn sie heiße Töpfe oder Schüsseln auf den Untersetzer stellen, verströmt dieser sein Aroma.

DUFTSÄCKCHEN

Duftsäckchen können mit der schlaffördernden Mischung (siehe gegenüberliegende Seite) oder einer Mischung Ihrer Wahl gefüllt werden. Sie können in Schubladen und Schränke gelegt, an Türgriffe gehängt oder als Zuggriff für Stoffjalousien benutzt werden.

Kleine, kugelförmige Taschen, prall mit Blütenmischungen gefüllt, können als „erste Hilfe" in Streßsituationen verwendet werden. Werfen Sie das Säckchen von einer in die andere Hand oder drücken Sie es kräftig, damit es sein beruhigendes Aroma verströmt.

NADELKISSEN

Fertigen Sie ein Nadelkissen, beispielsweise in Apfel-, Pfirsich- oder Hutform, und versäubern Sie dieses mit einem Band oder einer Borte, Perlen oder Pailletten. Füllen Sie es mit einer lieblichen Duftmischung oder mit nur einem Duft, wie dem getrockneter Korianderblätter und leicht zerstoßenen Koriandersamen. Immer, wenn Sie eine Nadel hineinstecken oder herausziehen, verströmt das Nadelkissen sein Aroma.

DUFTPAPIER

Geben Sie ein Duftsäckchen in eine Schachtel mit Briefpapier oder Taschentüchern, oder, um einen länger anhaltenden Duft zu erzielen, nähen Sie einige Blütenmischungen zwischen Musselin. Legen Sie diese Musselintaschen zwischen Papier, umwickeln das Ganze mit Folie oder geben es in eine luftdichte Schachtel. Nach 2–3 Wochen hat das Papier den von Ihnen bevorzugten Kräuterduft angenommen.

Lavendelkörbchen

Aufgrund ihrer Ähnlichkeit mit Babyrasseln auch als Lavendelrasseln bekannt, sind Lavendelkörbchen äußerst praktisch konstruiert.

22 lange, geschmeidige Lavendelstiele in voller Blüte
60 cm Satinband, 6 mm breit

Die Blüten des Lavendels befinden sich innerhalb eines „Geflechts" aus miteinander verwobenen Stielen und Bändern, die ein Herausrieseln verhindern. Dieser Kräuterschmuck wurde ursprünglich genutzt, um in Truhen aufbewahrtes Leinen nach einem Dutzend oder einem halben Dutzend zu markieren und gleichzeitig zu parfümieren.

Die Lavendelstiele zusammenhalten, so daß alle Blütenköpfe auf einer Höhe sind. Das eine Ende des Bandes kurz unter den Blütenständen befestigen. Den Strauß nach unten halten und die Stiele knapp vor dem Band umbiegen, so daß sie die Blütenköpfe bedecken. Jeweils zwei Stiele zusammennehmen und das freie Ende des Bandes über und unter die Stielpaare winden, wodurch die Blüten dicht umschlossen werden. Das Band oben und unten fester anziehen, damit das Körbchen in der Mitte etwas fülliger ist. Das restliche Band zu einer Schleife binden; die Enden des Bandes und der Stiele beschneiden.

Legen Sie die Lavendelkörbchen zwischen die Unterwäsche oder Wollpullover, hängen Sie sie an Bügel in den Schrank oder arrangieren Sie drei oder mehrere auf einem Teller im Schlaf- oder Badezimmer.

Für ein Körbchen

Schlafkissen

Fertigen Sie aus einem schönen Stoff ein kleines Kissen, in das Sie eine entspannende Duftmischung füllen, und Sie werden, ob im Flugzeug oder zu Hause, gut einschlafen können.

50 g getrocknete Lavendelblüten
25 g getrocknete Kamillenblüten
25 g getrocknete, duftende Rosenblüten
2 Eßl. Koriandersamen, leicht zerstoßen
1 kleine Zimtstange, zerkrümelt
2 Eßl. getrocknetes Iriswurzelpulver

Vermischen Sie alle Zutaten miteinander und lagern diese zwei Wochen in einem verschlossenen Topf, wobei Sie die Mischung täglich umrühren oder schütteln. Füllen Sie die Trockenblütenmischung in ein kleines Kissen aus dicht gewobenem Stoff.

Sollten Sie eine andere Mischung bevorzugen, geben Sie auf jeden Fall Iriswurzelpulver hinzu, da dieses als Fixiermittel dient.

Schopflavendel

Kamille

RAUMDÜFTE

Verwenden Sie Kräuter aus dem Garten oder dem Fensterkasten, um Ihrer Stimmung duftend Ausdruck zu verleihen. Mit Potpourris, einer duftender Mischung getrockneter Blüten und Blütenblätter, Blätter und Samen, können Sie sommerliche Düfte, auch nachdem die Pracht verblüht ist, genießen. Aromaöle, die in Duftlampen verdampfen, und parfümierte Kerzen, die ätherische Öle enthalten, verbreiten eine romantische Stimmung wie auch einen Hauch von Luxus in Ihrem Heim.

Das kreativste Element dieses Gestaltens liegt in den Duftmischungen. Getrocknetes Pflanzenmaterial kann entsprechend seinem Duft - beispielsweise Rosenblütenblätter mit nach Rosen riechenden Duftpelargonienblättern - gemäß seiner Farbe - eine sonnenfarbene Mischung aus goldenen Thymianblättern und Majoranblättern, vermischt mit Blüten der Ringelblume und zitronenfarbenen Rosen - oder einfach entsprechend der Jahreszeit ausgewählt werden. Kaum ein Potpourri ist geeigneter, Erinnerungen und romantische Gefühle wachzurufen, wie eines, das aus unzähligen an einem Sommertag gepflückten Blüten und Blättern zusammengestellt wird.

Ursprünglich wurden Potpourris im Mittelalter zur Verbesserung der Raumluft verwendet, in einer Zeit also, in der selbst die stärksten Düfte kaum ausreichten, um den Gestank des täglichen Lebens zu überdecken. Die Kunst dieser Duftmischungen erfreut sich heute wieder großer Beliebtheit, da liebliche oder würzige Aromen, vielfältige Substanzen und die fast grenzenlosen Möglichkeiten der Farbkombinationen Duftpotpourris zu aparten Raumaccessoires machen.

Obgleich in erster Linie die aromatischsten Blüten eines Kräutergartens, wie die Blütenblätter der Damaszener Rose oder des Lavendels, in Duftmischungen verwendet werden, kann man auch andere, kaum oder gar nicht duftende Pflanzen auswählen, wenn man ein oder zwei Prisen gemahlene Gewürze oder einige Tropfen ätherischen Öls hinzugibt.

Man unterscheidet zwei Sorten von Potpourris. Die eine wird nach der sogenannten feuchten Methode hergestellt, die auf eine lange Tradition verweisen kann und bereits in den Vorratskammern der großen Güter angewandt wurde. Die andere, die trockene Methode, ist einfacher und vielseitiger.

DIE TROCKENE METHODE

Um ein Potpourri nach dieser Methode herzustellen, müssen alle Materialien so trocken sein, daß sie wie Papier rascheln. Die Trockenmaterialien mit den Gewürzen oder anderen Aromen mischen, in einem verschlossenen Gefäß drei bis vier Tage aufbewahren, dabei täglich durchrühren. Die Fixatur und das ätherische Öl hinzugeben, verschließen und sechs Wochen lagern, dabei möglichst täglich umrühren. Danach ist das Potpourri fertig.

DIE FEUCHTE METHODE (FERMENTIERTES POTPOURRI)

Um ein Potpourri nach dieser Methode herzustellen, gibt man die noch

Rosmarin

Rosengarten-Potpourri

Stellen Sie das Potpourri, wie beschrieben, nach der trockenen Methode her.

2 Tassen getrocknete Damaszenerrosen-Blütenblätter
1 Tasse getrocknete Rosmarinblüten und -blätter
1 Tasse getrocknete Zitronenstrauchblätter
1 Tasse getrocknete Kamillenblüten
1 Eßl. gemahlener Nelkenpfeffer
1 Eßl. gemahlener Zimt
1 Eßl. Iriswurzelpulver
4–5 Tropfen Rosenöl

Regenbogen-Potpourri

Stellen Sie das Potpourri, wie unten beschrieben, nach der feuchten Methode her.

1 Tasse angetrocknete Ringelblumenblüten
1 Tasse angetrocknete Monardenblüten
1 Tasse angetrocknete Majoranblüten, ohne Stiele
1 Tasse angetrocknete Zitronengrasblätter, fein gehackt
1 Tasse angetrocknete Borretschblüten
1 Tasse angetrocknete Zitronenstrauchblätter
3 Tassen feinkörniges Salz
1 Eßl. Anissamen
1 Eßl. Fenchelsamen
1 Eßl. gemahlener Koriander
1 Eßl. Iriswurzelpulver
5–6 Tropfen ätherisches Öl, z. B. Bergamotte-Öl

nicht völlig getrockneten Blätter und Blütenblätter jeweils zwischen eine Lage Salz in ein verschließbares Gefäß. Zwei Wochen lang unberührt stehen lassen. Während dieser Zeit entzieht das Salz, das als Trockenmittel fungiert, den Pflanzen die restliche Feuchtigkeit. Zerbrechen Sie die Salzkruste, die sich gebildet hat, fügen die Gewürze, die Fixatur (getrocknete Iriswurzel) und einige Tropfen ätherisches Öl hinzu. Gut durchrühren, bedecken und weitere sechs Wochen stehen lassen. Wenn möglich, täglich umrühren. Geben Sie das Potpourri in ein weitgeöffnetes Gefäß und vermengen es mit den Fingern, was äußerst entspannend wirkt.

VERWENDUNG VON POTPOURRIS

Ein Potpourri kann in einer Schale so plaziert werden, daß man es im Vorbeigehen mit den Fingern berühren kann, oder in einer traditionellen „Parfümschale" mit einem durchbrochenen Deckel präsentiert werden. Etwas ausgefallener ist es, ein Sträußchen getrockneter Kräuter auf quadratischem Trockenschaum zusammenzustellen, in ein Glasgefäß zu geben und mit dem Potpourri zu umstreuen. Um die Farbe und den Duft lange zu erhalten, bewahrt man Potpourris in einem verschlossenen Behälter auf, den man nur öffnet, wenn der Raum – womöglich das Gästezimmer – benutzt wird.

Die Mischung kann auch in Duftsäckchen oder Kordelbeuteln, in Schlafkissen und andere dekorative Gegenstände gefüllt werden. Diese Dinge werden auf den Seiten 206 und 207 näher beschrieben.

Mit Potpourrimischungen können auch dreidimensionale Objekte gestaltet werden, indem man sie beispielsweise gleichmäßig um eine Styroporkugel verteilt. Diese Potpourrikugel kann auf einer flachen Gebäckschale mit hohem Fuß zur Dekoration auf einen Tisch gestellt werden. Diese romantische Tischdekoration rundet ein Trockenblumensträußchen, mit einem Band umwunden, ab.

AUFFRISCHEN VON POTPOURRIS

Sobald Ihr Potpourri seine Farbe und seinen Duft verliert, ist es an der Zeit, dieses aufzufrischen. Ersetzen Sie alle völlig verblaßten Blüten und Blätter durch völlig getrocknetes farbintensiveres Material. Geben Sie die Mischung in ein verschließbares Gefäß, bestreuen es mit einem Hauch Gewürz und einigen Tropfen ätherischen Öls, rühren es gut um und verschließen den Behälter. Zwei Wochen durchziehen lassen, täglich umrühren.

Borretsch

Ringelblume

Oregano

Rosenblüten-Duftkugel

Hängen Sie diese aparte Dekoration über eine Frisierkommode, an einen Bettpfosten, einen Türgriff oder einen anderen Ort, an dem Sie sich besonders daran erfreuen können.

Styroporkugel, etwa 7,5 cm Durchmesser
2 Eßl. Gewürznelken
36 kleine getrocknete Rosenblüten
ungefähr eine Handvoll Potpourri
Hälfte eines mitteldicken Steckdrahtes
schmales Band zum Aufhängen

Gewürznelken auf dem Styroporball rundherum anordnen. Diese geben der Dekoration die „Würze" der traditionellen „Gewürzorangen" oder der Pommander. Die Stiele der Rosenblüten auf eine Länge von 8 mm schneiden und diese in Reihen oder kreisförmig in die Styroporkugel drücken. Die Kugel rundum so bestecken. Die fertige Duftkugel in das Potpourri legen und mit mehreren Lagen Stoff oder mit einer Papiertüte (kein Plastik) umwickeln. Für mehrere Wochen an einen trockenen, warmen Platz legen. Aus der Umhüllung nehmen, mit dem U-förmigen Draht an der Oberseite durchstechen und ein Band zum Aufhängen anbringen.

Duftkerzen

Um Kerzen jedweder Form und Größe zu Duftkerzen zu machen, bedarf es nur einiger Tropfen ätherischen Öls, wie man es auch für Heilmittel und kosmetische Präparate verwendet.

9 Eßl. Paraffinwachs
1 Eßl. Stearin (Stearinsäure)
Kerzenfarbe (aus dem Hobbygeschäft)
3–4 Tropfen ätherisches Öl wie Rose, Orange oder Lavendel oder 1 Teel. Duftöl (selbst hergestellt)
1 Kerzendocht
1 Dochtstab oder Holzstab oder Cocktailspieß
150 ml große Kerzenhohlform oder Joghurtbecher

Das Wachs im oberen Teil eines „Simmertopfes" oder im Wasserbad schmelzen lassen. Das Stearin, das zum einen das Wachs festigt und zum anderen das Niederbrennen der Kerze verlangsamt, und die Farbe einrühren. Das ätherische Öl zugeben und rühren, bis die Zutaten gut vermischt sind. Vom Herd nehmen und leicht abkühlen lassen.

Docht auf 7,5 cm, auf jeden Fall länger als die Form tief ist, schneiden. In das flüssige Wachs eintauchen und das eine Ende um die Mitte des Dochtstabs wickeln. Den Stab in die Form legen und das andere Ende des Dochtes durch das Loch im Boden der Hohlform ziehen. Die Wachsform aufrecht hinstellen. Sollte die Form ungleichmäßig sein, muß man sie vielleicht in einem Gefäß abstützen.

Soviel Wachs wie möglich in die Form gießen; darauf achten, daß der Docht in vertikaler Position bleibt. Gegen die Form klopfen, damit die eingeschlossene Luft entweichen und das Wachs sich setzen kann. Dabei bildet sich in an der Oberfläche eine kleine Mulde. Das restliche Wachs leicht erhitzen und in die Mulde gießen, so daß eine gerade Oberfläche entsteht. Die Kerze völlig abkühlen lassen.

Den Dochtstab entfernen. Bewegliche Hohlformen entfernen oder gegen feste Formen klopfen, um die Kerze zu lösen. Den Docht beschneiden und die Kerze mit einem weichen, trockenen Tuch polieren.

Lavendel 'Hidcote'

Koriander

Myrrhe/Süßdolde

Räucherpulver

Sollten Sie einen Kamin haben oder im Freien grillen, streuen Sie etwas von dieser aromatischen Mischung auf die glühenden Kohlen. Sollten Sie sie im Zimmer verwenden, achten Sie darauf, daß es gut durchlüftet ist.

25 g Sandelholzpulver
15 g Koriandersamen, leicht zerstoßen
15 g Kardamonsamen, leicht zerstoßen
1 Teel. Myrrhekristalle
25 g getrocknete Lavendelblüten, zu Pulver vermahlen
25 g Benzoeharz-Pulver
2–3 Tropfen ätherisches Öl

Sandelholz, Koriander- und Kardamonsamen, Myrrhekristalle und Lavendelblüten vermischen. Das Benzoeharz, das als Fixatur fungiert und den Duft bindet, und anschließend das ätherische Öl unterrühren. Die Mischung in einem luftdicht verschlossenen Behälter aufbewahren. Einige große Prisen ins Feuer streuen.

Ergibt ca. 100g

Räucherkegel

Räucherkegel verbreiten im Wohnzimmer ein orientalisches Flair oder verbessern die Luft nach einer Party.

5 Eßl. Gummiarabikum-Kristalle
150 g Holzkohle, zerstoßen
25g Benzoeharz-Pulver
1 Teel. Sandelholz-Pulver
1 Teel. gemahlener Koriander
25 g getrocknete Lorbeerblätter, fein zerbröselt
25 g getrocknete Lavendelblüten, zu Pulver vermahlen
4–5 Tropfen ätherisches Öl wie Sandelholz- oder Lavendelöl

Gummiarabikum in eine kleine Schüssel geben und mit Wasser zu einem festen Brei verrühren. Holzkohle, Benzoeharz-Pulver, Sandelholz und gemahlenen Koriander vermischen und in den Gummiarabikumbrei rühren. Die zerbröselten Lorbeerblätter und die Lavendelblüten unterrühren und das ätherische Öl hinzugeben. Durchrühren, bis die Zutaten gut vermischt sind. Kegel von etwa 5 cm Höhe formen und an einem warmen Ort, beispielsweise ein luftiges Regal, zwei Tage stehen lassen. Sobald die Kegel getrocknet sind, diese zum Schutz des Aromas in Folie wickeln. Aus der Folie nehmen und die Spitze anzünden.

Ergibt ca. 20 Kegel

Duftender Rauch

Diese einfache Art einer Räucherware verbreitet das Aroma der selbstangebauten Kräuter in einer kleinen Rauchfahne. Wählen Sie die Pflanzen entsprechend der Stimmung, die Sie hervorrufen wollen. Die Kräuter zu Pulver reiben oder mahlen, auf einen kleinen feuerfesten Teller geben und anzünden.

FÜR ROMANTISCHE STIMMUNG
Lavendel- oder Rosenblüten.

FÜR FRISCHES AROMA
Blätter der Zitronenmelisse, Zitronengras, Zitronenminze, Pfefferminze, Rosmarin, Salbei- oder Thymianblätter, Dill- oder Fenchelsamen.

FÜR EXOTISCHES AROMA
Lorbeerblätter, Koriander- und Kreuzkümmelsamen.

Lorbeer

Essigrose

VERWENDUNG DER KRÄUTER

Pflanze	Aroma	Kosmetik	Hobby	Küche	Haushalt	Heilwirkung
Ananassalbei *(Salvia elegans)*	Ananasduft			Füllungen		
Anis *(Pimpinella anisum)*	lakritzartig, scharf			Samen: Currygerichte, Backwaren	Aufguß aus Samen: Insektenschutz	Samen: gegen Mundgeruch Aufguß: verdauungsfördernd, schleimlösend (Husten)
Arzneibaldrian *(Valeriana officinalis)*	abstoßendes Aroma					Abkochung: leicht sedativ, Kopfschmerzen
Augentrost *(Euphrasia officinalis)*						Augenbad; Gurgellösung gegen Halsschmerzen
Balsamkraut *(Chrysanthemum balsamita)*	stark aromatisch	Hautpflege, Haarpflege		Salate, Suppen, Soßen	Insektenschutz, Potpourri	Aufguß: verdauungsfördernd
Basilikum *(Ocimum basilicum)*	ähnlich wie Gewürznelken			Tomaten, Käse, Salate	Insektenschutz	Aufguß: Blähungen, Übelkeit
Beifuß *(Artemisia vulgaris)*	pikant aromatisch			Schmorgerichte, Ente, Gans, Rohkost		verdauungsfördernd, reguliert die Menstruation
Beinwell *(Symphytum officinale)*		Hautpflege, Haarpflege		Gemüse	gelbe Farbe	Wickel: Abszesse, Verbrennungen, Prellungen
Birke *(Betula)*		Haarpflege				Öl: Rheumatische Beschwerden
Bockshornklee *(Trigonella foenum-graecum)*	bitteres Aroma			geröstete Samen: Currygerichte; Sprossen: Salat	Samen: gelbe Farbe	Samen: verdauungsfördernd, gegen Mundgeruch
Bohnenkraut *(Satureia hortensis)*	würzig, scharf			Füllung für Fleisch; Bohnengerichte		Aufguß: Verdauung, antiseptisch, harntreibend; Insektenstiche
Brennessel *(Urtica dioica)*		Hautpflege, Haarpflege		Gemüse		Aufguß: Hautprobleme
Brombeere *(Rubus fruticosus)*		Hautpflege				
Brunnenkresse *(Nasturtium officinale)*	würzig	Haarpflege		Salate; Samen: wie Kapern; Blüten: Salate, Garnierung		Aufguß: Entzündungen der Harnwege Bronchialkatarrh
Dill *(Anethum graveolens)*	erfrischend, würzig; Samen: kümmelähnlich		Fruchtstände: Gebinde	Fisch, Soßen, Garnierung; Samen: Pickles, Essig, Öl		Abkochung aus Samen: sedativ, verdauungsfördernd
Duftpelargonie *(Pelargonium)*	zitronen-, muskat-, orangen-, nelkenartig	Hautpflege		Zucker, Sorbets, Kuchen, Desserts, Verzierung	Potpourri, Insektenschutz	

Pflanze	**Aroma**	**Kosmetik**	**Hobby**	**Küche**	**Haushalt**	**Heilwirkung**
Eberraute *(Artemisia abrotanum)*	süßlich, erfrischend	Haarpflege		Füllung für Fleisch und Geflügel	Potpourri, Insekten- und Mottenschutz; Stiele: gelbe Farbe	stimulierend, antiseptisch
Echter Eibisch *(Althaea officinalis)*		Hautpflege, Haarpflege		Salate		Abkochung aus getrockneter Wurzel: Halsentzündung; Prellungen, Verstauchungen
Echter Gamander *(Teucrium chamaedrys)*						harntreibend
Eisenkraut *(Verbena officinalis)*						Aufguß: leicht sedativ, Kopfschmerzen, Gallensteine
Engelwurz *(Angelica archangelica)*	mild aromatisch			Früchte, Käsegerichte, kandierte Stiele		appetitanregend, verdauungsfördernd
Estragon *(Artemisia dracunculus)*	mild würzig			*fines herbes,* Salate, Tomaten, Geflügel, Öl, Essig		appetitanregend, harntreibend
Eukalyptus *(Eucalyptus)*	scharf	Hautpflege	haltbare Blätter: Gebinde		Luftverbesserer	antibiotisch; Bronchialkatarrh
Fenchel *(Foeniculum vulgare)*	Samen: anisartig	Hautpflege, Haarpflege	Fruchtstände: Gebinde	Fischgerichte, Salatsoßen; Samen: Brot		Aufguß: verdauungsfördernd, harntreibend; Augenbad
Florentiner Schwertlilie *(Iris germanica* var. *'Florentina')*	veilchenartig	getrocknete Wurzel: Haarpflege			Fixatur für Potpourris; Kräuterkissen	
Frauenmantel *(Alchemilla vulgaris)*		Hautpflege	Sträuße, Gebinde			Aufguß: Menstruationsprobleme
Gartenringelblume *(Calendula officinalis)*	Blüten: würzig	Hautpflege, Haarpflege	Girlanden	Blüten: Reis, Fleischgerichte, Käse, Salate	Blüten: blaßgelbe Farbe	Aufguß: verdauungsfördernd; Wickel: Gerstenkorn
Gemeiner Andorn *(Marrubium vulgare)*	bitter					Aufguß: Bronchialkatarrh, verdauungsfördernd
Gewürzfenchel *(Foeniculum vulgare dulce)*	süßlich			Knolle: Salate, Gemüse		
Gewürznelke *(Eugenia aromatica)*	stark würzig	Öl: Fußpflege		Fleisch-, Curry-, Obstgerichte	Potpourris, Duftkugeln	Öl: Zahnschmerzen
Ginseng *(Panax quinquefolius)*						mild stimulierend und entspannend
Guter Heinrich *(Chenopodium bonus-henricus)*				Salat, Gemüse		
Hamamelis *(Hamamelis mollis)*		Hautpflege			antiseptisch	Prellungen, verengte Venen; Aufguß: Augenbad, Mundspülung

Pflanze	Aroma	Kosmetik	Hobby	Küche	Haushalt	Heilwirkung
Heiligenkraut *(Santolina chamaecyparissus)*	stark aromatisch	Öl: Parfüm			Blüten: Garnierung	Insektenschutz
Holunder *(Sambucus)*	Blüten: honigartig	Hautpflege, Haarpflege		Früchte: Getränke, Wein, Liköre		Aufguß: Fieber, Rheumatismus
Hopfen *(Humulus lupulus)*			Gebinde	zum Bierbrauen		antibiotisch, adstringierend; Aufguß: Halsentzündung
Indianernessel *(Monarda didyma)*	süß, flüchtiger Duft	Öl: Parfüm	Blüten: Dekoration	Salat; Blüten: Garnierung	Öl: Duftkerzen	Aufguß: entspannend; Inhalation: Bronchialkatarrh
Kamille *(Anthemis nobilis)*	Apfelduft	Hautpflege, Haarpflege	getrocknete Blüten: Gebinde		orange oder grüne Farbe; Blüten: Potpourri	Aufguß: Schlaflosigkeit, verdauungsfördernd, Mundspülung, Wickel
Kapuzinerkresse *(Tropaeolum majus)*	würzig	Haarpflege		Salate; Samen: wie Kapern; Blüten: Salate, Garnierung		Aufguß: Bronchialkatarrh; Entzündung der Harnwege
Katzenminze *(Nepeta cataria)*	scharf	Hautpflege, Haarpflege				Aufguß: Schlaflosigkeit, Erkältungen
Kerbel *(Anthriscus cerefolium)*	anisartig	Hautpflege	Fruchtstände: Gebinde	*fines herbes, bouquet garni,* Salate, Fleisch, Fisch		Wickel
Kleine Braunelle *(Prunella vulgaris)*						Aufguß: Mundspülung
Kleiner Wiesenknopf/ Pimpinelle *(Poterium sanguisorba)*	frisch, würzig			Salate, Soßen, Getränke		adstringierend, antiseptisch
Knoblauch *(Allium sativum)*	starker Geschmack	Haarpflege		pikante Gerichte, Öl, Essig		antiseptisch, harntreibend
Koriander *(Coriandrum sativum)*				Samen, Blätter: mexikanische und orientalische Gerichte, Salate	gemahlener Samen: Räucherwerk	Aufguß: verdauungsfördernd; Öl: Aromatherapie
Kreuzkümmel *(Cuminum cyminum)*	stark, scharf würzig			Samen: Currygerichte, Brot, Gebäck		Samen: gegen Mundgeruch
Kümmel *(Carum carvi)*	Samen: würzig, eigenwillig		Fruchtstände: Gebinde	Salate; Samen: Kuchen, Brot, Käse		Aufguß: Blähungen
Lavendel *(Lavandula)*	stark und süßlich duftend	Hautpflege, Haarpflege	Gebinde	Duftöle, Zucker; *herbes de Provence*	Potpourri; Wäschespülung; Möbelpolitur; Insektenschutz; Öl: Duftkerzen	Aufguß: Kopfschmerzen, Nervosität; Öl: Aromatherapie
Liebstöckel *(Levisticum officinale)*	sellerieartig (Maggi)	Hautpflege, Deodorant		Suppen, Salate, Schmorgerichte, indische Gerichte		harntreibend; Aufguß: verdauungsfördernd

Pflanze	Aroma	Kosmetik	Hobby	Küche	Haushalt	Heilwirkung
Lorbeer *(Laurus nobilis)*	süßlich, holzartig, aromatisch		Gebinde	Fleischgerichte, Soßen, Suppen	Potpourri	leicht sedativ, verdauungsfördernd, antiseptisch
Löwenzahn *(Taraxacum officinale)*	stark bitter	Hautpflege		Salate, Suppen; Blüten: Wein; getrocknete Wurzel: Getränk	Wurzeln: rote, braune oder orangene Farbe	appetitanregend, abführend, harntreibend
Mädesüß *(Filipendula ulmaria)*	honigsüße Blüten		Gebinde, Sträuße			Aufguß: verdauungsfördernd, antiseptisch, harntreibend
Majoran *(Origanum majorana)*	honigartig, mild	Haarpflege, Seife	Gebinde, Girlanden	*bouquet garni,* Fleisch, Füllungen, Salate, Öl, Essig	Insektenschutz, Potpourri	Aufguß: verdauungsfördernd, Asthma
Märzveilchen *(Viola odorata)*	intensiver blumiger Duft	Hautpflege		aromatisierter Honig; kandierte Blüten		Bronchialkatarrh
Meerrettich *(Cochlearia armoracia)*	scharf, wenn zerquetscht	Hautpflege		Wurzel: Soßen, Fleisch, Fischgerichte		frische Wurzel: Bronchialkatarrh
Minzen *(Mentha)*		Hautpflege, Seife	Girlanden	*bouquet garni,* Fleischsoßen, Käse, Gelee, Sirup, Öl, Essig	Insektenschutz, Duftkerzen, Wäschespülung	Aufguß: verdauungsfördernd, sedativ, appetitanregend, antiseptisch
Muskatellersalbei *(Salvia sclarea)*	balsamartig			Suppen, Soßen, in Wein		Augenspülung, Gurgellösung, antiseptisch
Mutterkraut *(Chrysanthemum parthenium)*	bitter	Hautpflege			Mottenschutz	Kopfschmerzen; Aufguß: Tonikum
Myrrhenstrauch *(Commiphora myrrha)*	muffig, würzig				Kristalle: Räucherwerk	antiseptisch, desinfizierend; Aufguß: Halsentzündungen, Gurgellösungen
Nachtkerze *(Oenothera biennis)*						Öl: Hautprobleme, Menstruationsbeschwerden
Odermennig *(Agrimonia eupatoria)*		Hautpflege			Wurzeln: gelbe Farbe	harntreibend
Oregano *(Origanum vulgare)*	würzig, leicht bitter			Fleisch, Gemüsegerichte, Salate, Öl, Essig		antibakteriell, verdauungsfördernd
Petersilie *(Petroselinum crispum)*	frisch, würzig	Hautpflege, Haarpflege		*fines herbes,* Soßen, Salate, Eiergerichte, Suppen, Garnierung	grüne oder cremefarbene Farbe	magenstärkend, entwässernd
Pfefferminze *(Mentha x piperita)*	mentholartiger Duft	Hautpflege, Haarpflege		Getränke	Insektenschutz	Aufguß: verdauungsfördernd, antiseptisch

Pflanze	Aroma	Kosmetik	Hobby	Küche	Haushalt	Heilwirkung
Poleiminze *(Mentha pulegium)*		Hautpflege			Insektenschutz	Blühende Pflanze: Erkältungen, Übelkeit; Insektenstiche und -bisse
Portulak(gewächs) *(Portulaca oleracea)*				Gemüse, Salate		
Rainfarn *(Tanacetum vulgare)*	würzig		Kränze	aromatisiert Käse, Fleisch, Milchgerichte, Kuchen; Salate	orange Farbe; Insektenschutz	Aufguß: verdauungsfördernd
Raute *(Ruta graveolens)*	bitter				Insektenschutz	Augenleiden; Gurgellösung
Römischer Ampfer *(Rumex scutatus)*			Fruchtstände: Dekoration	Gemüse		
Rose *(Rosa)*	süßlich, intensiv blumig	Hautpflege, Seife, Puder	Girlanden	Marmelade, Gelees, Garnierung, Hagebuttensirup	Potpourri, Duftkerzen, Wäscheduft	Rosenessig: Kopfschmerzen; Rosenhonig: Halsentzündungen
Rosmarin *(Rosmarinus officinalis)*	stark aromatisch, kiefernähnlich	Hautpflege, Haarpflege, Seife	Sträuße, Kränze	*bouquet garni,* gebratenes Fleisch, Fisch, Kartoffeln, Essig	Potpourri	Aufguß: verdauungsfördernd, gegen Nervosität, harntreibend
Salbei *(Salvia officinalis)*	markant, würzig	Haarpflege, Zahnspülung		*bouquet garni,* Fleisch, Fischfüllungen	Insektenschutz	Aufguß: Husten, verdauungsfördernd; Mundspülung; Ö : Aromatherapie
Sandelholz *(Santalum album)*	leicht modrig				Räucherwerk	Ö : Aromatherapie
Sauerampfer *(Rumex acetosa)*	sauer		Fruchtstände: Kränze	Suppen, Gemüse, Salate	gelbe und grüne Farbe	harntreibend
Schachtelhalm *(Equisetum arvense)*		Hautpflege, Haarpflege, Kräftigung der Nägel		grüne Stiele: Gemüse	Metallpolitur; graue Farbe	Wickel: Wunden; harntreibend
Schafgarbe *(Achillea millefolium)*	intensiv aromatisch	Hautpflege	Kränze	Salate	Insektenschutz	Aufguß: verdauungsfördernd, Erkältung, kleine Wunden
Schnittlauch *(Allium schoenoprasum)*	mild zwiebelartig			*fines herbes,* Eiergerichte, Salate		sanft antiseptisch
Seifenkraut *(Saponaria officinalis)*		Hautpflege; getrocknete Wurzel: Haarpflege, Seife			Seifen, Politur	Hautprobleme
Süßdolde *(Myrrhis odorata)*	süßlich, anisartig		Sträuße, Kränze	Fruchtsalate, Obstkuchen; Samen: Getränke	Samen: Möbelpolitur	

Pflanze	Aroma	Kosmetik	Hobby	Küche	Haushalt	Heilwirkung
Süßholz (*Glycyrrhiza glabra*)	süß, anisartig			Konfekt, Süßigkeiten		verdauungsfördernd, abführend
Thymian (*Thymus*)	intensiv würzig	Hautpflege, Haarpflege		*bouquet garni,* Füllungen, Marinaden, gebratenes Fleisch, Öl, Essig	Potpourri, Insektenschutz, Duftkerzen, Wäscheduft	Aufguß: Erkältungen; Verdauung, Schnittwunden, Prellungen
Waid (*Isatis tinctoria*)					blaue Farbe	
Waldmeister (*Galium odoratum*)	wie frisch gemähtes Gras			Getränke	Wäscheduft	
Wegwarte (*Cichorium intybus*)				Salate, gedünstetes Gemüse; getrocknete Wurzel: Getränk		
Wermut (*Artemisia absinthium*)	sehr bitter					Aufguß: verdauungsfördernd, appetitanregend
Winterbohnenkraut (*Satureja montana*)	pfefferartig			Wildgerichte, fettes Fleisch, Suppen, Bohnengerichte	auf den Boden zu streuen	Aufguß der Blüten: verdauungsfördernd, antiseptisch, harntreibend; Insektenbisse und -stiche
Winterzwiebel (*Allium fistulosum*)	zwiebelartig			Knollen wie Zwiebeln; Stengel: Garnierung		
Wollziest (*Stachys byzantina*)			Sträuße, Gebinde			
Ysop (*Hyssopus officinalis*)	kampferartig			Salate, Fleischgerichte	Insekten-, Mottenschutz	Aufguß: Bronchialkatarrh, Gurgellösung, Prellungen
Zitronengras (*Cymbopogon citratus*)	zitronenartig, bitter			asiatische Küche	Potpourri	
Zitronenmelisse (*Melissa officinalis*)	zitronenartig, frisch	Eau de Cologne		Gemüsegerichte, Milchpudding	Wäschespülung; Potpourri; Möbelpolitur	Aufguß: Kopfschmerzen, Schlaflosigkeit; Insektenstiche; Öl: Aromatherapie
Zitronenstrauch (*Aloysia triphylla*)	zitronenartig	Hautpflege, Haarpflege		Fleisch- und Geflügelfüllung; Aroma für Sirup	Potpourri; Duftsäckchen für Wäsche	Aufguß: verdauungsfördernd, leicht sedativ
Zwiebel, ägyptische (*Allium cepa proliferum*)	zwiebelartig			wie Zwiebeln		

ALTERNATIVE NAMEN

Kräuterführer	Alternative botanische Namen	Gebräuchliche Namen
Alchemilla vulgaris	*Alchemilla xanthochlora*	Frauenmantel
Allium cepa proliferum		Ägyptische Zwiebel, Catawissazwiebel
Allium tuberosum		Knoblauchschnittlauch
Aloysia triphylla	*Lippia citriodora*	Zitronenstrauch, Zitronenverbene
Anthemis nobilis	*Chamaemelum nobile*	Römische Kamille, Edelkamille, Gemeine Feldkamille
Artemisia abrotanum		Eberraute, „Jungfernruin“, Eberreis, Zitronenkraut
Chenopodium bonus-henricus		Guter Heinrich, Wilder Spinat, Gänsefuß
Chrysanthemum balsamita	*Balsamita major*	Balsamkraut, Marienblatt, Marienkraut
Chrysanthemum parthenium	*Tanacetum parthenium, Matricaria eximia*	Mutterkraut, Fieberkraut, Matronenkraut, Mutterkamille
Cochlearia armoracia	*Armoracia rusticana*	Meerrettich, Kren, Löffelkraut
Coriandrum sativum		Koriander, Arabische Petersilie, Kaliander, Wanzendill
Glycyrrhiza glabra		Süßholz, Lakritze
Iris germanica 'Florentina'	*Iris florentina*	Florentiner Schwertlilie, Iris
Isatis tinctoria		Waid, Färberwaid
Monarda didyma		Indianernessel, Scharlachmonarde, Goldmelisse
Myrrhis odorata		Süßdolde, Gartenmyrrhe, Myrrhenkerbel
Nepeta cataria		Katzenmelisse, Katzenminze
Oenothera biennis		Nachtkerze, Rapontikawurzel, Schinkenkraut
Origanum vulgare		Oregano, Wilder Majoran, Dost
Petroselinum crispum		Petersilie, Krause Petersilie
Salvia officinalis		Echter Salbei, Edelsalbei, Gartensalbei
Santolina chamaecyparissus		Heiligenkraut, Zypressenkraut
Satureja hortensis		Bohnenkraut, Pfefferkraut, Bergminze
Stachys byzantina	*Stachys lanata* *Stachys olympia*	Wollziest, Eselsohren
Taraxacum officinale		Löwenzahn, „Bettpisser“, Kuhblume
Viola odorata		Märzveilchen, Duftveilchen, Wohlriechendes Veilchen

PFLANZENKLASSIFIZIERUNG

Familie Übergeordnete Kategorie in der Pflanzeneinteilung, die miteinander verwandte Gattungen und Arten zusammenfaßt.
Gattung Diese Kategorie ist unterhalb der Familie angeordnet. Sie umfaßt Arten mit mehreren gemeinsamen Merkmalen.
Art Pflanzen einer Art stimmen in allen wesentlichen Eigenschaften überein und sind in der Regel frei miteinander kreuzbar.
Unterart Gruppen innerhalb einer Art, die sich durch ein bestimmtes vererbbares Merkmal abheben.
Varietät / Cultivar (= Sorte) Varietäten sind erbliche Abänderungen von Arten oder Unterarten und werden mit der Abkürzung „var." gekennzeichnet. Dabei handelt es sich um natürlich entstandene Veränderungen. Sorten dagegen werden vom Menschen gezielt auf bestimmte Eigenschaften hin gezüchtet. Sortennamen stehen meist in einfachen Anführungszeichen, manchmal erhalten sie auch den Zusatz „cv." (für „Cultivar").
Hybriden Hybriden entstehen durch natürliche oder züchterische Kreuzung (Bastardisierung) unterschiedlicher Varietäten, Unterarten, Arten, seltener auch Gattungen.

WIE DIE KLASSIFIZIERUNG VERWENDET WIRD
Kräuter, die in einem Laden oder Gartencenter zum Verkauf stehen, sind oft mit Beschriftungen gekennzeichnet. Die aufgeführten Etiketten zeigen drei typische Kennzeichnungen von Kräutern.

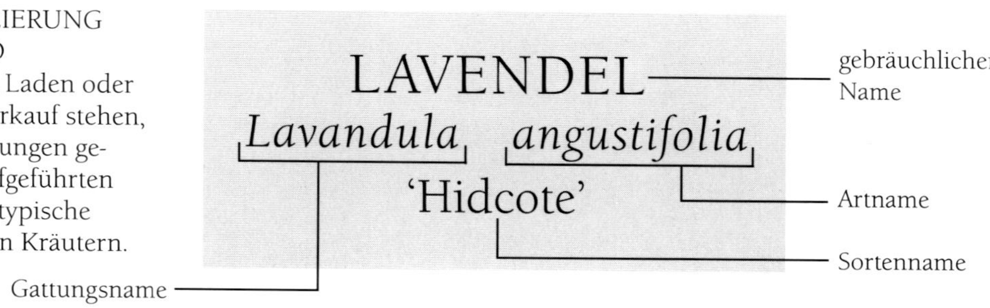

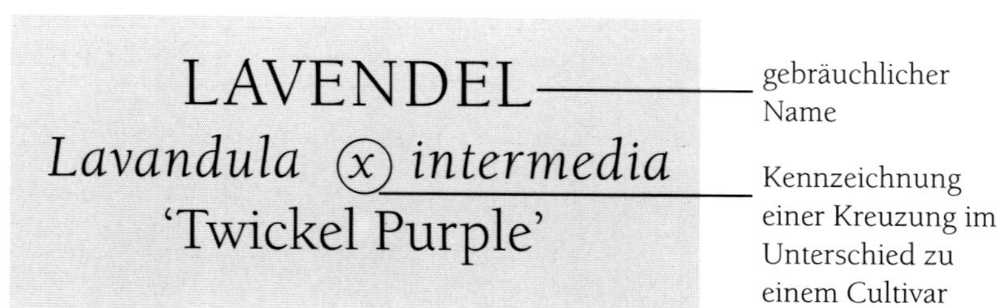

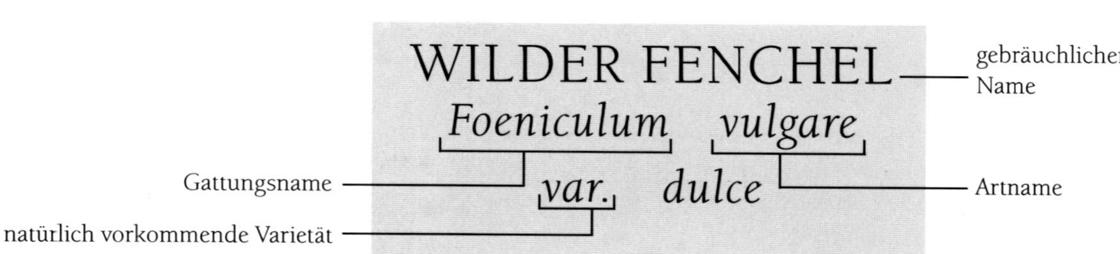

REGISTER

Bitte beachten:
Die **fettgedruckten** Seitenzahlen weisen den Haupteintrag im Kräuterführer aus.

BILDNACHWEIS

Schlüssel: a oben, b unten, l links, r rechts

Ace *130a* (Brian Green), 131 (Anand Razdan), 141 (Mauritius), 173 (Bo Cederwall); A-Z Botanical Collection 7r, 17 (Francois Merl), 33, 44, 57, 70, 73, 95, 109, 110, 179; J. Allan Cash 6b, 114,182; et archive 8a & b, 9l & r, 10b, 11a; Greg Evans 180; Derek Fell 1, 65, 80, 121b, 122, 123r, 124/5, 127; Peter McHoy 16, 19, 20, 22, 28, 31, 32, 34, 35, 36, 37, 39, 41, 42, 45, 46, 47, 48, 49, 50, 52, 53, 55, 56, 58, 59l & r, 61, 62, 63, 67 71, 76, 78, 79, 81, 82, 85, 86, 87, 89, 90, 91,92, 93, 96, 97, 98, 99, 102, 103, 105a & b, 106a & b, 111,117, 123l, 128, 135, 137, 186; Maggie Oster 115; Photo/Nats 43; Pictor 133, 188, 206; John Searle 11r; Holly H. Shimizu 118; Harry Smith Collection 23, 25, 26, 29, 30, 68, 74, 101, 104, 107, 119, 120, 121b, 129, 160b, 202a.

Alle anderen Bilder stammen von Paul Forrester, Nelson Hargreaves und Chas Wilder.